YE CAI
RONG HE

业财融合：
中小商业银行财务管理理论与实务（第一辑）

主　编 ◎ 李国全

副主编 ◎ 陈光伟　胡敏姿

中国经济出版社
CHINA ECONOMIC PUBLISHING HOUSE
北京

图书在版编目（CIP）数据

业财融合：中小商业银行财务管理理论与实务．第一辑 / 李国全，陈光伟，胡敏姿编著．－－北京：中国经济出版社，2024.9．－－ ISBN 978-7-5136-7900-8

Ⅰ．F832.33

中国国家版本馆 CIP 数据核字第 2024ES5246 号

责任编辑　赵嘉敏
责任印制　马小宾
封面设计　李　萌

出版发行	中国经济出版社
印 刷 者	北京艾普海德印刷有限公司
经 销 者	各地新华书店
开　　本	710mm×1000mm　1/16
印　　张	19.75
字　　数	285千字
版　　次	2024年9月第1版
印　　次	2024年9月第1次
定　　价	98.00元

广告经营许可证　京西工商广字第8179号

中国经济出版社 网址 www.economyph.com 社址 北京市东城区安定门外大街58号 邮编 100011
本版图书如存在印装质量问题，请与本社销售中心联系调换（联系电话：010-57512564）

版权所有　盗版必究（举报电话：010-57512600）
国家版权局反盗版举报中心（举报电话：12390）　　服务热线：010-57512564

编委会

主　编

李国全

副主编

陈光伟　胡敏姿

成　员

丁　萍　祝春煜　杨俊云

推荐序一

九江银行首席财务官李国全先生送来《业财融合：中小商业银行财务管理理论与实务》（第一辑）书稿，邀请我写篇序言。本书凝结了九江银行2023年课题研究的成果。作为一家中小商业银行，九江银行通过组织高质量的读书活动和研究活动，不断提高理论认识，深入研究实际问题，总结金融活动中的规律，更好地指导金融业务，实现理论与实践的高度融合、研究与服务的良性互动，逐渐建立新形势下九江银行新的竞争优势。课题研究提炼和总结出来的规律性认识，是九江银行"生产"出来的新知识，有助于行业发展，得到了监管部门的高度认可，是九江银行履行社会责任的一种形式。

认真阅读本书后，我最深的感受是"实"。

第一，研究的问题"实"。研究内容紧扣中小商业银行预算管理、财务管理、考核管理等业务实践，针对其中的关键问题开展深入研究，做到研究真问题。

第二，论证的方法"实"。这些课题研究，有的运用翔实的数据分析，有的运用科学的模型分析，还有的运用生动的案例分析，或者综合运用多种分析方法，研究材料丰富，论证方法得当，论证过程严谨，所得结论相对可靠。

第三，提出的对策"实"。所有的课题研究都在深入研究的基础上提出了对策建议。这些对策建议都有很强的针对性和可行性，不仅对九江银行具有很高的实践指导价值，对其他中小商业银行也有很强的借鉴意义。

很高兴本书将由中国经济出版社出版，可以向更多的读者分享这些成果。本书既可以为金融从业人员提供业务指导，也可以作为高校师生非常好的参考书，强烈推荐之，是为序。

江西财经大学金融学院院长、教授

博士研究生导师　桂荷发

2024年6月3日

推荐序二

随着中国特色社会主义进入了新时代，我国经济发展也进入了新时代。新时代经济发展已由高速增长阶段转向高质量发展阶段。在此背景下，我国企业必须优化经营模式，助力经济转型。同时，企业财务管理工作也需要紧跟新时代经济发展的步伐进行改革，将企业财务（包括财务会计、管理会计、绩效考核等方面）全面融入企业核心运营活动，从而实现业务与财务的有机结合和协同（业财融合），以实现更高效的运营和管理，提升企业的市场竞争力。

目前，业财融合在我国呈高速发展态势，已有多个行业的领先企业对此展开应用。这意味着财务管理工作将从单纯的事后监督转变为深入业务前端、融入业务开展的各个环节。财务部门站在财务角度为业务开展提供建议，对企业未来的发展进行专业的预测分析，发挥了积极作用。

九江银行作为我国上市银行之一，其管理理念和具体举措在某些方面走在我国城商行的前列。例如，多年来实行经营管理课题申报和研究工作，科研课题以计财条线为试点，鼓励全行员工跨条线、跨部门参与课题的研究工作，较好地体现了业财融合的思想和特色。课题研究内容主要为解决银行经营管理过程中遇到的实际问题，具有较强的理论性和实践性。更进一步地，课题的研究既有利于员工更好地认识银行的战略规划，也有利于总结经营管理实践经验和成果，并在全银行业推广应用。

难能可贵的是，九江银行课题组为了提高课题的研究质量，邀请了行业专家以及江西财经大学等高校的资深教授和青年博士进行指导，严格执行开题报告、中期检查、结题报告等课题研究程序，并结集出版《业财融合：中小商业银行财务管理理论与实务》（第一辑）一书。书中的结论和对策具有较强的实践应用价值，对城商行的经营管理具有较好的指导作用。

江西财经大学会计学院院长、教授

博士研究生导师　周冬华

2024 年 6 月 10 日

推荐序三

当前全球银行业正处于深刻变革的时代。在人工智能技术迅猛发展、地缘政治形势日益复杂多变以及经济转型的背景下，银行尤其是中小商业银行，面临着诸多机遇和挑战。为了应对这些新的市场需求和挑战，并实现可持续发展，银行必须不断提升自身的技术水平和管理能力。因此，实现业财融合、提升财务管理水平，从而提升银行的综合竞争力，已逐渐成为中小商业银行亟待解决的关键课题。正是在这一背景下，九江银行首席财务官李国全先生提前谋划、系统思考，主编了《业财融合：中小商业银行财务管理理论与实务》（第一辑）一书，旨在为中小商业银行提供一套科学、实用的财务管理理论与实践指南。能够为此书作序，我深感荣幸，借此机会分享一些个人的见解与感受。

本书聚焦全面预算管理、监管统计与经营管理融合以及财会监督等关键领域，为中小商业银行提供了理论指导和实践参考。在全面预算管理提升对策方面，针对真实案例场景，分析了预算与战略衔接、预算管理机制、预算编制、预算考核、预算执行中存在的具体问题，构建了战略—预算指标—全面预算管理框架体系，优化了银行资源配置，提升了市场应变能力和竞争力；针对监管统计与经营管理的融合研究，九江银行通过有效的数据整合和挖掘，使监管统计不仅是监测九江银行经营发展情况的重要手段，更是九江银行进行业务分析、风险管控的重要工具，提升了决策的准确性和及时性；而财会监督理论与实务研究则构建了一套严密的内部控制和风险管理体系，并结合翔实的案例进行剖析。这些研究成果不仅提高了九江银行的运营效率，也为其他中小商业银行提供了系统的管理框架。

在新金融工具准则的应用、资本新规下的RWA（风险加权资产）计量与资本管理等方面，九江银行计财部门展现了其在金融创新和风险管理中的前瞻性和实操性。通过对金融工具公允价值的计量和风险管理的优化，九江银行显著提升了财务报告的透明度和准确性；在资本新规背景下，九江银行通过精确计量和合理配置RWA，确保了资本充足率的合规性，同时增强了银行的稳健性。

此外，九江银行在绩效考核数字化建设及应用和会计人才队伍建设方面的研究，同样具有重要的实践意义。通过引入数字化的绩效考核系统，九江银行实现了对绩效考核的实时监测和精准评估，确保了绩效管理的科学性和公平性；而在会计人才队伍建设的研究中，九江银行注重人才培养和专业能力提升，通过系统的培训和实务操作，建立了一支高素质的会计人才队伍，为财务管理的持续创新提供了坚实的人才保障。这些研究不仅巩固了九江银行在行业中的领先地位，也为其他中小商业银行提供了实用的管理方案。

本书展现了九江银行计财部门跨单位、跨部门协作创新的能力。2023年，该部门立项21个科研课题，其中有14个为跨条线、跨部门课题，涵盖计划财务部、信息科技部、风险管理部、数字银行部、理财事业部、审计部及各分行、支行等多个关键领域，参与人员涉及总行高管、分行计财分管行长和基层业务人员等多个层级。

本书还体现了九江银行计财部门的精细化管理理念。该部门通过安排专家授课和专业顾问进行选题辅导，确保课题研究方向的科学性；组织专家组进行开题辅导和中期指导，帮助课题组克服困难并确保研究进度和质量；邀请高校专家组和行内专家组共同评审，保证评审的全面性和公正性；重点持续推进课题研究成果的转化与应用。这一系列措施形成闭环管理，体现了九江银行在业财融合中的精细化管理理念和理论与实践的高度协同能力。

我和李国全先生相熟已久，每次交流都能感受到他务实、前瞻、创新、系统的工作风格。能够参与此次科研工作，我深感荣幸。在参与的过程中，我充分领略到九江银行在提升业财融合方面的坚定决心和务实行动，感受到全体员工不懈努力的精神风貌，更看到了九江银行在财务领域深厚的积淀和广阔的前景。

本书的出版，不仅展示了九江银行在业财融合方面的探索与成就，也为中小商业银行提供了宝贵的借鉴。我相信，随着本书的推广，中小商业银行的业财融合工作将迈向更高的台阶。

由此，乐为序！

九江学院管理学院院长、教授　许松涛

2024年6月6日

目 录

01	管理会计视角下的中小商业银行业财融合	001
02	中小商业银行财会监督理论与实务研究——基于财务管理视角	018
03	中小商业银行全面预算管理提升对策——以 J 银行为例	067
04	新金融工具准则在我国商业银行的应用研究	111
05	资本新规下 J 银行 RWA 计量实施与资本管理应用研究	140
06	中小银行绩效考核数字化建设及应用	202
07	关于新时期下中小商业银行会计人才队伍建设及能力提升的思考	235
08	基于平衡计分卡的绩效评价体系构建与应用研究——以 J 银行为例	255
09	中小商业银行监管统计与经营管理融合的研究	275

后记　296

附录　课题指导专家介绍　299

01

管理会计视角下的中小商业银行业财融合[①]

李国全[②]

回溯财务共享和管理会计，二者均来源于国外制造业管理的创新和经验总结，即借助先进的 IT 技术，通过对资金流的管控，用会计语言进行强有力的监督，实现以业财融合为标志的财务数字化转型。业财融合突破传统模式的限制，融合管理会计工作理念，建立高效的业务和财务融合机制，持续提高企业的资金和资源利用效率，助推企业的发展。

本文基于管理会计视角，对中小商业银行业财融合的相关概念、推进现状、面临困境和探索实践进行了探讨。

1 如何理解管理会计与业财融合

1.1 管理会计和财务会计的关系

1. 管理会计和财务会计的区别

管理会计和财务会计的区别在于：前者主要面向企业内部，提供用于规

---

① 笔者根据其在中小银行互联网金融（深圳）联盟举办的"智能经营赋能金融机构高质量发展"研讨会上的发言材料整理而成。

② 李国全，九江银行（HK6190）CFO，具备高级会计师、高级管理会计师（金融方向）、总会计师、ICPA 高级注册会计师等任职资格，先后在国有银行、股份制银行、城商行（"A+H"上市）从事财务管理工作，获中国管理会计研究与发展中心（中央财经大学）管理会计优秀实践专家等荣誉。

划、控制和决策的信息；后者则面向外部，旨在提供反映企业整体财务状况的财务报表（见表1-1）。

表1-1　管理会计和财务会计的区别

区别	管理会计	财务会计
目的	帮助企业内部管理者进行决策、控制和评价	向企业外部利益相关者提供财务信息
管理内容	根据管理者的需要选择合适的方法，为企业内部管理和决策提供数字化分析和结论，为企业作出合理决策提供支持	遵循国家法律和行业准则，记录和处理企业的日常业务，提供更准确的信息，确保企业外部人员更好地了解企业的经营信息和发展情况
管理特点	使用符合报告主题的文档；全面考虑、全面掌握企业的实际经营方向，为企业的发展提供支持	使用具体的表格、凭证和账单；数字必须准确、真实反映企业资本流动、经营规模等情况，也需要系统提供支持
人员要求	需要整体思维和分析能力强的综合型人才作为支撑	主要从事外部工作，需要专业性强、表达能力强、工作细致谨慎的专业人员作为支撑

2. 管理会计和财务会计的联系

（1）目标一致。在现代企业理论中，财务会计和管理会计都是为契约关系服务的。唯一不同的是，财务会计为"确立"服务，管理会计为"贯彻"服务，但最终的目标都是一致的，即提高企业经济效益，最终实现企业利润最大化。

（2）服务对象契合。财务会计虽然侧重于对外服务，但同样为企业内部服务。财务报表能够全面、综合地反映企业的经营成果，为企业管理者作出科学决策提供有力保障。管理会计虽然侧重于对内服务，但同样对外服务。例如，管理会计能及时提供经营决策相关信息，为企业外部的投资者作出正确的决策提供重要的参考依据。

（3）信息来源相同。从形式上讲，虽然管理会计与财务会计一个对内、一个对外，但管理会计作为企业管理者的决策依据，需要从不同的渠道获取大量的资料，包括财会资料和业务核算资料等。而这些资料中财会资料最重要，其获取渠道来源于财务会计。

3. 银行管理会计核算体系与要素

(1) 银行管理会计核算体系。一是多维一体，产品业绩＝部门业绩＝客户业绩＝渠道业绩＝机构业绩＝员工业绩。二是各维度核算方法统一，包括四项收入和六项成本。四项收入包括利息收入、中间业务收入、投资收益、FTP（Funds Transfer Pricing，内部资金转移定价）收入；六项成本包括FTP成本、全成本分摊、风险成本、税务成本、合规成本、资本成本。三是各维度要素数据源统一，指标口径相同，保证了各维度EVA计量结果的一致性。

(2) 管理会计四大要素。一是工具方法：战略地图、滚动预算管理、作业成本管理、本量利分析、平衡计分卡等模型、技术、流程。二是管理会计活动：参与战略规则拟定，实现全生命周期管理。三是应用环境：分析把握价值创造模式，建立健全管理会计组织体系。四是信息与报告：加工、整理、分析、传递。

1.2 业财融合的相关概述

2016年财政部印发的《管理会计基本指引》中明确提出，管理会计应遵循业财融合的原则，嵌入单位相关领域、层次、环节，以业务流程为基础，利用管理会计工具方法，将财务和业务等有机融合。

《关于中央企业加快建设世界一流财务管理体系的指导意见》（国资发财评规〔2022〕23号）在推动财务管理功能手段变革中提出了业财融合的服务业务，主动融入业务事前、事中、事后全流程，有效识别业务改进的机会和目标，帮助解决业务痛点和难点，为生产运行优化赋能。

1. 相关概念

业财融合是业务与财务融合的简称，是指业务发展与财务管理相结合，业务和财务融为一体，从企业的整体思考业务开展是否符合集团发展的目标方向。

(1) 业务部门在业务开展的全过程要有经营思维和风险意识，要清晰地认识到业务开展需要为公司创造价值和利润，控制和规避风险，减少损失也是创造价值。

（2）财务部门要深入业务活动，特别是将财务管理前移到业务前端，通过对数据的预测和分析，反馈给业务部门及决策层，使企业的管理决策更加科学；同时，通过把握业务流程的关键控制点和潜在风险点，实施有针对性的改进，降低运营风险。

2. 业财融合如何创造价值

企业要想实现企业价值的增加，既要考虑业务活动能取得的收益，又要考虑相关的成本和可能的风险损失。企业通过业财融合提前介入和充分沟通，用数据的形式体现整个价值创造的过程和结果，有助于增强决策的科学性，也为后期的业务开展提供控制依据和标准。

3. 业财融合的典型案例——华为财经

华为财经变革的核心思想是业财融合，即让财务人员到项目中去，让业务人员到财务里来。华为提出财经变革，主张业财融合，让财务走入业务大门，成为业务的伙伴，助力企业扩张与内控的和谐统一。

华为建立了CFO体系，将财务人员与业务人员拉到统一战线上，从接触客户的最前线到各业务层级，财务人员将和业务人员共同协作，目标一致，相互依赖，共同支撑公司战略和业务发展。

华为财经之所以业财融合做得比较好，是因为其从战略到执行都有清晰的思路和方法，能够有效地解决企业发展中遇到的问题和挑战，提高企业的管理效率和管理水平。

4. 业财融合在银行业的运用

为什么业财融合在制造业运用得较好，在银行业却运用得较差？主要有以下因素。

（1）银行业务的复杂性和多样性。银行业务涉及各种金融产品和服务，如存款、贷款、理财、支付、结算、信用卡、保险等，每项业务都有自己的特点和风险，需要运用不同的财务管理方法和工具。财务人员要想深入了解各项业务，既要具备较高的专业能力，也要与各个部门和岗位保持良好的沟通和协作。

（2）银行业务的动态性和不确定性。银行业务受到市场环境、政策法规、客户需求、竞争对手等多方面因素的影响，变化迅速且频繁。财务人员要想及时掌握业务的动态变化，既要有敏锐的观察力和分析力，也要有灵活的应变能力和创新能力。

（3）银行业务的风险性和敏感性。银行业务涉及大量的资金流动和信息传递，存在较高的信用风险、市场风险、操作风险等。财务人员要想有效地监督和分析业务的风险状况，既要严格遵守制度和流程，也要有良好的责任心和职业道德。

（4）银行财务的资金掌控权与话语权。制造业的资金主要集中在财务部门，业务活动必须依赖现金流，财务部门的地位相对较高，权威性较强；银行业的资金主要来源于业务部门，财务部门以费用管控为主，对全行业务管控的话语权相对较低。

1.3　怎样实现真正的业财融合

（1）财务预算。财务预算是业财融合最有效的管理工具之一，经营目标通过预算层层分解至各最小业务单元，形成具体的业务行动计划，"千斤重担人人挑，人人头上有指标"，实现财务目标和业务事项的真正融合。

（2）人员层面。财务人员须深入业务一线，了解业务形态、盈利模式、产品特性、客户分布等，做一个精通业务的财务专家。

（3）组织层面。管理层应设定相应的岗位，并赋予该岗位明确的职责。这是开展业财融合相关工作的基础。

（4）决策层面。管理会计人员或财务BP[①]应参与业务经营事项的分析和决策，从财务的视角帮助业务部门进行决策，有效防范经营风险。

（5）业务流程。在业务流程中，管理层应将财务审核节点前置至业务端，

[①] 财务BP首先是一名财务工作者，但是从工作性质上讲，也是业务团队中的一个重要成员。

提前识别经营风险并提出优化方案或建议，帮助企业减少经营损失，同时提高业务经营效率。

（6）信息化。企业应通过搭建信息化平台，实现财务和业务信息的共享互通，让财务人员和业务人员能够快速了解业务状况和财务状况，避免出现信息不对称和信息孤岛现象，大幅提高财务工作效率，降低企业的综合管理成本。

1.4 业财融合对人员的要求

做好业财融合，既需要业务部门和财务部门进行深度沟通，也需要业务部门各位领导和同事的认同和支持。

1. 对财务人员的要求

业财融合对财务人员的要求如下：改变传统的思维模式，从事务性和审批性的工作中抽身出来，熟悉业务、深入业务、抓住关键控制点；风险控制的思维模式应由合规向价值创造转移，不能简单地向业务部门说"不"，而是要在控制风险的情况下，灵活应对，给出解决方案；用数据说话，建立和运用量化的指标体系；学会熟悉和运用公司的平台系统，用系统实现风险控制。

2. 对业务人员的要求

业财融合对业务人员的要求如下：一是深入业务，不仅要了解企业的竞争环境、市场需求、业务流程等信息，还要与财务人员密切合作，共同为企业的发展提供支持；二是具备一定的财务知识，以便财会人员和业务人员更好地实现业务和财务之间的相互理解、协调和配合，更好地保障单位的财务管理和整体运营。

3. 制度、人力与工具方法

（1）制度层面主要包括：事前规划，即战略规划、经营预算、费用预算；事中控制，即滚动预算、预算偏差分析、资负会调度；事后评估，即绩效考评。

（2）人力层面主要包括外派计财经理，以"财务人员赋能"带动"业务人员赋能"，通过财务数据发现业务问题，推动业务经营方向的调整。

（3）工具方法：战略地图、平衡计分卡。

1.5 业财融合理论模型

业财融合理论模型如图1-1所示。该框架的核心思想就是通过管理会计信息系统转型升级，使业财融合贯穿战略规划、决策、控制、评价等各个管理环节，融合企业价值链和业务活动的全过程，形成PDCA[①]完整循环的管理控制系统。

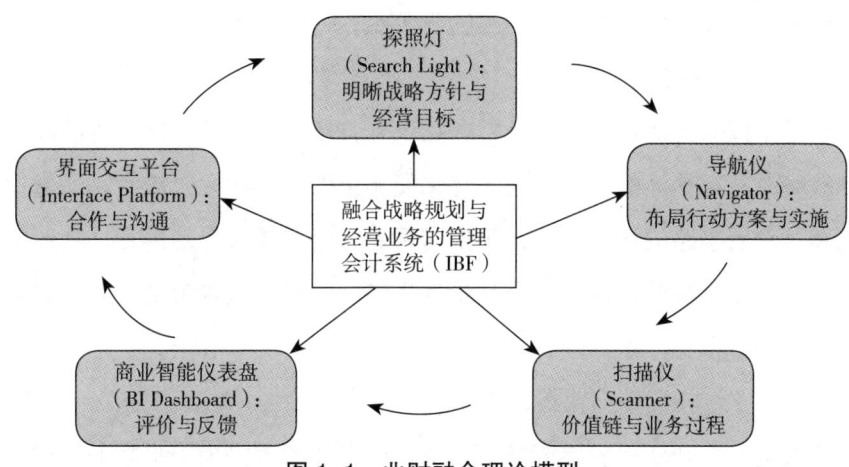

图1-1 业财融合理论模型

这一理论架构不仅坚守了管理会计本源，也融汇了西方管理控制系统最新的核心理论，同时充分融入了信息技术和大数据原理，使得业财融合成为基于中国本土实践并具有理论创新要件的框架体系。

2 中小商业银行业财融合推进现状

2.1 从银行年报来看业财融合的推进

1. 年报1.0时代——披露准确真实的财务信息

银行业早期年报主要面向监管审查人员，以满足规范经营需要、披露准

---
① PDCA 分别代表计划（Plan）、执行（Do）、检查（Check）、处理（Act）。

确真实的财务信息为核心目标。在这一阶段,大部分银行的年报中财务部分占比极高,除简要的公司和业务介绍外,其余基本围绕监管要求的财务情况和重大事项展开说明,如利润表、现金流量表和资产负债表等。该阶段各家银行的年报体例高度相似,差别仅限于具体的财务数据,因此读者很难从年报中了解银行的经营理念和战略思路。

2. 年报 2.0 时代——以财务报告为主、业务解释为辅

随着上市企业越来越多,监管资源越来越无法满足监管量的爆炸式增长,最终推动企业常态监督制度从年检转为公示,这也意味着企业年报面向的群体从监管转向了社会。

银行年报除了如实公示自身财务状况外,还要向市场传递自身的经营思路和战略,甚至具体的举措。这一变化使年报的可读性大幅提高。通过业务剖析和对发展思路的详细阐述,年报向读者主动传递银行的声音,从而提升互信和认同度。至此,银行年报开始逐步转向以财务报告为主、业务解释为辅的体例。

3. 年报 3.0 时代——业财融合

注册制的放开使得股票市场对投资者的专业素养提出了更高的要求,也将大幅提升专业投资人的比重。因此,银行年报更加突出对业务转型思路的解读和对战略理念的引导,从而提高年报的传播效果和接受度,使银行在日趋激烈的竞争中得到市场的认可。

领先银行已经明确将年报定位为展示银行未来战略和目标的主要手段,依托其对财务和业务深度的理解以及对自身经营能力强大的信心,尽可能多地、全面地向投资人展示自身经营状况,并在年报撰写的维度上更加多元化,更加注重站在投资人的视角撰写年报。银行年报未来必然会加快转向业财融合的模式,其主要特点是业务战略连贯性强、业务剖析下钻维度细致、业务与财务融合性强。

2.2 财务数字化转型规划

1. 建设阶段（2010—2018年）

在财务数字化建设阶段，银行先后建设了资产负债管理系统、管理会计系统、绩效考核系统、第一代财务共享系统等，财务数字化建设初见成效。

2. 优化升级阶段（2019—2022年）

在这一阶段，银行逐步建成财务指标平台系统、头寸管理体系、智能经营分析体系、电子发票管理系统、新一代绩效管理体系、存贷款定价系统、智能财务管理体系、全面预算管理体系等。

3. 管理提升阶段（2023—2025年）

银行相继建设中间业务管理体系、年报发布和信息披露加速体系、全行统一的客户价值评价体系等，从而达到财务数字化建设促进经营管理全面提升的目的。

2.3 业财融合十大举措

实现业财融合的十大举措包括：第一，优化财务管理组织体系，完善岗位与人员配置；第二，推动财务职能向管理会计职能跃迁；第三，通过专家辅导实现人才加速；第四，完善全面预算管理体系，提升绩效考核能力；第五，强化资产负债管理能力，提升系统支撑度；第六，综合规划管理会计体系，重构管会系统；第七，财务共享机制优化及平台改造升级；第八，提升监管出表自动化比例，释放人力；第九，构建财务数据集市及指标平台；第十，完善财务数据治理体系，提升数据质量。

具体应规划的项目包括：管理会计综合规划咨询项目、管理会计系统建设项目、资产负债管理体系规划咨询项目、财务数据集市及指标平台建设项目、财务共享系统优化项目、管理会计深化应用、资产负债系统改造升级项目、定价管理系统建设项目、头寸管理系统建设项目、监管出表系统优化项目、全面预算系统建设项目、绩效考核系统改造项目、财务共享平台改造升级项目。

2.4 职能领域评估

财务成熟度模型提供了一个经过验证的结构化财务现状评估模式，从六个维度对财务现状进行多层次的分析。职能领域六个维度主要包括组织架构、制度与流程、人员与技能、管理高效、风险管控和用户体验。

2.5 人才测评工作

人才测评主要包括三个方面：一是专业知识考试，按条线工作对试卷进行分类，结合理论与实践考察被测评对象的专业能力及思路；二是360问卷+BEI（行为事件访谈法），主要从事业激情、洞察力、执行力、决断力与连接力五个维度考察被测评对象的领导能力；三是专家测评，通过个人述能、专家现场提问、打分讨论校准，最终形成人才地图。

2.6 岗位人员胜任能力评估

对岗位人员胜任能力的评估主要包括日常工作、综合素质、专业技能三个方面。日常工作主要包括工作达成质效情况、专项项目参与情况及技能学习情况；综合素质主要包括团队协作能力、数字化应用能力及其他职业能力；专业技能主要包括学历、资质证书、学习培训及获奖情况。

3 中小商业银行业财融合推进困境

1. 人才匮乏

业财融合需要具备金融、会计、税务等多方面知识和技能的复合型人才，而目前中小商业银行在这方面的人才储备不足，难以满足业财融合的实施需求。

2. 数据不足

业财融合需要依托大数据、云计算等技术手段，实现数据采集、分析、应用的全流程管理，而目前中小商业银行在数据治理和数据赋能方面还有较大的提升空间，数据资源的利用效率不高。

3. 创新不足

业财融合需要突破传统的金融服务模式，探索新的产品、渠道、模式等创新形式，而目前中小商业银行在创新意识和创新能力方面同其他银行相比还存在较大的差距，创新活力仍显不足。

4. 协同不足

业财融合需要打破部门壁垒，实现内部各职能部门之间的有效协同，而目前中小商业银行在组织架构和激励机制方面还存在一些障碍，协同效率不高。

4 中小商业银行业财融合探索实践

4.1 行动一：完善系统建设

建立完善的数据管理体系，使数据成为公司的战略资产。主要目标是算得对、报得准、管得住。

1. 建立数据门户，实现"数出一孔"

（1）数据可视化平台：提供标准化的会计报表，固定化的业务报表、监管报表。

（2）统一指标管理平台：全行指标的定义、加工、查询平台，同时提供客户、机构、产品、渠道等多维度明细数据，供业务人员开展自助分析。

2. 建设头寸管理系统，提升流动性管理能力

银行在保证日常支付、满足合理资金需求的前提下，通过对资产、负债总量和结构的调节，实现资产负债总量平衡、结构合理，保证既不因资金脱节而产生支付困难，又不因资金闲置而造成浪费，提高资金营运水平。

3. 建立绩效考核系统，实现准确及时的业绩评价

绩效考核系统的主要功能包括：绩效自动化点评、核心考核结果展示、差异化考核配置、业绩测算、费用预算使用监控、经营日报监控。

绩效自动化点评实现了在分行及辖属支行考核结果生成的同时转换成固定模板的分析报告，提供给分支行经营决策使用。深化经营分析，帮助分支机构全面、规范分析绩效状况，展示亮点、寻找差距、分析原因、优化提升。

4. 建设智能经营分析系统，完善多维贡献评价体系

智能经营分析系统融合各系统数据，提供统一的分析展示窗口；将业务数据与经营分析结合，满足业绩考评等内部管理需要。智能经营分析系统主要通过科目产品汇总表、账户明细表、对公客户创利情况表、增量业务情况表，实现客户、客户经理、产品等多维贡献评价（见图1-2）。

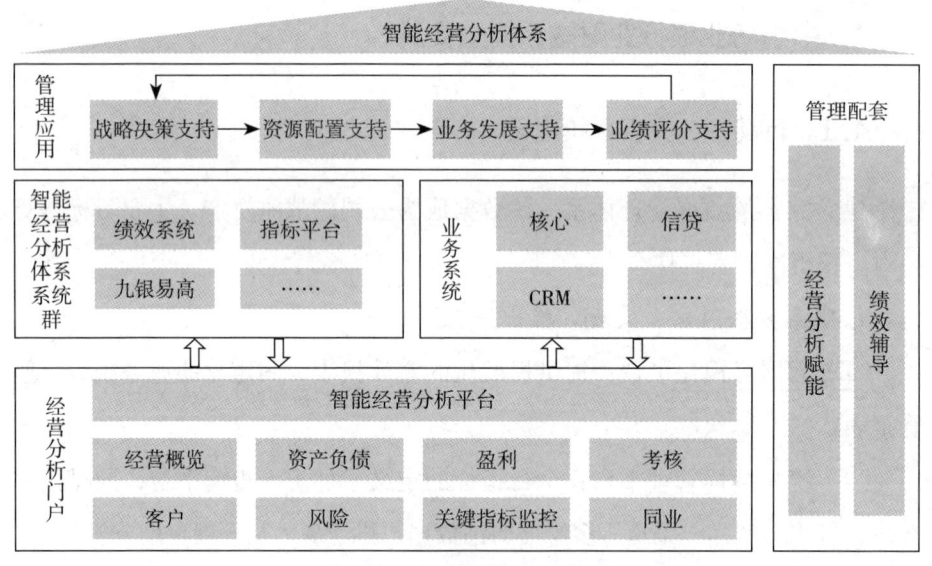

图1-2 智能经营分析体系

5. 建立智能财务管理平台，实现费用精细化管理

建立员工信用评分体系，建立"先付后审"模式。从线上差旅申请、预算控制，到统一结算支付的全流程追溯，企业集中开票，免除个人垫资，报

销从此告别贴票；采用第三方资源的互联网模式，通过最低价选择、比价等方式有效降低差旅成本。

4.2 行动二：提升经营管理能力

（1）承接全行战略，推进全行战略扎实落地。通过"一图一卡一表"[①]，实现"战略—规划—预算—考核—行动方案—资源配置"闭环管理。

（2）持续加强预算精细化管理，开展资产负债滚动预算、月度及季度经营指标规划和跟踪等，确保各项经营计划实现及监管指标达标。

（3）按月召开资产负债会及经营分析会，回顾上月决议落实情况，盘点当前资产负债结构和能力，提出需要决策的议题（资产业务结构分配、负债业务结构分配、FTP、资本分配等），同时下达本月目标任务。通过分析财务数据发现业务经营存在的问题，要求各业务条线和部门给出整改方案，引导业务发展。

（4）运用"战略地图＋平衡计分卡"，强化全面战略管理。将总行各条线、部门、各经营单位的重点工作与战略地图形成强关联，"四大业务板块、三大支撑板块"[②]协同发力，推进全行战略扎实落地。

4.3 行动三：推动人员转型

（1）总分行财务人员转型。条线培训：内外部专家共同打造"九银计财大讲堂"系列课程，主要包括政策解读、制度宣讲、系统推广、实务培训等。数据赋能：开展财务人员"数据赋能"专题培训，打造数据分析专业团队，夯实财务数字化转型基础。职称提升：在内部建立计财条线专业序列评聘机制，鼓励外部职称提升，同时加强会计领军人才建设。课题研究：结合当前政策热点与工作实践，联动总分支行、业务部门和科技部门，跨部门开展计

[①] "一图一卡一表"是指战略地图、平衡计分卡、行动方案及资源配置表。
[②] "四大业务板块"是指对公业务板块、零售业务板块、资金业务板块、特色业务板块；"三大支撑板块"是指中台支撑板块、后台支撑板块、独立监督板块。

财条线课题研究，总结经营管理实践经验和成果，推动全行战略规划落地。

（2）支行会计主管转型。强化培训，提升会计主管的财务分析能力和规划能力，更多地参与支行经营分析；支行会计主管要做好各分支机构经营管理的参谋、绩效激励的指挥棒、全行经营管理的当家人。

（3）条线业务人员转型。向公司、零售、资金三大业务条线外派计财经理，将财务、考核相关的制度、政策传导至条线业务人员；充分运用管理会计数据，以财务的视角，协助条线人员做好经营预算、经营分析、产品分析、产品定价、客户贡献、业绩评价等工作，提升整体经营效益。

4.4 行动四：提升分析能力

总行开发一系列分析模型，并在分支机构推广，帮助分支机构搭建自身的分析体系，包括考核分析模型、利差分析模型、市场份额监测模型、经营情况监测模型、存款定价分析模型。

5 中小商业银行业财融合未来优化的方向

5.1 核心能力建设与资源诉求

（1）业务和环境。了解自身、熟悉市场、发现痛点、深层剖析。

（2）战略传导与执行。参与银行战略制定，并将战略量化成可执行的指标数据和行动方案；以经营预算管理为抓手，推动战略执行，并在过程中持续反馈调整。

（3）资源整合与分配。保障多项经营目标一并达成的资源分配。

（4）风险管理和经营。LPR[①]改革后，利率风险实质化；利率、汇率、流动性风险相互影响、传导，业务经营环境不确定性增强。

---

① LPR：Loan Prime Rate，贷款市场报价利率。

5.2 财务数字化转型建设与资源诉求

1.构建"业财融合枢纽"

以"业财应用平台+决策分析模型+业财数据标准"为核心要素,构建以"业财融合枢纽"为主要定位的业财一体化平台,推动企业向决策支持导向的敏捷型财务组织转型。

(1)构建场景化的赋能决策分析模型。识别分析场景和需求,构建场景驱动的决策分析模型和应用场景方案,提升财务数字化应用能力,发挥智慧财务的价值输出作用。

(2)建立协同业财桥梁的应用平台。设计集团级业财应用中台,以数据应用模块、管控应用模块和规则管理模块为核心,以财务数字化能力沉淀的业财支撑能力中心为基础,建立以集团财务管控和决策支撑为内核的业财一体化平台,支撑财务组织与业务组织高效协同,为财务组织向敏捷型、智能化转型夯实应用基础。

(3)形成集团统一的业财数据语言。结合财务管控和各层级管控需求,以业务场景为驱动,连通整个业财链条,整合企业业务特征的核心业务数据,明确集团级业财数据标准,建立业财数据协同的迭代机制,推动财务稳态应用与业务敏态应用间的有效融合,建立集团业财数据对接标准,为业财数据应用奠定基础。

2.深化财务数字化转型

财务数字化转型主要包括以下两个部分。

(1)智能财务管理体系,即财务共享中心,包括打通互联网商旅商城,智能填单、智能审单,以及其中涉及的大量流程再造,逐步实现"无人共享"。

(2)智能经营管理决策体系,即业财融合,是指如何更好地把业务数据、财务数据、外部数据等整合起来,通过FTP、管理会计、全面预算、绩效考核这套体系的运行,再加上人工智能技术,充分参与到经营决策中,为高管层决策提供支持。

中小商业银行财务数字化转型全景如图 1-3 所示。

| 经营分析 | 推送预警 | 问题溯因 | 事项问责 | 执行追踪 | 检视考核 |

核心应用

| 对公支出一体化 | 对私支出一体化 | 预算绩效一体化 | 价值管理一体化 | …… |

管会	预算	商旅	采购	税务	财务共享
资债管理	预算编制	酒店预订	寻源	发票管理	费用报销
经济资本	预算调整	机票出行	招采	纳税申报	电子档案
成本分摊	预算管控	对账	库存	税务筹划	资产管理
转移定价	预算分析	结算	供应商	风险控制	应收应付
盈利管理	预算预测	报销	账务	政策档案	总账

大管会　　　　　　　　　　　　　　　大共享

| 会计引擎 | 规则引擎 | 合规引擎 | 支付引擎 | 报告引擎 | …… |

数据分析	财务核心	内容发现
·场景管理　·内容预ял	·总账　·分录凭证	·预测预警　·方案推送
·元素管理　·组件管理	·科目账　·应收应付	·智能搜索　·热点推送
·多维分析　·自助分析	·固定资产　·成本核算	·数据问答　·关联推荐

| 数据平台 | 数据开发 | 数据智能 | 数据服务 | 运营监控 | 数据管控 |

图 1-3　财务数字化转型全景

5.3　组织架构及人员优化

（1）优化组织协同。优化组织架构和流程设计，打破部门壁垒，实现内部各职能部门之间的有效协同，提高组织效率和效果。

（2）加强人才培养。加大对复合型人才的培养和引进力度，建立健全人才激励和考核机制，提高人才队伍的专业水平和综合素质。

（3）强化数据赋能。加快数字化转型步伐，完善数据采集、存储、分析、应用的全流程管理，提升数据资源的价值实现能力。

（4）深化业务创新。增强创新意识，提高创新能力，积极探索新的业务模式、产品设计、服务渠道等创新形式，提升业务竞争力和差异化优势。

（5）持续组织学习。组织学习《价值为纲：华为公司财经管理纲要》，为业财融合提供理念转变；组织学习《商业银行管理会计核算体系研究与设计》，为业财融合提供计量工具；组织学习《战略地图：化无形资产为有形成果》，为业财融合提供方法论；组织学习注册管理会计师（CMA）教材，为实现业财融合提供人才支撑。

（6）推进战略地图的运用。在读书活动中，参加学习的每位学员在学习完战略地图后提交一篇读书笔记，并结合2024年工作规划制定"一图一卡一表"。

6 结语

落实中央金融工作会议精神，做好"五篇大文章"，推动金融高质量发展，中小商业银行的机遇犹存。面临当前息差收窄、价值创造能力下滑的形势，中小商业银行下一步该如何做？

中小商业银行应借鉴华为提出的打开"五个边界"[①]的方法，从战略层面到操作层面进行全面考量和实施，推动业务和财务的融合；通过清晰的战略规划、有效的管理会计分析、组织间的协同合作、数字化转型以及创新产品与服务的推出，应对当前的挑战，提升竞争力，实现可持续发展。

---

① 华为CFO孟晚舟在年会致辞中的讲话：第一，打开作业边界，责任在哪里，我们就在哪里：财务与业务紧密配合，冲在最前线。第二，打开管理边界，机会在哪里，我们就在哪里：不断发现每一个管理改进的机会，不断提升财务管理水平。第三，打开组织边界，人才在哪里，我们就在哪里：吸收新的优秀人员加入财务团队，提升财务团队战斗力。第四，打开思想边界，方法在哪里，我们就在哪里：提倡财务创新，使财务管理也成为公司创效的重要手段。第五，打开能力边界，工匠在哪里，我们就在哪里：倡导专业精神，培养财务管理的工匠。

02

中小商业银行财会监督理论与实务研究
——基于财务管理视角

陈光伟　胡敏姿　李城漳　等[①]

1　中小商业银行财会监督的内容及定位

厘清财会监督的构成要素非常重要，这些要素构成了财会监督的基础和框架。商业银行财会监督的构成要素主要包括监督主体、客体、目标、方法、假设和环境等方面。这些要素相互联系、相互制约，构成了一个完整的商业银行财会监督体系。

[①] 陈光伟，九江银行（HK6190）计划财务部总经理助理，硕士研究生，中级会计师、中级经济师、国际注册内部审计师、高级数据资产运营管理师，持有中国法律职业资格证书（A类）。拥有上市商业银行支行、独立法人村镇银行、总行审计部、总行计划财务部等管理岗从业经验。在《银行家》《中国审计》《中国货币市场》《金融时报》等报刊发表论文20余篇。

胡敏姿，九江银行（HK6190）计划财务部财务共享中心总经理，高级会计师，九江市第三期会计领军人才，拥有多年财务共享、费用预算及税务管理从业经验。

李城漳，九江银行（HK6190）审计部信息科技及非现场审计岗，厦门大学金融工程本科学历，中级审计师、审计署计算机中级审计师、造价员，先后供职于会计师事务所、国家审计机关、商业银行审计部，具有多年的社会审计、国家审计、内部审计经验。

其他成员：余飞飞、李平。

1.1 中小商业银行财会监督的内容

1.1.1 财会监督的主体

商业银行的财会监督工作主要由以下主体负责：政府机构，如财政部、审计署和中国人民银行等；社会审计机构，如会计师事务所和审计师事务所；银行的内部审计和财务部门等。这些机构和人员是商业银行财会监督的核心力量，其负责监督和审查商业银行的财务活动，以确保其合法性和合规性。

1. 财会部门监督

根据《中华人民共和国会计法》，会计机构和会计人员负责按照法律规定进行会计核算和实施会计监督。在中小商业银行，财务部门不仅统筹预算资金分配和财务资源调度，还承担着财会和税务政策的执行以及财会监督的责任。作为商业银行运营体系的重要组成部分，财会部门的监督对于控制财务风险具有关键性的作用。

2. 内部审计监督

根据《中国内部审计准则》，内部审计是一种独立、客观的活动，旨在审查和评价组织的业务活动、内部控制和风险管理的适当性和有效性。在商业银行，内部审计监督的范围涵盖全行的所有业务，而财务管理作为商业银行的重要业务，也是内部审计监督的重点内容。

3. 注册会计师监督

注册会计师审计也称为社会审计或独立审计，是由注册会计师依法接受委托，独立执业并提供专业服务的活动。会计师事务所是注册会计师的执业机构，严格履行审计鉴证职责，确保审计的独立性、客观性、公正性和规范性。注册会计师和会计师事务所已成为规范社会主义市场经济秩序的重要力量。

4. 国家审计及巡察监督

国家审计也称为政府审计，实施主体是各级国家审计机关。涉及管理、分配、使用公共资金、国有资产和资源的各级政府及其部门、企业、单位和个人都是国家审计的对象。国家审计的主要目标是维护国家经济秩序，提高资金使用效益，促进廉政建设，保障国民经济社会健康发展。同时，巡察制度是党内进行自我监督的重要形式，对于推动全面从严治党向基层延伸、厚植党的政治基础具有重要作用。

5. 财政部门、国资部门、监管部门监督

各级财政部门是本级财会监督的主管部门，组织对财政、财务、会计管理法律法规及规章制度执行情况进行监督。同时，财政部门对注册会计师、资产评估和代理记账行业执业质量进行监督，规范行业秩序。国资部门负责监督和管理国有资产，主要职责包括对国有资产、国有企业的经营行为，以及国有资产的流转和处置等进行监督。国家金融监督管理总局作为国务院直属机构，将统一负责除证券业之外的金融业监管工作。

1.1.2 财会监督的客体

商业银行财会监督的对象主要涵盖了银行的财务活动、财务报表和财务信息等层面。这些对象是财会监督的重要内容，需要对其进行全面、客观、公正的监督和审查，以确保其真实性和合规性。

（1）商业银行的财务活动包括资金筹措、资金运用、成本控制、风险管理等多个方面。这些活动是银行运营的核心，也是财会监督的重要内容。财会监督主体需要对银行的财务活动进行监督和审查，确保其符合相关法律法规和会计准则的要求，遵循银行内部规定和行业规范，提高银行的运营效率并加强风险管理。

（2）商业银行的财务报表是反映银行财务状况和经营成果的重要文件，包括资产负债表、利润表、现金流量表等。财会监督主体需要对银行的财务报表进行全面、客观、公正的审查，确认其是否符合相关会计准则和会计制度的要求，是否真实、准确地反映了银行的财务状况和经营成果。财会监督主体还需要采用适当的方法对财务报表中的重要项目进行深入的分析与评估，从而更好地了解银行的运营情况和潜在风险。

（3）商业银行的财务信息反映了银行的财务活动，包括收入、成本、利润、现金流等多个方面的信息。这些信息是银行运营的重要参考，也是财会监督的重要内容。财会监督主体需要对银行的财务信息进行监督和审查，确保其真实、准确、完整。财会监督主体还需要密切关注财务信息的变化趋势和规律，以便及时发现并纠正任何财务舞弊或错误行为。

（4）在新时代背景下，财会监督的对象较传统财会监督的对象有所扩充。对于中小商业银行，以下几个指标是财会监督的重点关注对象：国有资本保值增值率、净资产收益率、利润增长率、不良贷款率、资本充足率、拨备覆盖率、不良资产处置完成率、普惠型小微企业贷款"两增"完成情况和普惠型小微企业贷款"两控"完成情况。通过对这些指标的监督和审查，财会监督主体可以更好地评估银行的经营状况和潜在风险，从而为银行的发展提供有力支持。

1.1.3 财会监督的目标

商业银行的财会监督旨在确保财务信息的真实性、准确性和完整性，推动银行的合规运营和健康成长。这些目标不仅凸显了财会监督的核心目的，也强调了其在商业银行运营过程中的关键作用。

首先，保证财务信息的真实性、准确性和完整性是财会监督的基本职责。商业银行作为金融中介机构，日常运营涉及巨额资金流动和众多财务交易。这种复杂性要求财会监督必须确保所有财务信息的准确性和完整性，以避免任何形式的财务舞弊或欺诈行为。同时，财会监督也需要确保这些信息的真实性，防止错误或虚假的财务报告导致投资者和其他利益相关者做出错误的决策。

其次，推动银行的合规运营和健康成长是财会监督的重要任务。合规运营是银行稳定运营和可持续发展的基础。财会监督通过对银行财务活动的审计和评估，能够及时发现并纠正不合规的行为。同时，财会监督也能够为银行的健康成长提供保障，通过优化资源配置和提高运营效率，有助于实现银行的长期发展目标。

再次，财会监督通过审查和纠正财务报告中的误差和偏差，提高了信息披露的质量和透明度，从而进一步保障了投资者的权益。投资者作为商业银行的重要利益相关者，依赖准确的财务信息做出投资决策。通过财会监督，可以减少或避免财务报告中的误差和偏差，从而提高信息披露的质量和透明度，更好地保护投资者的权益。

最后，财会监督的使命是促进银行更好地为实体经济和人民群众提供金融服务，充分展示银行的人民性和政治性。在确保银行自身稳健和合规经营的基础上，财会监督旨在实现银行与实体经济相互促进、共同发展。

综上所述，商业银行的财会监督目标是一个多元化和全面的目标体系，包括保证财务信息的真实性、准确性和完整性，推动银行的合规运营和健康成长，以及保护投资者的利益。这些目标相互关联、相互促进，共同构建了商业银行财会监督的完整目标体系。

1.1.4 财会监督的方法

商业银行的财会监督涵盖了一系列多元化的方法，主要包括日常的财务活动监控、内部审计和外部审计、针对特定财务活动或业务的专项监督、内部控制评估以及风险评估等手段。这些方法并不是孤立的，而是相互关联、相互促进的，形成了一个全面的监督体系。

第一，日常的财务活动监控是财会监督的基础，通过对银行财务活动的实时监控，可以及时发现和纠正存在的问题。这种日常监控能够及时捕捉并修正小问题，防止问题扩大化，从而保障财务活动的正常运行。

第二，内部审计和外部审计是财会监督的重要途径。内部审计主要由银行内部审计部门执行，对银行的财务报表和财务活动进行全面、细致的审查。通过内部审计，可以发现财务报表中的误差和偏差，并及时纠正。外部审计则由第三方审计机构执行，主要对银行的财务报表进行独立的审计和验证，发表客观的审计意见,以提高财务报表的可信度和透明度。

第三,专项监督针对银行特定的财务活动或业务进行专门的监督和审查,例如,银行的投资活动、贷款业务等。这种专项监督可以更深入地了解银行特定业务的风险和问题,及时提出相应的改进意见和建议。

第四,内部控制评估主要评估银行内部控制的有效性和合规性,揭示和修正内部控制制度中存在的问题。通过内部控制评估,可以提高银行内部管理水平和风险防范能力,保障财务活动的合规性和稳健性。

第五,风险评估是财会监督的一个重要环节。通过风险评估,我们可以了解银行面临的各种风险,包括信用风险、市场风险、操作风险等。通过对这些风险的评估和管理,可以制定相应的风险应对策略,以减少银行面临的风险损失。

总的来说,这些方法不仅可以帮助财会监督主体发现并纠正财务活动中存在的问题,而且能够提高财务信息的真实性和准确性。这些方法的综合运用对于推动银行的稳健发展起到了有力的促进作用。

1.1.5　财会监督的假设

财会监督主要基于以下假设:财务报表及财务信息真实可靠、银行财务活动遵循法律法规、银行内部控制和风险管理措施有效,以及银行管理层诚信尽责。这些假设对财会监督至关重要,其不仅为监督活动提供依据,也能保障银行财务安全与稳健发展。

首先,财务报表及财务信息真实可靠是财会监督的基础。只有当财务报表和财务信息真实可靠时,财会监督才能准确发现并纠正财务活动中的问题。若财务报表、财务信息存在虚假或不准确的情况,财会监督可能无法及时发现问题,甚至可能误判问题的性质和严重程度,从而丧失及时采取有效措施的机会。

其次,银行财务活动遵循法律法规是财会监督的重要前提。只有当银行财务活动依法合规,财会监督才能有效推动银行的合规运营和健康成长。如果银行财务活动存在不合规的情况，财会监督可能无法及时发现问题，甚至可能无法有效地推动银行的合规运营，这将严重威胁到银行的健康发展。

再次，银行内部控制和风险管理措施有效是财会监督的重要保障。只有当银行内部控制和风险管理措施有效时，财会监督才能准确发现并纠正财务活动中的问题，从而提高财务信息的真实性和准确性。如果银行内部控制或风险管理措施存在缺陷或不足，财会监督可能无法准确发现问题，甚至无法有效地提高财务信息的真实性和准确性，这将直接影响银行的财务健康和投资者的权益。

最后，银行管理层诚信尽责是财会监督的重要支撑。只有当银行管理层诚信尽责时，财会监督才能有效地推动银行的稳健发展。否则，作用相反，甚至可能无法有效地保障投资者的权益。这不仅会影响银行的声誉和发展，也会对投资者的信心产生负面影响。

1.1.6 财会监督的环境

对商业银行的财会监督工作来说，其所处的环境具有显著的多元性，并对监督工作的实际效果与范围产生深远的影响。该环境主要由政治法律、经济、市场、金融市场和科技等层面构成。

第一，政治法律环境是商业银行财会监督的基础。国家政治稳定、法制健全以及政策导向明确等，为财会监督的有效实施提供了坚实的保障。政治稳定和法律严谨可确保商业银行的业务发展符合国家的政策导向，从而维持银行业务的合法合规性。

第二，经济环境对商业银行财会监督的范围和效果产生重要影响。经济的稳定增长、市场利率的变动以及通货膨胀的压力等，都可能对商业银行的财务状况和经营业绩产生深远影响。因此，商业银行须密切关注经济环境的变化，以便及时调整财会监督策略。

第三，市场环境也是商业银行财会监督工作的重要因素。市场的竞争状况、客户需求的变化以及新技术的引入等，都对商业银行的业务运营和财务管理构成挑战。商业银行需要积极适应市场环境的变化,既满足客户需求,又提升自身竞争力。

第四,金融市场环境是商业银行财会监督的关键因素。金融市场的稳定、资本市场的发展以及货币政策的有效等,都是商业银行财会监督工作顺利开展的重要保障。商业银行需要密切关注金融市场的动态,以便在变化的市场环境中保持稳健的经营。

第五,科技环境的变化对商业银行财会监督工作的影响不容忽视。科技的进步催生了一系列新的技术手段,如大数据分析、人工智能等,为提升财会监督的效率和精度提供了新的可能。因此,商业银行需要充分利用这些新技术,以提升财会监督工作的效率和准确性。

综上所述,商业银行的财会监督工作处于一个多元化的环境中,这些环境因素对财会监督的效果和范围产生重要影响。因此,商业银行需要加强对这些环境的分析,积极应对各种环境变化,以确保财会监督工作的有效实施,并保障银行的财务安全与稳健发展。

1.2 中小商业银行财会监督的定位

商业银行财会监督的定位,是指在特定的政治经济环境下,通过开展监督、检查、评估和纠正工作,对银行组织内部财务活动的合法性、合理性、有效性,经营成果的真实性、完整性、准确性,以及信息报送的及时性等进行监督,在一定程度上确保组织的财务活动符合法律法规、会计准则和公司政策等要求,反映的经营成果真实、准确和完整,信息报送及时。

财会监督的定位包括以下几个方面。

(1)保证财务活动的合法性和合规性。财会监督在商业银行内部控制体系中发挥着核心作用,首要任务是确保财务活动的合法性和合规性。具体来说,财会监督的使命是确保银行的财务活动严格遵循国家法律法规、会计准则和内部政策的要求,以防止违法违规行为的发生,从而有效地保护银行的财产安全和合法权益,防止资产流失和财务信息失真。

在日常工作中，财会监督部门需要高度关注国家法律法规和监管政策的动态变化，根据最新的法规和政策要求，及时更新和优化银行的财务管理制度和流程，以确保银行的财务活动始终符合法律法规和监管要求；对银行的各项财务活动（会计核算、财务管理、预算执行、成本控制等环节）进行全面审查和监督，确保其符合相关法规和政策的规定；与内部其他部门和外部监管机构保持紧密的沟通与协调，及时了解最新的法规和政策要求，并按照要求进行相应的调整和改进。

（2）确保财务信息的真实性和准确性。财会监督是确保财务信息真实性和准确性的重要机制，旨在确保组织的财务信息能够真实、准确、完整地反映其财务状况和经营成果。监督企业财务会计信息的真实性和准确性，包括财务报表编制、会计核算、账务处理、会计记录等方面。财会监督部门会对组织的财务交易和业务活动进行审查，确保所有记录和报告都与实际情况相符，避免产生虚假记账、财务造假等违法行为。为了实现这一目标，财会监督部门会采取一系列措施。首先，对财务报表进行严格的审核和检查，确保其符合会计准则和法规要求。其次，通过采用比较分析、趋势分析、比率计算等方法，对财务数据进行深入的分析和评估，以识别任何异常或潜在的错误。最后，财会监督部门还会对会计流程、审批程序、账务处理等各个内部财务流程进行监控和评估，以确保其合规性和准确性。

（3）促进财务管理水平的提高。财会监督在促进组织财务管理水平提高方面具有显著作用。通过对财务活动的持续评估和纠正，财会监督能够发现并解决财务管理中存在的不足和问题，并及时提出改进建议，帮助组织优化财务管理流程和方法，提高财务管理水平。

在日常工作中，财会监督可以通过以下方面帮助组织提升财务管理水平：对财务活动进行全面、客观的评估，及时发现财务管理中的漏洞和风险，并针对这些问题提出有效的改进建议；严格审查财务交易和业务活动，发现虚假记账、财务造假等违法行为，及时纠正这些错误；对财务管理人员进行监督和培训，不断提升其素质和能力；对组织的财务违规行为进行识别和纠正，并采取相应的措施对违规行为进行处理和惩罚，从而有效地保护组织的财产安全和合法权益。

（4）助力组织目标的实现。财会监督通过对财务活动进行监督、检查、评估和纠正，能够确保财务活动的合法性和合规性，提高财务管理水平，同时确保财务信息的真实性和准确性。这些举措不仅有助于维护组织的资产安全和资金完整，更推动了组织目标的实现。

实现组织目标需要有效的财务管理作为必要条件。商业银行通过开展有效的财会监督工作，能够实现资源的合理分配和价值的最大化，进而推动组织实现战略目标和发展规划。此外，财会监督还有助于组织的可持续发展和社会责任的履行，从而助力组织目标的实现。

2 中小商业银行财会监督的制度规范与路径方法

2.1 中小商业银行财会监督的制度和规范

我国商业银行作为国有资本控股或占主导地位的金融企业，国有资本投资者实质上拥有商业银行的控制权。国家审计、纪检监察、巡察巡视等工作组按照国有企业的要求对商业银行进行监管。后文梳理了11个最常用的与商业银行财会监督相关的制度和规范文件，希望大家能够借此加强对制度重要性的认识，增强遵守制度的自觉性，从而避免违规行为的发生。

1. 收支管理规范

2006年12月财政部发布了《金融企业财务规则》（财政部令第42号），废止了1993年发布的《金融保险企业财务制度》。2019年财政部对《金融企业财务规则》进行修订，形成了《金融企业财务规则（征求意见稿）》并向社会公开征求意见，截至2024年3月该征求意见稿未正式下发。

《金融企业财务规则》（财政部令第42号）于2007年1月1日施行，其对金融企业的收支管理内容进行了详细的规范，主要强调了对当期损益、费用支出等方面的约束。

2. 会议费管理规范

2016年6月29日，为进一步加强和规范中央和国家机关会议费管理，精简会议，改进会风，提高会议效率和质量，节约会议经费，财政部、国家机关事务管理局、中共中央直属机关事务管理局印发了《中央和国家机关会议费管理办法》（财行〔2016〕214号），于2016年7月1日起施行。2023年5月30日，财政部、国家机关事务管理局、中共中央直属机关事务管理局下发《中央和国家机关会议费管理办法》的补充通知，进一步规范中央和国家机关会议费管理。

3. 差旅费管理规范

2013年12月，财政部印发了《中央和国家机关差旅费管理办法》（财行〔2013〕531号），于2014年1月1日起施行。该办法通过细化标准、动态调整、配套衔接、强化管理等，着力解决过去差旅费管理中存在的问题。

4. 培训费管理规范

2016年12月，为推进厉行节约反对浪费制度体系建设，财政部、中共中央组织部、国家公务员局对《中央和国家机关培训费管理办法》（财行〔2013〕523号）进行了修订（现部分失效），于2017年1月1日起施行。修订内容主要包括：严禁借培训名义安排公款旅游；严禁借培训名义组织会餐或安排宴请；严禁组织高消费娱乐健身活动；严禁使用培训费购置电脑、复印机、打印机、传真机等固定资产以及开支与培训无关的其他费用；严禁在培训费中列支公务接待费、会议费；严禁套取培训费设立"小金库"。

5. 工会经费管理规范

工会经费在企业财务管理中是容易被忽视的管理末梢，存在着"工会经费好报账"的误区。为加强基层工会收支管理，规范基层工会经费使用，中华全国总工会办公厅于2017年12月15日公布并施行《基层工会经费收支管理办法》（总工办发〔2017〕32号），对工会经费的收入、支出及财务管理作出了明确的规定。

6. 福利费管理规范

财政部于2009年11月12日公布并施行《关于企业加强职工福利费财务管理的通知》(财企〔2009〕242号),要求企业建立职工福利费管理制度,规范报销程序且严格执行,防止职工福利费的滥用和浪费,同时确保职工福利费支出的安全合理。

7. 招待费管理规范

为规范党政机关国内公务接待管理,厉行勤俭节约,反对铺张浪费,加强党风廉政建设,中共中央办公厅、国务院办公厅下发了《党政机关国内公务接待管理规定》(中办发〔2013〕22号),于2013年12月1日公布并施行。该规定针对公务接待活动出现的讲排场、比阔气、大手大脚和奢侈浪费现象,以及公款大吃大喝等问题进行规范和限制,主要内容包括:公务接待活动中吃工作餐、住普通套间、不清场封路、不组织迎送活动、不层层多人陪同等。

2020年3月9日,国务院国资委、财政部印发了《国有企业商务招待管理规定》(国资发考分规〔2020〕20号),并于当日施行,明确规定了国有企业商务招待标准,要求企业严格落实主体责任,坚持从严从紧开展商务招待活动,避免简单就高或"一刀切",切实把招待费用到实处、用到明处。我国商业银行作为国有资本控股或占主导地位的金融企业,贯彻落实国有企业商务招待管理规范尤为重要。

8. 公车购置及运行管理规范

2017年12月5日,中共中央办公厅、国务院办公厅印发了《党政机关公务用车管理办法》,原《党政机关公务用车配备使用管理办法》同时废止。修订后的公务用车管理办法以全面实行公务用车编制和标准管理为核心,强化配备、使用、处置等全流程管理,体现出明确集中统一、坚持厉行节约、创新管理方式的特点。

9. 金融企业避免铺张浪费管理规范

2013年11月18日,中共中央、国务院印发了《党政机关厉行节约反对浪费条例》(中发〔2013〕13号)(以下简称《条例》),并于当日施行,对党政机关经费管理、国内差旅、因公临时出国（境）、公务接待、公务用车、会议活动、办公用房、资源节约等作出全面规范。《条例》表明厉行节约将告别运动式的"一阵风"，走向制度化、常态化。

10. 金融企业集中采购管理规范

为进一步提高国有金融企业集中采购效率，规范国有金融企业集中采购行为，2018年2月财政部印发了《国有金融企业集中采购管理暂行规定》（财金〔2018〕9号），从组织管理、制度建设、采购方式、采购管理、监督检查等方面对国有金融企业采购行为进行了规范。

11. 金融企业财务管理规范

2022年7月20日，为进一步严肃财经纪律、规范财务管理工作，引导金融企业规范有序健康平稳运行，促进金融业高质量发展，财政部印发了《关于进一步加强国有金融企业财务管理的通知》（财金〔2022〕87号），并于当日施行，主要从金融企业加强收支管理、加强金融资产管理、真实完整披露财务会计报告、财政部门积极履行国有金融资本出资人职责等方面对加强财会监督进行了规范。

2.2 传统财会监督工作的路径与方法

财会监督的路径是指为达到工作目标的路线，是一种抽象的概念或程序。财会监督的方法是指为完成某项任务或解决某个问题所采用的具体步骤或手段，包括一系列的步骤或操作，以及处理问题或完成任务所需的技能、技巧和工具。可见，路径是实现目标的路线，而方法是完成任务的步骤和手段。

传统财会监督的工作重心主要集中在会计信息所反映的经济业务上。具体而言，财会监督的对象包括财务报表、会计凭证、税务申报表等各类财务资料。

对于中小商业银行来说，其财务部门在进行财会监督时，主要对财务报销材料进行审核。这种审核旨在确认经济业务的真实性、合法性和合规性，从而防止和揭露违反财经法规、会计准则的行为。同时,通过对财务数据的分析和解读,可以及时发现潜在的风险和问题,为银行的经营管理提供决策依据。

2.2.1 财会监督的三个控制阶段

从经济活动所处的阶段来看,财会监督主要分为事前监督、事中监督及事后监督三类。事前监督以预防为主,通过关口前移、提前介入,对将要发生的经济活动进行会计监督,有利于及时发现问题,减少违规事项的潜在损失。事中监督贯穿于财会活动的事中,涉及经济活动的各个环节、各个方面,有效的事中监督便于及时发现问题,纠正偏差,确保经济活动平稳、正常、有序地开展。事后监督主要通过检查分析经济活动的反馈信息揭露问题,完善经济活动的内部控制,发挥自我纠偏的作用。

1. 财会监督的事前控制阶段

开展事前控制要求财会人员充分掌握经济活动的全面和综合信息,并能够通过科学分析对尚未发生的经济活动提前做好协调、控制和规划,在财会监督的作用下,提高经济效益,确保经济活动合法、合规运行。比较普遍的事前监督场景包括成本预测、预算管理、成本计划、盈利预测、产品结构规划、久期管理、合同管理等。做好财会监督的事前控制需要关注以下几点。

(1)尽量充分掌握经济活动的全面和综合信息。为了实现事前控制,预期是一个关键的分析维度。高质量的预期控制需要基于对大量历史数据的分析,围绕时间维度进行深入研究,并运用数理统计、随机理论等分析方法获得更切合实际的结论。在信息采集方面,财会部门必须确保内部数据的连贯性和统一性,并加强数据的可靠性;需要协调内部各部门和各层级之间的数据充分性和准确性,以确保经济活动信息更有效;需要注意外部数据的关联性与成本控制问题,做到目标明确、有针对性。

(2)建立科学有效的方法论体系是实现事前控制的关键,这直接影响着未来经济活动的方向、内容和执行方式。首先,财会人员必须以扎实的专业水平为基础，具备全面的财务知识和数据分析能力，能够准确解读和预测经济形势，为决策者提供可靠的建议。其次，需要配合有效的财务系统管理体系，包括清晰明确的职责划分、严谨细致的工作流程和标准化的操作规范，以保证经济活动的有序进行。再次，有力的执行模式也是必不可少的，要做到迅速响应、高效实施和跟踪监测，以确保各项决策和计划的有效执行。最后，通过加强内部沟通，可以减少信息传递延迟，提高工作效率；通过部门间的协作，可以充分利用各自的专业知识和资源，为财会监督工作的顺利开展提供全面的支持。

（3）开展全面预算管理。全面预算管理是《礼记·中庸》中提到的"凡事预则立，不预则废"的体现。不论规模大小，中小商业银行都要在年初做好全面预算。不同层级的机构要根据自身的状况来确定做什么事、花什么钱。各机构的全面预算不仅需要根据预算内容经过不同的归口管理部门进行审核，而且最终需要经过分行层级、总行层级的财务部门审核。因为财务部门是总揽全行经济资源的部门，所以其需要综观全行上报的业务开展计划，并结合全行的财务资源进行资源分配，这种财务资源分配权其实就体现出财会监督的职能。面对分支机构所报内容并不满足财务规范的预算事项以及谎报、虚报的财务预算事项，财务部门均有权否决。在经济运行中期，部分机构会出现预算不足的情形，或因年初预算没做够，或因出现年初未预料的事项，导致需要增补预算，此时财务部门仍须对预算追加事项进行把关，可否增补、增补多少都需要考量。

（4）建立大额财务支出事项事前审批制度。根据第十四届中央纪委第六次全会公报中提出的"三重一大"原则[①]，中小商业银行在执行这一原则时首先要建章立制，明确规定什么事项、多大金额的资金使用需要经过哪一层级管理层的集体决策。中小商业银行财务部门会设置相应的岗位对大额度财务支出进行初步审查，并给出专业意见或建议，这一关键岗位的设置也是财会

---

① "三重一大"原则，即重大决策、重要干部任免、重要项目安排和大额度资金的使用必须经集体讨论作出决定，其中大额度资金的使用则是财务部门应当管辖的范畴。

监督的体现。大额经济支出的合理性以及从投入产出角度考量是否应当投入，都是这一岗位的职责所在。

2. 财会监督的事中控制阶段

事中控制是会计监督的核心环节。财会监督能够通过自身在经济活动中的地位，对正在发生的经济活动的准入、运转、数量、质量、合规等方面进行干预，确保经济活动有序开展。一般来说，财会监督的事中控制包括数量控制、人员控制、时间控制、成本控制和营收核算等。做好财会监督的事中控制需要关注以下几点。

（1）客观、清晰的执行标准。事中控制直接作用于经济活动进行时，清晰、有效的执行标准对于确保执行人高效执行至关重要。在经济活动中，参与者来自不同的层级和条线，其知识储备各不相同。因此，明确数量、金额、流程、时间、收支等要求是提高执行力、确保监督效果的客观需要，可以更好地规范经济活动，提高工作效率和执行力，从而实现更好的经济效益；同时，有助于发现和纠正经济活动中的问题，降低风险。

（2）确立财会人员在关键环节的控制地位。财会人员在财会监督中的履职行为必须对经济活动的内部控制产生实质性影响，以确保经济活动的合规性和有效性；通过充分发挥财会监督的职能，可以避免财会监督流于形式，预防财会监督独立性薄弱等致命缺陷；同时，还有助于防止经济活动存在第二条运行路线等潜在风险，从而确保企业经济活动的正常进行和资产的安全与完整。

（3）强化对企业财务活动的实时监督。首先，开展实时财会监控，通过定期的财务报表、经营分析报告，对企业的各项经济事项进行事中审核，及时发现问题并采取相应的措施。其次，建立财务管理系统、资金管理系统等信息化平台，对企业的财务数据和资金流动进行实时监控，确保企业财务活动的规范性和安全性。最后，重视风险预警，对财务数据进行监测和分析，及时发现财务管理中的风险点，并采取相应的措施进行干预和纠正，避免发生重大风险。

3. 财会监督的事后控制阶段

财会监督的事前及事中控制并不能有效规避所有风险事项，大量风险控制的实际效果有赖于事后监督进行跟进。事后控制主要作用于经济事项的查漏补缺，对风险暴露事项及时止损，对经济活动进行统计、总结、分析，包括：报表数据的横向、纵向对比；经济事务的数理统计、映射分析，如企业发展战略、业绩发展指标、成本控制要求、盈利发展目标、结构调整效果等；开展员工行为的监督，从时间跨度、业务种类、经费规模、指标集中度等方面分析员工、部门、条线等的差异情况；成本分析、成本考核等。

做好财会监督的事后控制主要从执行和运用上着力，财会部门在大多数经济实体中处于和其他业务部门同级别的管理层级，财会监督领域的具体要求在与业务发展要求、业务流程要求相冲突时存在弱化的可能。突出表现为业务发展过程中对"快""活""特事特办"等的要求与严谨的财会监督流程管控存在一定的矛盾，在具体执行中需要财会部门和其他业务部门寻找财会监督和业务发展的平衡点。

在财会监督领域，他人的经验和做法因财会制度、会计实体、计算方式、统计口径、执行人员的职业化程度等差异往往不能直接套用；对于会计实体自身来说，单一环节、单一部门、单一机构财会监督的有效措施在推广至全流程、全公司、全体人员时往往会因受到人、财、物等方面的条件限制而面临重重阻碍，而且即便是历史上已经推行的有效财会监督措施，在会计实体出现业务种类变更、规模变化、人员流动、工具变更等情况后，往往也面临调整的需要。做好财会监督的事中控制需要关注以下几点。

（1）做好财务报销审核工作。所有经济业务的投入，都要落地到财务报销环节，该环节要求业务经办人提供可佐证业务真实性的材料。财务报销审查制度是"指挥棒"，是所有企业财务部门必须下发的制度之一，只有在佐证材料充分的情况下，财务部门才会予以报销。除了制度先行，该环节还需要配备既有责任心又细心的审核人员。这些人员是分支机构落实报销材料合理性、合规性的重要组成部分，在财务报销审查过程中，不仅要做到胆大心细，还需要具备一定的质疑精神、较强的逻辑敏感性，对不合理的情况要勇于提出疑问。

（2）定期/不定期开展财务检查。中小商业银行虽然有第三道防线——审计部门对全行业务发展进行各项检查，防范内部控制风险，但财务部门也可以通过开展定期或不定期的条线检查来履行监督职责。因为财务部门对分支机构进行财务预算管控，且对财务报销规则比较了解，在检查过程中更容易发现问题。特别是针对日常报账过程中财务费用列支已出现问题的机构，财务部门深入基层进行专项检查，更能够了解到真实情况，从而有针对性地提出解决措施以及管理思路。

（3）督促财务问题整改。当财会检查发现问题后，需要将问题反馈到相关分支机构，并督促其进行整改。为了确保整改到位，财务部门可以采取以下措施：首先，建立反馈机制，在财会检查发现问题后，应立即将问题以书面形式反馈给相关分支机构，并要求其制订整改计划；其次，在制订整改计划后，应采取强有力的整改措施，包括调整业务流程、加强内部培训、实施监控措施等；最后，举一反三，在整改问题时，分支机构不仅应解决检查中发现的问题，还应借此机会对整个业务流程进行自查自纠，防止同类问题再次发生。

（4）建立财务问题整改的奖惩机制。建立财务问题整改的奖惩机制是加强财务管理、提高经济效益的重要手段之一。通过明确的奖惩标准和考核体系、公正透明的实施过程、持续改进的意识和行动，可以确保财务问题得到及时解决，并防止同类问题再次发生。对于积极整改、预防问题再次发生的分支机构和个人，应给予适当的奖励；而对于整改不力、再次出现同类问题的分支机构和个人，应进行相应的惩罚，以示警告。

2.2.2 重点事项的财会监督方法

1. 费用审查分析

①将本期与上期的费用情况进行比较；将本期费用情况的变动趋势与经济状况、行业趋势进行比较，并查明异常现象和重大波动的原因。②比较本

期各月费用的波动情况，分析其变动趋势是否正常，是否符合被审计单位季节性、周期性的经营规律，并查明异常现象和重大波动的原因。③计算本期采购科目的占比，分析比较本期与上期各类采购占比的变化情况，注意是否配比，并查清重大波动和异常情况的原因；与行业进行比较，并查明异常现象和原因。④计算重要采购科目的金额及其比率，分析比较本期与上期有无异常变化。⑤分析年末最后一个月费用情况占全年费用情况的比例，分析是否存在突击花钱等情况。

2. 物品采购检查

①是否建立健全、完善的采购制度。②大宗采购项目是否列入年度采购计划和预算，是否经过审批。③采购业务的决策程序是否合规，是否经过集体决策。④是否按照规定采取恰当的招标方式，招投标程序是否合规。⑤是否对供应商资信情况进行调查。⑥合同签订是否符合规定程序，重要合同条款是否经过严格审查。⑦是否对采购成本履行必要的审批控制程序。⑧收到的货物是否履行了严格的验收程序。⑨采购的货物是否出现质量问题或损失浪费等。

3. 大额资产购置、处置的评估

①检查相关资料，并向相关部门和人员了解大额资产购置、处置的决策过程，以及价格确定的依据和过程。②对资产评估报告进行审核，必要时向第三方评估机构了解情况，确定资产评估价值的公允性和有效性。③核查大额资产购置、处置价格高于/低于评估价值的原因，核实是否造成国有资产损失。④确定违反规定程序收购股权的责任人，通过对大额资产购置、处置过程、涉及机构和人员，以及资金流转过程进行调查，核实大额资产购置、处置过程中是否存在利益输送。

4. 小金库检查治理

①围绕资金流、货物流、发票流，深入核查与交易公司采购业务的真实性；查清套取资金的规模及具体操作手法，必要时到对方公司延伸调查。②深入核查套取资金的存放、实际使用及结余情况，重点核查资金使用过程中的违法违纪问题线索。③扩大审计范围，检查此问题是否具有普遍性。④核查相关

行为的决策过程，确认相关责任人员，必要时移送相关部门处理。需要注意的是，通过取现等方式切断资金流，不符合交易逻辑，是异常行为。

5. 会议套取资金检查

①检查年度培训计划与培训支出预算，是否存在计划外、预算外举办培训班的问题。②将举办培训班的天数、参训人数、费用开支与年度培训计划进行对比分析，核查有无超天数、超人数现象，并分析原因。③审阅相关文件资料，包括培训班通知、培训指南、学员学习资料、学员签到表、教师讲课费签收单等；审核相关支出账目和凭证，核查其支出内容；必要时延伸调查举办培训班的相关宾馆，通过宾馆管理信息系统核查培训班住宿、用餐、会议室和相关设备租赁等费用，与培训班相关消费明细清单进行核对，核实培训班实际支出情况，揭示有无通过虚报参训人数和培训班天数、编造学员名单、虚列会议室租金等方式，虚开培训发票、套取资金等违法违规问题。④进一步核实套取资金的实际用途。明确套取资金涉及的相关责任人员，通过谈话，进一步核实被套取资金的存放形式及实际用途，必要时可经批准采取延伸审计等方式追查资金去向和用途。对涉嫌违纪违法的人员，按程序移交纪检监察机关或司法机关处理。

6. 建设程序、招投标检查

①建设程序可能存在的问题：没有按国家规定，未批先建、先开工后招标、边设计边施工。正确的程序是：项目可研核准、施工图设计、施工招标、签订施工合同、开工依次进行。②招投标可能存在的问题：先开工后招标，涉嫌假招标，招标人提高招标条件，影响投标的竞争性，不具备施工招标的条件，招标办越权批准改变招标方式。

2.3 大数据时代财会监督的思考与探索

2.3.1 数字化财会监督的重要意义

相比传统财会监督存在抽样样本不能全覆盖、事后检查过程管理不足等局限性，信息化时代的数字化财会监督具有全量业务覆盖、全过程监督等优势，具体有以下三点。

一是整合孤立数据，实现互通共享。运用信息技术打破数据孤岛，整合各系统数据，构建数据全集，实现费用报销、人事薪酬、经营成果等数据互通共享，为财会监督提供覆盖全行的全貌数据。

二是采集全量数据，提高监督效率。运用信息技术采集分析全量数据，对异常、高频、大额等事项进行自动监督分析，补足传统人工事后抽查监督效率低、时滞长等短板，提高监督效率。

三是发挥数据价值，支撑经营决策。通过采集财会数据，运用分析模型，实现对相关风险的预警和评价，有利于发挥数据资源价值，为银行的决策、管理、运营等各个层面提供经营决策支撑。

2.3.2　中小商业银行数字化财会监督的思路

中小商业银行数字化财会监督思路是通过对机构内部各项数据的采集和处理，建立统一的大数据仓库，开发财会监督平台，按主题进行数据分析展示，使用模型进行数据挖掘等，对异常情况进行预警、提示并跟踪处理进程和结果。

（1）数据收集与清洗。搭建数据仓库，获取收集和整理相关的数据，包括财务数据、人事数据、出差考勤数据等。在收集数据后，对无关和错误的数据进行清洗，确保财会监督数据源的准确完整。

（2）建立模型与分析。在数据收集和清洗之后，需要建立合适的数据模型，利用模型对收集到的大量数据进行关联、分类和归纳，发现数据中的规律、趋势及异常情况等。

（3）数据监控与预警。通过模型实时或定期跑批，实时监控各核算单位的财务数据变化，一旦发现异常情况或潜在风险，立即进行预警提示。

（4）异常报告与处理。在数据监测过程中，如发现异常结果，需要及时报告给相关部门或管理层。相关部门及时分析风险情况并采取相应的措施，降低财务风险和避免潜在损失。

2.3.3 中小商业银行数字化财会监督的运用

商业银行数字化财会监督运用主要包括核对性监督、分析性监督两个方面。核对性监督包括资金收付业务监督、费用核算业务监督、固定资产/无形资产以及在建工程的监督、特殊事项监督等。分析性监督包括重点费用定期比对监督、重点费用事项监督，其中重点费用事项监督包括差旅费监督、招待费监督、会议费监督、宣传品费用监督、物业费监督、在建工程监督、人员费用监督、交通费监督等。

1. 核对性监督

1）资金收付业务监督分析。

（1）按日分析财务共享系统各核算单位银行存款明细账与现金日记账的一致性。通过检查前一日的数据，可以评估出各单位的财务记录是否真实、完整，有无虚假记账、资金挪用等情况。

一是账户一致性分析。核实银行存款明细账和现金日记账明细的账户名称、账户号码是否一致。如果账户不一致，需要进一步明确差异的原因。二是交易类型匹配性分析。不同的交易类型可能代表着不同的业务活动，需要关注银行存款明细账和现金日记账中的交易类型匹配情况。三是交易金额准确性分析。在对比银行存款明细账和现金日记账时，需要核实金额是否一致。如果存在差异，需要进一步分析产生差异的原因，并采取相应的措施进行纠正。

（2）按月度核对银行存款明细账、现金日记账与银行对账单之间的一致性，检查资金收付业务的真实性和合规性，防止出现未记账的交易或者违规交易。

一是账户匹配性分析。确认银行存款明细账和现金日记账的账户与银行对账单上的账户是否一致，包括账户名称、账户号码等关键信息。二是交易类型分类分析。确认银行存款明细账、现金日记账与银行对账单中的交易类型是否一致，因为不同的交易类型可能代表着不同的业务活动。三是金额一致性分析。银行存款明细账、现金日记账与银行对账单上的金额应该相互匹配。同时，需要关注未达账项的处理，确保未达账项的金额和原因得到及时记录和处理。

2）费用核算业务监督分析。

（1）发票的经济事项与科目对应的合理性分析。

一是经济事项一致性。分析发票上的经济事项与会计科目是否一致。例如，一张发票上注明的是购买办公用品，那么其对应的会计科目应该是低值易耗品科目，而不是固定资产科目。二是发票规范性。分析发票要素的规范性，包括发票的开具单位、开具日期、商品名称、数量、单价、金额等项目是否填写齐全、清晰等。三是逻辑一致性。对于一组发票，分析其报账科目的内在逻辑是否一致。例如，从同一供应商购买的类似物品的发票，报账科目应该是一致的，如存在不同的报账科目，即存在科目设置逻辑不一致的情况，需要进一步核实原因。

（2）针对报销核算过程中上传的签报、批复文件、事前审批单、会议纪要等内容是否齐全的统计分析。

一是时间一致性分析。确认上传的签报、批复文件、事前审批单、会议纪要等内容对应的时间点是否合理。例如，事前审批单的日期要早于合同签订及发票开具日期。二是内容完整性分析。对于上传的签报、批复文件、事前审批单、会议纪要等内容，需要检查其是否齐全、完整。例如，相关材料的签名是否齐全、审批流程是否完整等。三是关联性分析。对于相关文件和资料，需要进行关联性分析。例如，报销核算过程中上传的签报、批复文件、事前审批单、会议纪要等文件之间应该存在一定的逻辑关系。

（3）对总行及各机构财务核算入账科目的准确性分析。这项分析主要是指对总行和各机构的财务核算入账科目进行核对和分析，以确认其准确性和合规性，防止财务核算错误和财务风险的发生。

一是科目一致性检查。在数据分析时，需要关注会计科目的使用是否一致。例如，总行和各机构是否使用相同的会计科目进行财务核算。二是分类准确性分析。分析每一笔财务核算入账的分类是否准确。例如，租赁收入、中间业务收入等，应该归集为营业收入科目；采购支出，应该归集为营业成本科目。三是交易类型与科目匹配性分析。不同的交易类型可能代表着不同的业务活动，因此需要确认交易类型与会计科目是否匹配。

3）固定资产、无形资产以及在建工程的监督分析。

（1）总行及各机构固定资产及无形资产的新增、变动、处置等情况与财务核算情况分析。

一是资产新增分析。分析总行及各机构新增固定资产和无形资产的情况，包括新增资产的类别、数量、价值等。例如，某个分支机构新增了一批电脑，在财务核算中是否体现。二是资产变动分析。分析总行及各机构的固定资产和无形资产变动情况，包括变动的类别（如报废、折旧、增值等）、数量、价值等。例如，某个分支机构对房屋建筑物进行装修，增加的装修价值在财务核算中是否体现。三是财务核算情况分析。对总行及各机构的固定资产和无形资产财务核算情况进行全面分析，包括核算的科目、内容、方法等。

（2）盘点情况、资产卡片情况、资产处置收益和亏损情况分析。

一是盘点情况分析。分析资产的实际数量、状态和价值等信息，是否存在资产闲置或丢失等问题。例如，通过数据分析，可能会发现某些固定资产的实际状态不佳，需要进行维修或替换；通过对比盘点数据与财务数据，可以发现是否存在账实不符的情况，以及是否存在异常的资产流动。二是资产卡片情况分析。分析资产卡片的准确性，核实资产卡片上的信息与实际情况是否相符，包括资产名称、型号、数量、价值等信息；了解资产的使用状态（在用、闲置、报废等），并分析这些状态的变化情况；分析资产折旧情况（折旧的计提、摊销等），以了解资产的损耗情况；分析资产维修保养情况（维修保养的频率、费用等），了解资产的使用状况和维修保养成本。三是资产处置收益和亏损情况分析。根据处置方式和时间，分析资产处置的收益和亏损情况；针对已处置的资产，了解其残值情况（残值金额、残值处理方式等），以评估资产的处置效益。

（3）在建工程辅助账核算的准确性分析。这项分析是指银行通过对在建工程进行明细核算，反映和监督企业固定资产建造过程中各项成本和净值的变动。

一是比较在建工程辅助账中记录的工程款支付情况与实际进度是否一致，分析是否存在超付或欠付工程款的情况。二是比较在建工程辅助账中记录的工程进度与实际完成情况是否一致，分析是否存在虚报或隐瞒工程进度的情况。三是核对在建工程辅助账中各项费用的归集是否准确，如直接费用和间接费用的划分是否合理。

（4）总行及各机构在建工程、无形资产研发支出的验收转固及费用化情况的财务核算。

一是总体情况分析。对总行及各机构的在建工程、无形资产研发支出的验收转固及费用化情况进行总体分析，了解其规模、结构、变化趋势等。二是关联分析。分析在建工程、无形资产研发支出与相关因素之间的关系，如与营业收入、净利润等指标的关联程度，以及不同分支机构之间的关系。三是成本效益分析。对在建工程、无形资产研发支出的成本效益进行分析，了解其投入产出比值，以便更好地优化资源配置。

4）特殊事项监督分析。

（1）营业外收支事项统计和按分类结构分析。

一是分类结构分析。对不同时期、不同分支机构、不同科目的营业外收支进行可比性分析，分析各类营业外收支的占比和变化趋势，以更好地了解企业的财务状况和发展趋势。二是财务指标分析。对营业外收支进行财务指标分析，分析营业外收支与营业收入、净利润等财务指标的关联程度，以及它们对企业经济效益的影响等。三是潜在风险分析。对营业外收支进行风险评估，设定营业外收支与营业收支的占比预警值，评估营业外收入是否存在虚增、违规入账等风险，营业外支出是否存在违规使用、浪费等风险。

（2）对新增事项进行预警提示。

一是监测异常交易，通过对交易记录的监测和分析，发现异常交易行为，例如，大额资金转移、频繁的上下游交易等。二是账户变动监测。通过对账户变动情况进行监测和分析，发现异常的账户变动情况。例如，账户余额大幅增加或减少、频繁的资金流入或流出等。三是分析交易对手方信息，包括企业资质、信誉、经营状况等。当与异常或可疑企业进行交易时，系统应提示风险并提醒相关人员注意。

（3）发放事项的合理性分析。

一是发放结构分析。对特殊发放事项（不同部门、不同岗位的薪酬、奖金、福利等）进行结构分析，以确定是否存在不合理或异常的结构。二是补贴标准对比分析。将实际补贴标准与行内政策规定的标准进行对比分析，检查是否存在不符合政策规定的情况。三是缴费合规性和风险分析。通过财务大数据，企业可以检查员工的"五险一金"缴费是否符合国家和地方政策规定，是否存在合规风险，如缴费基数是否合规、缴费比例是否正确等。

（4）应收应付事项记账的准确性、审批的合理性，并定期提醒应收应付的挂账期限。

一是核对应收应付总账、明细账和辅助账，确认三者的数据是否一致。二是根据账款的拖欠时间进行分类和统计，识别出不同账龄的应收应付账款，以便采取相应的收款或付款策略。

2. 分析性监督

1）重点费用定期比对监督。

（1）费用发生同比差异性分析。

一是同比差异性分析。对不同机构同一月度（季度、年度）相同或近似合计费用明细科目的发生额进行比对，计算同比增长率或差异额。主要分析内容包括：计算每个科目相同期间的同比增长率或差异额；对每个科目的同比增长率或差异额进行汇总和分析；找出同比增长率或差异额最大的科目和月份，分析其原因。二是占比变化分析。根据同比差异性分析结果，对某机构某项费用在全行的占比发生显著变化的进行提示。主要分析内容包括：计算每个科目目标期间的占比；对每个科目的占比进行汇总和分析；找出占比变化最大的科目和月份，分析其原因。

（2）费用发生环比差异性分析。

一是环比差异性分析。对当期（月度、季度、年度）发生额与可比期间数据进行比对，计算环比增长率或差异额。主要分析内容包括：计算每个科目目标期间的环比增长率或差异额；对每个科目的环比增长率或差异额进行汇总和分析；找出环比增长率或差异额最大的科目和期间，分析其原因。二是偏离度分析。对每个科目的环比增长率或差异额进行偏离度分析，判断其是否超过一定阈值。主要分析内容包括：计算每个科目目标期间的偏离度；对每个科目的偏离度进行汇总和分析；找出偏离度最大的科目和期间，分析其原因。

（3）费用发生偶发性分析。

一是偶发性事项识别。通过制定一些规则或模型，判断哪些事项属于"非常态"的偶发性事项。通过数据分析和可视化工具，对各机构偶然发生的特殊事项进行识别和筛选。二是合理性及合规性验证。对于筛选出的偶发性事项，进行进一步分析和验证。主要分析内容包括：查阅相关政策和法规，了解机构对于该类事项的规定和要求；核实该事项的背景和原因，了解是否具有合理性和必要性；检查该事项的审批流程和授权情况，是否符合机构内部控制要求；评估该事项对机构财务状况的影响，是否会对机构利益造成损害。

（4）费用发生高频性分析。

一是高频业务识别。根据收集到的数据，计算各机构目标期间同类费用发生笔数及总金额占总业务的比例。如果某个机构或目标期间的费用发生笔数或总金额超过全部业务的一定比例，那么这些就属于高频次业务。二是业务分析和监督。对于识别出的高频次业务，需要进一步进行分析和监督，包括了解这些业务的性质、用途、金额是否合理、是否有异常情况等。如果有异常情况，则需要进一步调查和处理。三是跨机构比较和分析。如果多个机构都存在高频次业务，那么可以进行跨机构的比较和分析，以寻找可能存在的共性问题或风险点。

（5）费用发生特殊大额事项分析。

一是特殊大额业务识别。通过数据分析，对各机构金额在阈值以上的业务进行识别和筛选。二是对高频次、高金额的业务进行逐笔监督。这需要对每笔业务进行详细审核，了解业务的背景、原因、合规性等情况。对于不合规的业务，需要及时制止并进行处理。

2）重点费用事项监督。

（1）差旅费监督重点。

出差频度监督。一是出差频度分析。对出差数据进行频度分析，以机构为单位，统计每个机构的员工出差频度。二是周末及节假日出差分析。在出差频度分析的基础上，重点关注出差时间是否涉及周末及节假日。对周末及节假日出差频度较高的机构和人员进行深入分析，了解其原因和合理性。

补贴申领监督。一是比对分析。对筛选出的多人同一任务出差的数据进行比对分析，重点关注同一部门或不同部门的人员是否申领了不相同金额的补贴，申领人员是否按照机构规定的流程和标准申领补贴。二是异常情况筛选。对于比对分析中发现的多人使用相同往返航班、同一酒店的申领情况，进一步分析其申领金额、时间等信息，以确定是否存在异常的补贴申领情况。例如，可以关注申领金额明显偏高、申领时间异常集中等情况。

酒店价格监督。一是通过比对不同部门、不同人员在同一时期入住同一酒店的住宿费用，以及同一部门或人员在不同时间入住同一酒店的住宿费用，分析价格的合理性。二是建立相对固定的酒店价格变动分析库，对同一酒店不同时间点的住宿费用进行比较，分析酒店价格的变动趋势。对价格异常增高的情况，需要进行重点关注和深入分析。三是将机构内部的酒店住宿费用与国家旅游网导入的价格信息进行比较，分析是否存在价格偏差，以及偏差的合理性。

车票及机票价格监督。一是根据机构内部的员工职级和出差标准，建立行内人员数据库。员工预订票务时，对照库内信息，对预订的票务信息等级是否符合其职级和出差标准进行监督。如果发现员工预订的票务等级不符合其职级和出差标准，需要进行调查和核实，了解其原因和合理性。二是比对退票改签金额与购票价格。将抓取的退票改签金额与购票价格进行比对，判断是否超出机票价格。同时，对员工的退票改签行为进行统计，了解其发生频次。如果发现有员工经常性出现退改签行为或单次行程退改签金额超出购票价格，需要进行调查和核实，了解其原因和合理性。

绕道省亲办事监督。一是自动审核出差人员事前审批单（补录）的出差地点与实际报销地点是否一致，对未纳入事前审批的出差地点自动进行提示；对于实际发生绕道省亲的人员，检查绕道事项是否纳入事前审批信息。二是对绕道省亲人员报销的差旅费，自动核定抵扣探亲次数，扣减探亲期间的交通补贴、餐饮补贴等。

对超标事项进行监督。一是对于超标事项，需要再次核查相关的审批信息，包括是否经过有权人的审批、审批流程是否合规等，可以通过比对审批单据、审批流程记录等方式进行。二是在分析过程中，如果发现异常超标情况，如频繁超标、超标幅度较大等，需要进行深入调查和处理。

（2）招待费的监督重点。

大额招待费的监督。一是对大额招待费中集中购买的茶叶、酒水等事项的审批流程、出入库登记情况进行验证，结合所在机构人员数量、业务体量等情况对招待费及招待费中酒水、茶叶的占比进行分析；二是对不同机构同一时期购买茶叶、酒水的金额进行比对，并输出比对结果；三是对同一机构在一段时期内（月度、季度、年度）购买茶叶、酒水的金额进行累计，超过一定金额的予以提示。

同一人（机构）短期内多次报销招待费的监督。一是按机构对报销招待费的金额进行定期汇总，以了解每个机构在一定时间段内的招待费情况。对于金额较大的机构，可以进行提示或进一步分析，以评估其合理性和合规性。二是对存在周六日招待事项的，需要验证其真实性和合规性。通过核查相关报销单据、发票等信息，确认招待事项是否实际发生，并检查招待单位是否符合公司规定或政策。

短期内在同一招待地点多次报销招待费（连号发票）的监督。一是连号发票分析。根据发票信息，当系统检测到有号码相同或相连的发票时，需要进行提示，以便帮助财务人员及时发现可能在同一招待地点多次报销的连号发票问题，从而进一步核实其真实性及合规性。二是收款人维度招待金额统计。通过统计每个收款人在一定时间段内的招待费，可以了解其分布和支出情况，有利于评估招待费的合理性和合规性，并对异常情况进行预警。

大额招待费审批事项的监督。一是对于超过一定金额的招待费，需要检查是否经过了相应授权人的审批。通过比对审批单据上的审批人签字、审批流程等信息，确保大额招待费支出经过了适当的授权。二是对于大额招待费，需要对报销单据中的人均消费信息进行统计和分析，以评估是否存在异常高的人均消费情况。三是通过对报销单据中的菜品信息进行筛选和比对，以确定是否已包含酒水、饮料等费用，并评估其合理性和合规性。

招待费用是否纳入员工食堂费用监督。一是按机构对全年在岗人数核定的职工食堂补贴进行分析，了解补贴金额、发放范围和标准等信息，是否存在将招待费变相纳入职工食堂补贴的情况。二是按机构在岗人数和相关政策，对职工食堂补贴进行核定和分析。如果发现补贴金额异常高或存在异常补贴的，分析是否存在将招待费变相纳入职工食堂补贴的情况。

（3）会议费的监督重点。

一是根据参会人员级别、内外部人员构成、会议类型等，核实会议费各项开支是否合理。二是根据内外部监管要求及银行会议费办法，验证超标准超范围事项是否履行事前审批流程，包括外部会议的体验参观费用、租用LED显示屏费用、茶歇费用等。三是对行内会议发生外部餐饮公司的伙食费，根据参加会议人数及会议级别，验证是否符合在外就餐条件、是否履行事前审批手续。

（4）宣传品费用的监督重点。

一是分析系统定期录入各机构提供的全行宣传品采购明细清单（数据库），设置标准限额，判断物品是否属于总行规定的产品目录清单。如果未列入清单，核实是否经备案，并上传照片。二是对录入的宣传品采购数据（物品名称的匹配、价格范围的限定等）进行分析和比对，判断报销的宣传品购置费用是否符合机构规定和标准。三是各宣传品使用机构应定期对宣传品进行盘点，并在系统填写宣传品领用的出入库单，包括宣传品的名称、数量、规格、领用日期等信息。通过系统的数据整合功能，将各使用部门提交的出入库单数据进行汇总和分析，包括对不同时间段的领用情况、不同部门的领用差异等进行比较和分析，以了解宣传品的消耗情况和趋势。对系统检测到的出入库数据存在异常或不符合常规等情况，应进行异常检测和调查。

（5）物业费的监督重点。

一是结合各机构办公楼自建、租用情况及各地物价水平，横向对比各分支机构物业费标准，主要包括对不同机构物业费的平均值、中位数等进行统计和分析，以了解各机构的物业费水平及其分布情况。同时需要考虑不同机构的物业费支出与办公楼面积、员工人数等因素的相关性，以评估物业费的效益和合理性。如果发现某些机构的物业费标准异常高或存在其他异常情况，需要进行异常检测和调查。二是将机构物业费开支与其他修理、安保、绿化、水电等费用进行汇总比对，建立物业开支模糊比对机制，以核实物业开支是否合理、是否存在重复计算问题。通过对不同机构的费用进行比较、分类和趋势分析，以了解各机构的费用支出情况和分布特点。如果发现某些分支机构的物业费开支或其他费用存在异常或不符合常规，需要进行异常检测和调查，以确定其是否存在浪费、滥用或其他违规行为。

（6）在建工程的监督重点。

一是对在建工程超过概预算的情况进行分析，对比实际支出与预算的差异，分析是否存在不合理或浪费的情况，合理评估超支的合理性和必要性。二是对合同签订及执行情况（合同金额、签订时间、履行期限、验收情况等）进行分析，了解合同的履行情况，及时发现合同执行中存在的问题。

（7）人员费用的监督重点。

一是分析工资结构、地区薪酬水平的差异等，发现其中的异常和不合理之处。对于异常和不合理的情况，需要进行差异报告。二是特殊补贴事项发放监督。将上报总行值班备案人员信息与共享系统工资模块中的值班补贴发放人员进行对比，检查是否存在差异或不一致的情况。如果发现差异或不一致的情况，需要进行差异分析和报告。三是对各机构单独发放的补贴事项进行提示，验证发放前是否需经总行批准。

（8）交通费的监督重点。

一是对公务用车的监督。将公务用车的使用数据与加油卡/ETC卡的使用数据进行比对和分析，如对比车辆的行驶里程、使用时间和地点等与加油记录之间的匹配程度，发现是否存在异常或不匹配的情况。对于发现的异常情况或不匹配的记录，需要进行深入的异常检测和原因分析。二是对非工作时间出车情况进行筛选和提取，例如，对于周末、法定节假日或晚上6点后的出车记录，应提示相关人员注意安全驾驶和合规使用车辆。

（9）信息化建设项目的监督重点。

一是搭建信息化建设情况统计功能，按照资产采购、咨询、开发、运维等维度进行分类。二是对信息化项目采购合同进行登记，建立各项目间的关系，有效反映同类信息化项目是否存在重复建设问题。三是对长期建设的信息化项目中，在未验收前挂入"无形资产研发支出"科目核算的事项进行分析，与每年预算进行对比和动态调整。

（10）合同采购的监督重点。

一是合同要素监督，对大额采购合同的支付计划、合同总额、服务内容、验收条件等要素进行监督。通过比对合同中的相关要素，检查是否存在不符合合同要求的情况。二是针对大额采购合同的支付计划和合同总额等关键要素，设置预警机制。当出现异常情况时，系统自动发出预警通知，以便机构及时采取应对措施。通过实时监控合同执行情况，可以及时发现和解决潜在问题，避免因合同执行不当而造成的损失。

3 中小商业银行财会监督存在的问题、原因与建议

3.1 中小商业银行财会监督工作中存在的问题

财会监督对财务工作的质量具有重要影响，要求相关从业人员具备较高的综合素质，包括专业的财务知识、敏锐的洞察力、精确的分析力、严谨的逻辑思维及高尚的道德品质等。然而，在实际业务中，财会监督工作仍存在一些问题和不足。

3.1.1 财会监督工作流于形式

（1）对财会监督的重视程度不足。有些管理者认为这项工作并非核心业务，甚至可有可无。一些机构进行财会监督的目的只是完成规定的动作，并非真正出于对财务工作质量的重视。这种流于形式的处理方式可能导致财会监督质量较差，不仅影响财会监督工作的有效性，也可能助长一些不规范的行为。

（2）对财会监督团队的建设和人才培养形式化。有些分支机构认为财务工作就是按部就班，更愿意把优秀的人才及培训资源投入经营条线中。这可能会出现财务人员素质逐层衰减的现象，随着总行到基层支行级别的降低，财会监督的效果也呈逐级递减的态势。

（3）上级单位开展"下查一级"自查工作时，对下属机构的现场财会检查不充分。例如，在现场财会检查时，检查人员可能只是走马观花，停留在查看财务报表、明细账簿和财务凭证等表面工作上，而未能深入了解业务和发现深层次问题。

3.1.2 对财会监督理解不到位

（1）部分员工对财会监督的理解存在误区。财会监督的目标是确保资金的合规、合理运用，防止出现浪费和滥用现象。然而，部分员工对费用配置的认知存在误区。例如，他们误认为财务部门分配给分支机构的费用可自由

支配，无须遵循财会规则；或者认为一旦装修预算通过大额财审，就应该把预算资金全部用完，否则会损失已获审批的资金。

（2）部分员工对财务基本知识了解不足，对财会监督的认识存在误区。员工通常仅了解财务纪律的表面信息，对其深层次的内涵和意义缺乏深入了解，知其然而不知其所以然。例如，部分员工为了财会监督合规，把正常的费用人为地替换为不合规的替票报销，让合规的报销工作不合规。

3.1.3　财会监督业财融合不充分

（1）业务和财务的融合工作不够充分。部分财会监督仍停留在审核凭证的层面，财务人员对整个业务流程和背景缺乏深入了解。这使财会人员难以确定原始凭证背后真正业务的内容和合理性，进而影响财会监督的有效性。

（2）业务部门和财务部门之间存在一定的信息壁垒。业务部门通常只关注自身的业务指标和业绩考核，而财务部门更注重财务报表和财务数据的表现。由于部门之间的信息壁垒，财务部门无法全面了解单位的业务情况和经营策略，从而难以发挥其应有的监督作用。

（3）业务部门和财务部门之间存在一定的目标差异。业务部门通常追求业绩和销售增长，而财务部门更注重成本控制和风险管理。这种目标差异可能导致部门之间的合作不够紧密，甚至出现相互制约的情况，从而影响财会监督工作的有效性和准确性。

3.1.4　财会监督工作存在以点概面

（1）财会监督关注财会细节工作较多，对企业的整体战略实现支持不足。传统财会监督往往过于关注财会工作的细节，缺乏全局观，进而忽略了对全局数据的分析和把控，可能存在对重大风险未能及时发现的问题。

（2）财会监督多关注过往事项，对企业的未来发展预测支持不足。传统财会监督资料及数据通常基于历史发生事项及静态数据，而监督工作往往只对资料凭证及数据进行简单的比较和分析，无法对企业未来经营发展情况进行动态趋势分析和预测支持。

3.1.5 财会监督机制不顺畅

财会监督机制不顺畅是指在进行财会监督工作时，相关机构、人员和制度等环节存在漏洞，导致监督工作无法按预期计划进行，达不到预期的监督效果。具体包括以下三点。

（1）横向协同机制不顺畅。主要表现为财会监督事项的部门之间责任分工不明确，导致责任链条出现缺口，甚至出现缺位、越位的情况。这使得各项财会监督要求无法得到有效落实，对整体工作效果产生不利影响。

（2）纵向联动机制不顺畅。主要表现为财会监督工作尚未实现统一领导、分级负责、协同联动的模式，上级单位无法对下级单位进行有效的统筹协调和指导监督；缺乏财会监督重大事项报告机制，下级单位向上级单位反映财会监督情况的渠道不够畅通，从而影响了整体工作的效果。

（3）贯通协调机制不顺畅。主要表现为部分财会监督与其他内部监督手段尚未实现有效的贯通协调，导致各种监督手段各自为政，无法形成合力，影响了监督效果。同时，这也使得财会监督工作与其他重要工作之间缺乏必要的联系和互动，无法实现资源共享和优势互补，不利于整体工作的开展。

3.1.6 财会监督成果未能全面运用

（1）对财会监督发现的问题整改不及时，导致相关问题逐渐积压成为历史遗留问题。这种现象不仅会带来潜在的财务风险，也会削弱单位的治理能力。

（2）财会监督的成果运用停留在财务层面，未能全面运用于单位的各个部门和环节。这导致财会监督整改工作形式化，未能真正发挥其应有的作用。同时，财会监督成果运用没有形成多部门协同监督的合力，对单位长期稳健发展造成不利影响。

（3）财会监督通常侧重于事后监督，而对事前监督和事中监督运用相对较少。事后监督方式的局限性在于：一些问题在发生后形成既定事实，无法在问题发生前及时发现并采取措施加以解决，并且长期得不到有效的解决。

3.2 中小商业银行财会监督存在问题的原因分析

3.2.1 管理层对财会监督工作不够重视

（1）管理层缺少做好财会监督的高层基调，可能导致财会监督在整个单位层面不能发挥相应的作用。如果管理层对财会监督的重要性缺乏认识，就很难在决策和规划中将财会监督置于重要的地位。这可能导致财会监督在商业银行中的地位和角色从最初的设计阶段就没有得到充分的授权和匹配的职责，财会监督的策略和执行将不可避免地受到影响。

（2）管理层对财会监督管理的重视程度不够，可能导致财会监督的严格性让步于业务的灵活性。尽管财会部门在大多数单位中与其他业务部门处于同一管理层级，但在实际操作中，财会监督的具体要求在与业务发展、业务流程相冲突时往往会被弱化。例如，管理层未树立合规优先的财会理念，为了快速响应市场需求或抓住商机，可能会优先满足"快""活""特事特办"等需求，出现财经纪律让步于业务发展的问题。

（3）管理层自身对财会监督工作的认知和素质欠缺，可能会导致财会监督在实际操作中缺乏针对性和可操作性。管理层的重视程度不足，导致自身对财会监督工作的要求不够明确、不够具体，进而导致财会部门在实际操作中缺乏明确的工作方向和有力的高层指导，在面对冲突时畏首畏尾、犹豫不决，从而影响财会监督的效率和效果。

案例1　透支业务宣传费，违规发放贴水

【**案例背景**】G商业银行20××年明确规定不能再通过给付定期储蓄贴水的形式揽储，且明确规定各分行业务宣传费比例不能超过营业净收入的6%，在年初确定预算数时要将上述比例考虑进去。但G商业银行下辖J分行在20××年年中就出现严重超预算，导致很多费用无法报销，拖欠较大金额的供应商货款和员工垫支款项，最后向总行财务部报备预算超支情况，申请借支费用。总行财务部在获知该情况后，立即派专人前往J分行，对该分行费用情况进行专项调查，明确预算超支原因，提供解决措施。

【案例解析】在专项检查时，G商业银行财务检查人员主要通过访问的形式了解问题症结。经访谈，财务检查人员发现该分行在总行明令禁止定期揽储给付现金贴水的情况下，在20××年仍违规揽储，且给付储蓄贴水的标准较同业高，开门红期间较同业长数月，导致该分行业务宣传费使用超标，拖欠大额营销费用。

【案例启示】预算管控是商业银行进行费用事中管控的重要手段。商业银行做好财会监督的前提是做好预算管控，费用列支不能没有衡量标尺，超额度列支费用不能没有管控手段。只有做好预算管控，才能确保将有限的财务资源用到最需要的地方。

3.2.2 相关人员对财务制度学习不到位

（1）财会监督人员对某项财务制度的内涵和要求理解不透彻。财会监督人员没有充分理解相关制度，可能会在执行监督职责时出现偏差或疏漏，也难以有效地发现和纠正单位财务活动中的违规行为，甚至可能误导其他员工，给单位的财务管理和整体运营带来潜在风险和隐患。

（2）管理层对财会知识学习或储备不足。管理层对相关财会知识或制度理解不透彻，可能存在按自己的理解要求甚至迫使财会人员做出违背会计准则的行为，给单位带来不必要的财会、税务等风险，还可能导致单位的财会监督体系存在缺陷和漏洞，给不法分子留下可乘之机。

（3）基层非财会人员对财会制度要求的理解存在差异。任何企业的生产、销售、管理活动等均会涉及资金流动，也涉及发票报销、账务处理等，可见财会工作的基础源于企业生产经营活动中的每一个动作、每一个人。如果基层非财会人员对财会制度缺乏必要的理解和认识，就可能导致财会基础工作不牢固，出现"差之毫厘，谬以千里"的状况，影响财会监督目标的实现。

案例2 逆流程审批

【案例背景】 A银行下发的《A银行集中采购管理办法》中明确规定，归口管理部门在提出采购申请时应根据财务管理规定落实立项、大额财务事项审批程序，之后及时向A银行集采办提交完整的集中采购项目申请材料，包括项目立项审批流程、大额财务事项审批流程、采购需求、合同格式文本等相关文件。A银行财务部门在对分支机构日常集中采购材料进行审查时发现，该银行下辖支行存在集中采购逆流程情况。B支行提前向某软件科技有限公司发送采购中标通知书，日期为20××年3月，但该采购事项实际于当年5月才经A银行大额财务事项审批通过，即在未经审批的情况下进行采购。

【案例解析】 尽管A银行相关制度对集中采购应先通过大额费用财务审批进行了规定，但B支行为加快采购速度和提前与客户项目对接，在实际大额费用使用未审批的情况下，提前给供应商发送中标通知书，后补充大额财审流程，以满足相关制度要求。

【案例启示】 项目采购环节是财会监督的重要环节。在该环节，财务人员可以从采购合同的时间与费用审批时间先后的角度着手，借助外部挂网时间来佐证集中采购有无逆流程，重点关注报销的异常点，通过追加佐证材料的方式来证实财务报销的真实性。

3.2.3 对实体业务与财务制度之间的理解存在偏差

财会监督是一个专业性很强的领域，涉及多个方面的考量。在实践中，相关人员可能对实体业务与财务制度之间的理解存在偏差。

（1）对财会制度与会计实体之间的理解存在差异。在业务实践中，不同的会计实体在业务流程、组织结构、人员配备、资金规模等方面存在较大的差异，不同的会计实体在计算方式和统计口径上也各不相同。财会监督应充分考虑各种因素的差异和变化，灵活调整以适应各种实际情况。

（2）会计实体变更调整与使用的财会制度存在差异。在会计实体出现业务种类变化、规模调整、人员流动或工具更新等情况后（如一个会计实体从单一经营转向多元化经营，或者从小型企业发展成大型企业），原有的财会监督措施可能已经不再适用，需要进行相应的调整。同时，如果会计实体的人员大规模流动或工具革命性变更导致原有的监督措施失效或效率降低，也需要及时进行调整。

案例 3　变相超标准列支福利费

【案例背景】《A银行员工福利管理办法》明确规定，团建基金为1000元/人·年，用于各机构日常团队建设与管理。A银行财务部门在对某机关的招待费进行报销时发现，B业务团队频繁招待C公司。C公司对A银行的价值贡献度较小，且业务拓展可能性不大。经财务部门对该项费用报销真实性进行核实发现，B业务团队经常通过聚餐形式开展团建活动，后续费用报销时，使用酒店餐饮发票在业务招待费中列支，未通过团建费用列支。

【案例解析】因《A银行员工福利管理办法》对团建费进行了额度管控，C业务团队为避免部门团建费用超标，将用于团建的餐饮费作为招待费进行报销。为保障财务报销合规，业务团队在填写招待费明细清单时，将招待对象由业务团队人员变更为C公司，变相超额列支业务团队的团建费，违反公司报销制度。

【案例启示】业务招待费是企业为业务经营的合理需要而支付的招待费用，归属于"三公经费"，是财务审核人员关注的重点。财务审核人员在审核业务招待费时，应加大对费用绩效性的审核，重点审查支出是否为本机构业务活动所必需的，是否产生了应有的管理效益、经济效益和社会效益。当业务招待费的绩效性存在不合理现象时，财务报销人员应加大对业务招待费真实性的审查。

3.2.4　财会监督的数字化技术运用不足

传统的财会监督方式存在着无法全面覆盖抽样样本、事后检查导致过程管控不足等局限性。由于历史和现实的原因，财会数据和其他业务数据往往分散在不同的部门和系统中，缺乏有效的整合和共享，这给数字化技术的运用带来了一定的挑战。

（1）难以打破数据信息壁垒。传统财会监督无法充分整合各个系统的数据，导致费用报销、人事薪酬、经营成果等关键数据无法实现互通共享，从而无法为财会监督提供全面的数据支持。例如，针对员工使用连号的发票进行分批多次报销，同一员工在同一天报销超过一次的招待费用，异地出差员工在机构所在地报销招待客户的费用等情况，传统的财务审核方法难以及时准确地发现。

（2）数据质量问题影响数据分析。由于不同部门和系统的数据规范和标准不统一，数据质量参差不齐，甚至出现数据错误和缺失等问题。基础数据质量标准不统一，将影响数据分析和挖掘工作，给数字化技术的运用带来较大的困难。

（3）数据时效性问题有待解决。由于传统财会数据的处理方式需要经过多个环节和流程才能完成数据的产生和传递，速度往往较为缓慢，数字化技术无法充分发挥其快速处理和响应的优势，进而影响了财会监督的效率和效果。

案例4　伪造材料骗取会议费、私设小金库

【案例背景】 M商业银行下发的《M银行会议费管理办法》规定，所有会议费在列支之前必须在财务系统内通过会议费审批流程，未经审批不得列支。在会议费审批流程中需要预估会议费明细，且在报销材料中需要提供会议通知、会场照片、参会人员签名等材料来佐证会议的真实性。M商业银行下辖T分行为了通过会议费套取部分费用，在实际未开展会议的情况下，通过伪造材料、虚列会议费用，将报销资金回流到分行小金库。总行财务人员在相关费用专项检查中，通过数据分析发现该分行20××年度会议费用存在列支偏多的情况，后通过对比报销材料以及访谈形式确认，该分行确实存在伪造材料骗取会议费用、私设小金库的问题。

【案例解析】 M商业银行总行财务部门在对分行费用进行专项检查时，通过横向对比（T分行与其他分行对比）与纵向对比（T分行检查期间与以往期间

对比）的方式，发现该分行20××年度会议费用列支存在偏多的情况，且在新冠疫情期间，其他分行会议费均呈明显下降趋势，但T分行在该期间的会议费用不降反增，存在明显异常。检查人员经仔细比对报销材料发现，该分行开会地点固定，开会较为频繁，参会人员签名字迹有出入，部分报销材料中会议室实际不存在。经过访谈相关人员，该分行经办人员最终承认伪造材料骗取费用。

【案例启示】因费用报销每日都在进行，单项费用报销材料完整，且无明显逻辑问题，财务人员很难在财务报销环节发现问题。但商业银行定期组织的费用专项检查，可以通过横向及纵向两种方式进行数据分析，以此来确定数据异常点，避免大海捞针式的检查，达到事半功倍的效果。

3.2.5 财务部门及人员独立性不强

（1）财会部门监督要求让步于业务发展需求。财会部门在多数单位中被视为辅助性或支持性部门，其职责主要是为其他业务部门提供财务费用报销及经营数据分析等。当财会监督的具体要求与业务发展或业务流程产生冲突时，财会部门往往处于较为被动和劣势的地位，可能不得不做出一些妥协和调整。

（2）财务人员对自身利益的追求让步于独立性要求。在实践中，对基层财务人员的考核、晋升和薪酬等管理权限通常被所属机构的分管领导和负责人控制，这可能会对财务人员的工作独立性和专业判断产生一定的影响。此外，出于对晋升机会和薪酬奖励的追求，财务人员可能会在某种程度上与其他部门或人员形成利益关联，从而影响其工作的独立性和质量。

（3）严肃的财会监督理念让步于"快""活"的业务理念。在业务发展过程中，"快""活""特事特办"等理念往往被高度重视，这与财会监督的流程管控存在着一定的矛盾。在某些情况下，财务人员可能会面临来自董事会或市场部门业绩增长的压力和干扰，甚至被要求采取一些不符合财务规定和道德准则的行为。

案例5　财务人员同时担任采购和报销职责，无法保证独立性

【案例背景】A银行下发的《A银行财务报账管理办法》中第八条明确规定，根据不同的专业分工，设置普通报账员、单位经办人员、专业报账员。单位经办人员是指经部门负责人同意，为达成某项与经营管理相关的经济活动而支付款项、接收货物/服务、取得发票的人员。专业报账员是指各支行的会计主管，没有配备会计主管的各部门，需指定一到两名负责财务报账的人员。专业报账员应相对固定，负责发起各项费用、资产、挂账等财务报账相关活动，包括差旅费的发起和信息补充。A银行通过日常执行情况检查发现，该银行下辖支行在办理部分业务的过程中，由A银行的专业报账员进行全过程操作，由会计主管采购、付款、取得发票，并进行账务处理。

【案例解析】A银行相关部门及有关办法明确规定下辖分支机构、各部门应设置相应的单位经办人员和专业报账员，并要求报销款项直接支付到客商或者经办人员账号。目前部分下辖支行为了减少工作量或者方便其对采购业务进行管理，均由专业报账员进行采购并报账，相关发票也是直接由专业报账员进行签字确认。

【案例启示】为了促进单位内部管理规范化，加强内部会计监督，单位负责人对本单位内部不相容职务分离的建立健全及有效实施负责。为保障会计人员的独立性，银行网点必须严格执行相关规章制度，保证单位内部岗位的合理设置及其职责权限的合理划分，保证专业报账员在日常经济活动中的独立性，只有这样才能相互制约、相互监督。

3.2.6　结果运用及惩罚机制不到位

（1）财会人员既是监督者又是参与者，容易产生角色冲突。作为监督者，他们需要遵循财会规定和监督原则，对经济活动进行公正、客观的评价和监督；作为参与者，他们参与经济活动并承担一定的责任。这种角色冲突可能会使一些财会人员在执行监督职责时遇到困难，难以公正、客观地评价和监督经济活动，导致出现处罚问责不到位的情况。

（2）问责落实不到位，缺乏实际的执行力度。如果财会监督停留在表面，没有揭示问题的实质，未从机制上加以纠正整改，那么最终可能导致财会监督处罚落实不到位，相关问责也流于形式。同时，有些制度规定了对违规者进行罚款或降级等处罚，但在实际操作中，这些处罚往往没有得到严格执行。这种状况可能导致违规者得不到应有的惩罚，进而降低整个监督体系的威慑力。

（3）在处理财务问题时可能存在双重标准。在业务实践中，财会监督可能存在对普通员工的要求较高，而对高层管理人员的要求相对宽松的情况。如果不能"由上到下"解决存在的问题，就可能引发员工和单位高层管理人员之间的利益冲突，从而影响财会监督结果运用的有效性。

案例6　法不责众，惩罚机制不到位

【案例背景】A银行财务部门在对分支机构日常未报销明细进行审查时发现，该银行B分行下辖部分支行存在超出总行费用预算额度、私自在外部商户购买商品挂账而未报销的情况，且均未向上级分行报备，造成上级分行预算管控弱化，无法达到费用合理配置的效果。虽然各支行存在违规行为，但是因分行管理部门涉及人员众多，且支行负责人与会计人员均表示该费用主要用于支行日常的重要客户营销，不增加这些费用会影响支行业务发展，一直无法问责到位。

【案例解析】支行负责人以其业务发展为由，超额使用预算费用且不报备。虽然银行制度规定了对违规人员的处罚，但是在实际操作中因涉及人员众多而无法做到严格执行，违规者得不到应有的惩罚。

【案例启示】有章不循、违规操作将会造成一系列不可预知的损失。未严格执行处罚措施，将会导致违规者得不到应有的惩罚，违规成本低，进而降低整个监督体系的威慑力，也会造成劣币驱逐良币的现象，使本来遵纪守法的人跟风违规，影响公司发展。

3.3 加强中小商业银行财会监督的建议

3.3.1 提高管理层对财会监督工作的认识

（1）明确财会监督的地位和角色。在商业银行的内部组织和职责划分中，管理层应明确财会监督的地位和角色，并赋予其适当的权力和职责。商业银行应从组织架构设计阶段开始，建立并实施强有力的保障机制，包括设立专门的财会监督岗位、提供必要的资源支持、建立有效的执行和反馈机制等；通过加强管理层对财会监督工作的重视程度，确保财会监督的独立性、重要性得到充分的考虑和体现。

（2）加强管理层对财会监督的理解。针对管理层开展专门的财会监督知识体系培训，让其深入了解财会监督的重要性及其在风险防控、合规管理等方面的积极作用，以及忽略财会监督可能带来的风险和成本。管理层只有对财会监督有正确的理解，才能在决策过程中充分考虑财会监督的要求，避免过于追求业务的灵活性而忽略财会监督的严谨性。

（3）帮助管理层提升财会监督指导能力。通过制订并实施针对管理层的财会监督培训和素质提升计划，开展专题研讨会、内部培训、外部专家讲座等，提高管理层对财会监督工作的理解和认知，有助于其明确财会监督的具体要求和标准，从而在管理工作中具有明确的方向，并能给予有效的指导。

3.3.2 强化相关人员对财务理论的学习

财务人员加强对财务理论体系的学习是提升财务管理水平的关键途径之一。只有深度理解和掌握财务理论，财务人员才能更好地把握财务管理的核心理念和实施方法，提高财务管理的规范性和科学性。

（1）提升全员财会认知，夯实财会监督工作的基础。提升全体人员的财务专业素养和知识水平是做好财会监督工作的基础。机构应通过推荐阅读财会书籍、定期组织计财大讲堂培训、召开财务报账专项研讨会等多种便利性途径和实用性方案，夯实财会监督工作的基础。

（2）鼓励财会人员进行专业提升。针对不断更新的财务制度和要求，有针对性地开展培训和学习。例如，鼓励财务人员参加专业课程和阅读专业书籍、制订个人学习计划、跟踪学习进度并适时调整学习策略，进而提升财会人员的专业素养和知识水平，为做好财会监督工作提供重要的支撑。

（3）建立合作机制并深化业财融合。通过建立有效的合作机制并深化业财融合，财务人员和业务人员能够更好地实现业务和财务之间的相互理解、协调和配合，有助于高效实施财会监督工作，从而更好地保障单位的财务管理和整体运营。

3.3.3 加强财务人员对业务逻辑认知的培训

（1）加强跨部门工作业务实践和交流。通过安排财务人员到其他业务部门进行挂职锻炼，或安排财务人员前置到其他业务部门工作，有利于财务人员了解其他部门的工作内容和业务流程，以便更好地理解业务的底层逻辑，促进业财融合。

（2）构建财会监督理论与实践相结合的培训体系。通过定期组织对财会监督案例进行分析，使财务人员更好地理解理论知识和实践应用的异同之处。同时，通过应用案例教学，鼓励财会人员实地考察企业的实际运营情况和财务管理体系，也有助于其更好地了解实际的工作场景和业务流程，从而提升其专业素养和判断能力。

（3）建立有效的跨部门合作机制。通过业务部门与财务部门定期召开交流会议、建立信息共享平台等方式，可以让财务人员更好地了解其他部门的业务流程和需求，促进财务部门与其他部门之间的沟通和合作，以提高他们的应变能力和灵活性，从而更有效地解决财会监督过程中碰到的问题。

3.3.4 提升财会监督的数字化运用能力

（1）引入先进的财务软件，提高工作效率。例如，引入财务管理系统、会计核算系统和财会监督管理系统,可以帮助财会部门更准确地掌握公司的财务信息,提高财务管理的效率和准确性;同时,可以减少人为干预和错误、提高数据的准确性和可靠性、提高财务信息透明度,从而更好地实施财会监督。

(2)提高信息化水平,实现公司财务信息的数字化管理。数字化财务管理有利于提高数据分析效率,通过专业的数据分析工具和方法,可以对数字化财务数据进行高效、准确的处理和解读,从而为财会监督提供更多有价值的信息。同时,数字化管理可以实现对财务数据的实时监控,当出现异常或潜在风险时,可以及时预警,使财会部门能够迅速采取相应的管控措施。

(3)建立财务信息共享平台,提高信息透明度。通过建立数字化财务共享平台,可以实现财务数据与各部门之间的实时共享,有利于打破数据孤岛、提高信息透明度。通过该平台,各业务部门可以实时查看和了解公司的财务状况,进而更好地了解公司的业务运营情况和策略。同时,通过实时监控和数据分析,财会部门可以及时发现可能存在的风险和问题,进而迅速采取相应的监督措施加以纠正,有助于降低财务风险和减少损失。

3.3.5 增强财会部门及人员独立性

提升财会部门的组织地位是解决财会监督与业务发展冲突的关键,机构可以通过调整组织结构、提供人力资源支持、进行风险评估和信息沟通等措施来提升财会部门的地位和影响力。

(1)提升财会部门的组织地位。通过调整组织架构,将财会部门置于公司层级更高的位置,可以使其更好地与其他业务部门进行协商和沟通,更好地实施财会监督。同时,管理层还应为财会部门提供充足的人力资源支持,包括配齐财会人员数量、提高专业素质和技能水平、提供独立的考核晋升和薪酬待遇等。

(2)减少上级领导对财务工作的干扰。通过制定严格的规章制度,明确限制上级领导对财务人员正常工作的干扰。例如,建立财会人员总部委派制、独立考评机制、薪酬晋升统一管理机制等，从收入待遇、考评晋升等方面保证财会人员的独立性。同时，还应建立直接报告机制，允许财务人员直接向总行条线管理层报告工作，从而减少中间环节可能产生的干扰。

（3）引入风险评估和独立意见发表机制。为了满足"特事特办"等特殊业务需求，同时确保财会监督的有效性，可以引入风险评估机制。通过对"特事特办"业务进行风险评估，财会人员独立发表意见，评估其可能带来的财务风险，由管理层确认针对特殊事项的风险偏好，并制定相应的财会监督措施，实现"快""活""特事特办"的业务需求与独立财会监督的平衡。

3.3.6 加大条线检查强度及问责力度

（1）建立财会监督"下查一级"机制。通过上级财会监督机构的直接检查，可以避免下级机构在自我检查中避重就轻或因"无法下手"而产生干扰和阻力，及时发现下级机构存在的问题。同时，上级财会监督机构作为相对中立的第三方，可以摆脱人情关系的干扰，增强监督的权威性和公正性。此外，上级财会监督机构可以针对下级机构存在的问题建立问题整改台账，对整改工作进行跟踪和评估，有利于促进整改落实，并防止问题再次发生。

（2）建立财会监督处罚问责制度。上级财会监督机构应建立严格的处罚问责制度，明确处罚标准和程序，使处罚措施有章可循。对于违反规定的行为，应严格按照制度进行处罚，避免流于形式。同时，上级财会监督机构应对下级机构的处罚问责工作进行跟踪监督和评估，确保处罚问责工作的及时性和有效性。对于落实不到位的机构，应进行约谈、通报批评等，增强问责的威慑力。

（3）建立"上追一级""尽职免责"的问责体系，明确责任范围，防止责任逃脱。在财会监督活动中发现问题，不仅要追究直接责任人的责任，还应追究上级领导的责任。这样的机制可以增强各级人员的责任心，防止出现双重标准的情况。同时，建立"尽职免责"机制，鼓励员工尽职尽责，防止出现因为害怕问责而不敢报告的问题。例如，在职责范围内发现并处理了财务问题，即使造成了损失，也可以免除相关人员的责任。这样可以激励员工积极发现问题并报告，避免利益冲突对财会监督的影响。

4 对商业银行财会监督工作的展望

2020年1月，习近平总书记在第十九届中央纪委第四次全会上发表重要讲话，将财会监督纳入党和国家监督体系。2023年2月15日，中共中央办公厅、国务院办公厅印发了《关于进一步加强财会监督工作的意见》，明确指出财会监督作为党和国家监督体系的重要组成部分，在推进全面从严治党、促进经济社会健康发展等方面发挥了重要作用。

我国商业银行作为国有资本控股或占主导地位的金融企业，是现代金融体系的重要组成部分，在中国金融经济领域中具有重要地位。对商业银行进行财会监督，是党和国家对国有资产履行出资人职责的重要体现，也是维护中央政令畅通、规范财经秩序的重要部署。

商业银行财务部门作为财务核算、费用报账的管理部门，其开展财会监督是内部控制的重要工作内容，做好商业银行的财会监督工作也是财务部门的本职工作。然而，做好财会监督工作不仅是财务人员的事情，更是全行所有员工的事情。这需要全行所有员工对财务工作真实性、合法性及合理性的认知有更加清晰、明确的理解，把财会监督工作上升到一个更宏大的高度，让每个员工都是财会工作的第一责任人。

参考文献

［1］审计博物馆.红色审计百年图谱［M］.北京：中国时代经济出版社，2023.

［2］中国内部审计协会.中国内部审计史［M］.北京：中国时代经济出版社，2023.

［3］周冬华，马海鹏.传承与演进：中国共产党财会监督百年史［J］.会计之友，2022（3）：141-148.

［4］卓尚进.回顾历程：看新中国成立70年银行业改革发展［J］.现代商业银行，2019（9）：44-48.

［5］申学锋.财会监督的历史维度与现实维度［J］.财政监督，2023（9）：5-8.

03

中小商业银行全面预算管理提升对策
——以 J 银行为例

杨俊云　郭衍琪　朱艳霞　等[①]

1　全面预算管理相关概念及理论基础

1.1　全面预算管理相关概念

1. 全面预算管理基本概念

预算管理在国外企业的应用始于19世纪末，经历了产生期、发展期和成熟期三个阶段。20世纪80年代后，随着信息技术的广泛应用，预算管理已成为西方国家企业的主要管理手段。美国的通用电器公司、杜邦公司、通用汽车公司等将预算管理全面应用到各个领域，形成全面预算管理体系与机制并

[①] 杨俊云，九江银行（HK6190）计划财务部资产负债管理中心副总经理，江西师范大学会计学本科学历，中级会计师，具有资产负债管理、资本管理、全面预算管理、绩效考核、定价管理、银行账簿利率风险管理等方面工作经验。

郭衍琪，九江银行（HK6190）计划财务部资产负债管理中心资本管理岗，注册会计师（CPA、ACCA）、注册管理会计师（CMA），拥有商业银行统计及资产负债管理多年工作经验。

朱艳霞，九江银行（HK6190）计划财务部资产负债管理中心流动性管理岗，硕士研究生学历，注册会计师（CPA）、中级会计师、中级审计师，拥有商业银行支行网点多岗位的从业经验。

其他成员：黄鹏、余凌琼。

广泛推行。这一方法很快成为大型现代工商企业的标准作业程序，对企业建立现代企业制度、提高管理控制水平、提升未来竞争力起到重要作用。

全面预算管理是一个动态管理过程，企业以经营目标为导向，在具体的日常经营管理过程中融入全面预算管理理念。具体来说，全面预算管理包括以下三个方面的内容：一是全面覆盖，即无论是日常经营、生产活动，还是投资行为管理，都纳入全面预算管理的范畴；二是全程控制，指的是企业经营活动的事前、事中、事后每一个环节都在全面预算管理指标的控制之下；三是全员参与，全面预算管理是一个系统工程，仅仅依靠某个部门难以完成预算管理目标，因此必须建立部门协作、全员参与的管理机制。由此可以看出，全面预算管理并不是传统意义上的被动式资源调配，而是兼具预算指标、实施、评价及奖惩的多层次、全方位的企业内部控制手段。

全面预算管理从战略管理入手，设定年度预算目标，由专门的财务部门设立具体的预算指标，对预算进行合理的编制；经过董事会或专门的预算管理委员会批准，执行年度预算方案，并对预算的执行情况进行严格的监控，进而随时掌握和控制预算的执行情况；对执行部门的执行情况进行差异分析，及时发现预算执行过程中实际执行结果与设定预算之间的各种偏差，采取有效措施纠正偏差，并且如实地上报各项预算执行情况的异常报告；最后由人事部门对各执行部门的预算执行结果进行评价和考核。

全面预算管理作为一种精细化管理方式，是以企业经营目标为出发点，以满足客户需求为导向，以目标利润为中心，以市场预测为前提，科学并全面地考虑资本、客群、产品、财务、人力、内控、文化等各个方面，涵盖企业生产经营的各个环节和各个流程，并由企业全员共同参与的一套完善的管理机制，具有"全面、全程、全员"的特征。

全面预算管理的本质就是一种风险控制、利益平衡和人为假设，通过把资源配置在可控范围内，以及平衡资源配置过程中各种利益关系，将未来的不确定性变为临时确定性，达到防范企业各类风险、调动各级积极性和优化资源配置的目的。

2. 全面预算管理主要内容

（1）经营预算，主要是指企业未来一定时间段的生产、运营、投资等经济活动的预算，是与企业日常业务直接相关的预算。不同类型的企业，经济业务类型不同，业务预算管理要求也不同。工业型企业业务预算主要涉及生产、销售、核算成本、计算营收等内容；商业银行业务预算则主要涉及资金运营、存贷款、各种国际结算以及银行中间业务等内容。

（2）专项预算，指的是企业为管理不经常、一次性的长短期投资和业务支出而编制的专项性的预算。做好专项性的预算决策分析，可以减少企业盲目投资带来的损失。

（3）财务预算，包括现金项目预算、资产负债项目预算和利润项目预算。财务预算是整个预算内容中最核心的一项预算，综合编制财务项目预算目标，优化对企业现金流量、财务现状和经营成果的管理，可以直观反映出企业预算目标的完成情况和优化企业营收管理的效果。

3. 全面预算管理主要作用

（1）承接战略，事先算赢。全面预算管理是为实现企业的总体运营战略目标而制定并实施的一系列管理活动。它将企业的战略目标分解为各部门及员工个人可操作的具体行动方案，并以财务活动作为其执行工具；对企业内部各个部门的预算、各层级之间经济联系与职能进行综合协调与谋划，将企业有限的资源进行整合、配置，以保证企业的战略发展目标得以顺利实现。同时，预算编制是企业战略规划和经营目标的具体化、系统化和量化的过程，承接企业战略，实现事先算赢。

（2）指导经营，事中管控。全面预算管理对日常经营活动起到指导作用，对成本控制进行综合管理。在预算执行过程中，通过及时反映各责任中心、各职能部门、各员工费用预算与实际执行情况，对比并分析预算执行差异的原因，提出相应的应对策略，指导日常经营活动，实现事中管控。

（3）支撑绩效，事后评价。全面预算是绩效评价的基础，为企业业绩考核提供了标准和指南，为企业实施奖惩和激励政策提供了依据。全面预算管理可以让各责任中心、各职能部门、各员工了解企业的战略规划和经营目标，提前对本责任中心、本职能部门及员工个人在未来一定时间内的工作内容进行计划。同时，预算本身可以理解为各责任中心、各部门、员工个人对企业的一种承诺。将全面预算管理与绩效管理相结合，做好事后评价，既有利于企业战略规划和经营目标的实现，也有利于提升员工工作的自觉性、主动性和积极性。

1.2 商业银行全面预算管理理论基础

1. 商业银行全面预算管理特征

商业银行全面预算管理是对各机构、各产品和各业务条线的全方位、全面性和全员性的管理，其主要特征如下。

（1）全面性。商业银行的全面预算管理涉及银行的各个分支机构、业务线和人员，是对银行在预算期内所有的经济业务活动、人力、财务和实物的统筹安排。全面预算管理贯穿银行的所有业务活动，通过预算管理可以加强银行内部控制，提升银行的经营水平。

（2）适应性。现代金融市场环境竞争日益激烈，经济形势日益复杂和多样化，传统的财务管理手段已经满足不了现代市场化的需要。全面预算管理可以全面管理和改善银行的各项经济业务活动，帮助各商业银行适应外部激烈的市场环境。

（3）权威性。商业银行的全面预算管理体系是按照严格的程序编制、审核，并经过董事会和股东大会决议通过的，全面预算管理的规定和方案必须经过领导层批准同意后执行，所以具有极高的权威性。

（4）规划性。商业银行高层领导通过汇总的季度预算分析报告，可以实时了解银行的经营进展，很好地将银行的战略目标和具体的经营目标结合起来，然后将这些目标层层分解到银行的各个分支机构和相关人员的工作计划、工作目标中，使各部门各司其职，不断努力达成分配到的目标和任务，从而促使整个银行实现中长期利益最大化的战略性目标。

2. 商业银行全面预算管理流程

（1）预算目标的制定与分解。当前先进的全面预算管理理念以战略性目标为预算编制的起点，由上级领导作总体的战略目标决策，再分解下达具体的预算目标。

（2）预算编报。首先由具体的预算编制单元根据具体业务特征和分解到的预算目标，编制预算草案，再集中进行汇总编制，并上传到上级部门审核批准，预算草案未经批准还需要重新编制审核。

（3）预算执行与控制。根据编制好的预算，执行具体的经营活动，并监督控制预算的整个执行过程以及目标的达成情况。

（4）预算分析。分析各项预算指标的完成情况及存在差异的具体原因，出具分析报告，说明预算总体执行情况。

（5）预算调整。如果外部金融市场和内部经营环境发生变化，应当及时调整相关的预算目标并编制新的滚动预算方案。

（6）预算考核。制定好预算考核制度、考核指标和激励方法，通过考核预算指标和具体预算目标的完成情况，评价员工完成预算的效率效果。

3. 中小商业银行全面预算管理的作用

近年来，在金融科技推行、大资管时代、利率市场化及经济增速下行背景下，银行竞争激烈，特别是部分中小银行面临利差收窄、监管趋严以及资本补充困难等问题。中小银行若想确保盈利能力显著提升，同时内部控制趋于稳定，就需要做好全面预算管理工作。同样，J银行要想紧跟行业发展步伐，立足经营区域建立特色竞争优势，实现高质量发展，就需要充分发挥全面预算管理在资源、客群、效益等方面的重要作用。

（1）实施全面预算管理是实现更高质量经营管理的需要。

一方面，相较于财务预算管理，全面预算管理还涉及资本、客户、产品、人力、内控等方面，能够更好地帮助J银行围绕战略目标，合理配置资源，包括人、财、物、资本、信贷的投入比例和数量，在不同地区、部门、专业、产品的分布，进而提高资源配置效率，保障经营发展战略的有效实施。另一方面，全面预算管理能够促使各级管理层和主管通过定期对预算执行情况进行分析和监控，了解和掌握预算实施现状，监控预算执行进度，分析预算执行效率，对预算执行情况进行控制和考核，保障内部管理有序、有效、快速、高质量运转。

（2）实施全面预算管理是塑造特色的核心手段。

J银行的特色经营取决于自身经营地域的特征以及自身的客户基础。通过实施全面预算管理，J银行可以利用其中的客户预算管理塑造自身经营发展特色。首先，通过客户预算管理，J银行可以有针对性地调整自身产品结构，进而形成特色产品；其次，通过客户预算管理，J银行可以强化自身的客户特色，进一步形成自己的经营特色；最后，依据客户预算，J银行可以规划经营区域内各地域的资源倾斜程度，决定各个地域未来的发展程度和重视程度，以此形成地域优势。

（3）实施全面预算管理是促进业务管理共同提升的必然选择。

J银行通过精细化管理赋能业务发展，逐步探索打造业务与管理共同提升、相互促进的模式。全面预算管理为J银行创造效益、打造业务与管理双提升提供了新思路。实施全面预算管理，可以促进J银行管理体系化发展，全方位提升银行对全部经营活动的控制，特别是强化事前、事中、事后三个环节的管理，进一步推动上下级协调互动、部门间相互协作，提高管理效率，促进自身经营效益的提高。同时，J银行通过预算目标的制定、执行、控制，在以行业平均效益水平为基准、以行业先进效益为目标的要求下，能够实现资本利润率、成本利润率、资产利润率、人均利润等指标的全面提升，辅之以预算的考核和激励机制，最终实现各单位和各部门效益的整体提升。

2　J银行全面预算管理现状

2.1　J银行全面预算管理概况

1. 全面预算管理流程体系

J银行全面预算管理形成了预算编制时紧密结合战略目标，预算执行时加强过程管控与预算考核,预算年度后及时复盘预算执行与预算考核情况,并重新审视战略目标执行进度的闭环全流程管理体系。具体来说,在预算编制时始终明确全面预算服务并承接战略目标的原则方针,以战略为起点制定预算规划,进行资源配置,确保战略目标的实施落地;在预算年度中加强过程管控,通过资产负债管理委员会调度内部资源,确保预算执行,充分运用滚动预算手段持续跟进执行进度,对于需要及时采取的预算落实举措,运用内部督办体系进行督办落实,此外制定有关预算考核指标,通过考核指标将经营目标层层传导;在预算年度结束后复盘全年预算执行过程管控督导与预算考核情况,出具考核结果并进行运用,根据预算执行结果回溯战略目标的推进进展。

2. 全面预算管理组织架构

J银行全面预算管理的组织架构由总行预算管理委员会、预算归口管理单位和预算责任单位组成。总行预算管理委员会是预算管理领导机构,下设办公室。预算管理委员会办公室由总行计划财务部承担,是预算管理组织实施机构,负责统筹全行预算管理工作。预算归口管理单位是指同类预算项目进行统一归口管理的部门。预算责任单位是预算执行机构,是指按照权责利相结合的原则,具有一定经营管理活动权限,并能承担相应经济责任的单位。预算管理相关事项经预算管理委员会审议后报总行党委会批准执行。J银行全面预算管理组织架构如图3-1所示。

3. 全面预算管理原则

J银行全面预算管理坚持战略导向原则、全面管理原则、精细化管理原则、权责利相统一原则。战略导向原则是指J银行全面预算管理是战略执行的手段和工具,与资源配置、绩效管理相结合,贯彻落实全行战略目标。全面管理原则是指全面预算管理整合资本预算、经营预算与费用预算,进行全方位的管理;通过预算准备、编制、执行、调整、考核等环节,实现事前预算、事中控制、事后考核的全过程管理;实施各机构、各条线、各层级参与的全员预算管理。精细化管理原则是指依托全面预算系统、财务核算和管理会计等平台，加强预算精细化管理，逐步推进机构、条线、产品、客户等多维度的预算管理。权责利相统一原则是指明确预算管理责任主体与职责分工，强化专业管理部门对专业项目的预算管理，将权责利有机结合起来，建立有效的激励约束机制。

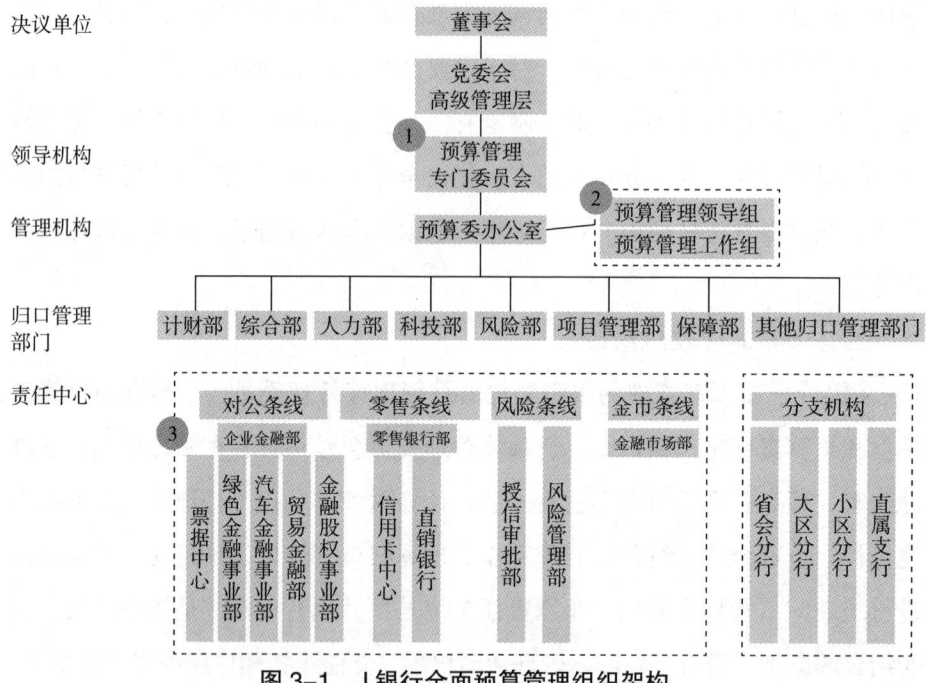

图 3-1　J 银行全面预算管理组织架构

2.2　全面预算管理承接战略目标

为更好地确保战略目标得到逐一分解落实，J 银行在制定战略目标及开展全面预算工作时充分应用战略地图工具，将战略目标分解为财务层面、客户层面、内控层面、学习与成长层面四个维度。财务层面主要包括 J 银行关于未来资产负债、存贷款规模、盈利能力、资产利润率、成本收入比、资本充足率、不良贷款率等财务数据的量化目标；客户层面主要包括 J 银行对未来客户的行业、规模、类型、风险偏好等客户结构的规划选择，如提高对制造业、供应链客户的授信业务比重，加大对普惠小微类客户的倾斜等；内控层面主要包括内部流程优化、组织架构完善、内控合规及社会责任履行等；学习与成长层面则是对J银行员工团队及企业文化建设等的规划。在使用战略地图工具分解战略目标后，开展预算编制时根据每个层面战略目标逐项制定短期、长期预算规划目标，并制订预算落地举措方案以及配置相应财务资源，确保全面预算承接战略目标，保障战略规划的全面落地。

2.3 全面预算的编制内容与流程

J银行全面预算编制内容主要包括资本预算、经营预算、费用预算及资本性支出预算四大类。

1. 预算编制内容

1）资本预算。

资本预算是根据全行资本规划指导的资本运用效益目标。主要内容如下。

（1）资本补充与支持。根据全行经营战略、资本补充机制、资本需求等编制资本补充预算，包括资本补充规模、日均及分红等。

（2）各级资本净额以及资本充足率。根据资本补充预算、分红计划、存量资本补充工具等编制各级资本净额预算；根据全行资本战略规划制定各级资本充足率预算目标。

（3）资本分配。根据全行资产预算，在满足资本充足率预算目标要求下，对全行及业务条线各项资产的风险加权资产额度分配计划。

2）经营预算。

经营预算是对业务时点及日均规模、对客及FTP利率水平、资产质量、中间业务收支、利润与经济增加值等的预算规划。主要内容如下。

（1）资产负债。包括贷款、存款、投资、同业业务、央行借款、债券发行、抵债资产等项目，根据实际情况分机构、分条线、分币种等多维度对其余额及日均预算进行编制。

（2）中间业务。包括承兑业务、保函、信用证、贷款承诺等。

（3）业务收支。包括利息收支、FTP利息收支、中间业务收支、投资收益等，分机构、分条线、分产品类别、分币种等维度进行编制。

（4）资产质量。包括表内外信用风险资产风险分类、不良贷款余额、不良贷款比率、不良投资余额、不良资产率、资产减值损失预算等，分机构、分条线、分币种等多维度进行编制。

（5）抵债资产处置。包括新增、处置抵债资产金额以及抵债资产处置损益等。

（6）会计利润及考核利润。包括财务口径税前利润、税后利润，考核利润，经济增加值等。

3）费用预算。

（1）业务管理费用。包括分行费用预算和总行部门费用预算，分机构、分条线、分科目、分项目多维度进行编制。

（2）税金。包括增值税金及附加、企业所得税等。

4）资本性支出预算。

资本性支出预算包括工程装修、固定资产、低值易耗品、在建工程、科技项目（包括硬件、软件）及土地使用权、合作类项目等。

（1）工程装修。根据网点设立计划，可按照新设机构、网点整体搬迁、原址改造、部分改造、总部大楼装修改造、新设离行网点、智慧银行等项目分类预算。

（2）网点整体预算。对新设、搬迁及原址改造机构涉及的工程装修、固定资产及低值易耗品配置等应形成整体预算。

（3）在建工程、房产购置、固定资产、低值易耗品。

（4）科技项目、合作类项目。

2. 预算编制流程

J银行预算编制采用"三下二上"流程。

（1）一下。总行预算管理委员会办公室统一下达全行预算初步目标与预算编制通知。

（2）一上。预算归口管理单位和预算责任单位编制预算草案，上报总行预算管理委员会办公室；预算责任单位的归口项目预算同时上报预算归口管理单位。

（3）二下。预算归口管理单位汇总、审核、协调、平衡归口项目预算，形成初步审核意见提交预算管理委员会办公室；预算管理委员会办公室汇总初步审核意见，审核、协调、平衡归口管理项目预算和预算责任单位预算，下达审核意见。

（4）二上。预算归口管理单位和预算责任单位根据审核意见进行修改，上报预算修改草案。

（5）三下。预算归口管理单位再次汇总、审核、协调、平衡归口项目预算，形成审核意见提交预算管理委员会办公室；预算管理委员会办公室汇总审核意见，再次审核、协调、平衡预算修改草案，形成预算方案提交预算管理委员会审议，并经总行党委会批准后正式下达全行和各预算责任单位年度预算目标。

2.4 全面预算的过程管控

J银行全面预算管理执行过程的管控手段主要有以下三个方面：一是开展常态化滚动预算，跟进分析全面预算执行情况；二是通过资产负债管理委员会月度例会及专题会议，整体通报把控预算执行进度；三是充分运用内部督办机制与考核手段。

关于滚动预算的开展，J银行在年初编制全面预算时，由预算归口管理单位和预算责任单位将年度预算合理分解到月，便于后续按月度进行滚动预测跟踪。在预算执行过程中，J银行由总行计划财务部牵头，各业务条线参与，每月按旬开展对各项资产负债规模、经营效益、监管指标情况的规划预测。对预算完成有较大困难与问题的，总行计划财务部组织条线召开滚动预算专题会议，协调全行资源，采取专项举措推动预算落地，分期控制确保年度预算目标的实现。

滚动预算对于预算执行进度的分析研判，每月会提交至资产负债管理委员会进行通报。J银行已形成较为完善的资产负债管理机制。资产负债管理委员会由总行行长担任主任委员，分管计财条线、对公条线、零售条线、金融市场条线、合规条线、风险条线，行领导担任副主任委员，总行各主要条线、部门负责人担任常设委员，每月至少召开一次例行会议。在每月资产负债管理会议上，资产负债管理委员会结合滚动预算分析结果，重点跟踪分析全面预算执行进度，包括贷款投放情况、存款资金增长情况、实现盈利情况、各项监管指标达成情况等，对于预算执行进度偏离较大的进行重点通报提示，并开展原因分析，督促预算进度落后的条线尽快采取措施追补进度。

为确保内部各项管理举措的及时有效落地，J银行已建立内部督办机制，成立专门的提质增效工作督办小组，专人跟进，对管理举措进行任务分解，要求责任部门制订切实有效的方案及目标，组织有关人员进行成效验收，对于未能按要求完成目标的进行督办考核并扣分。对于预算执行进度确实落后、严重影响全行预算目标达成的，将由资产负债管理委员会下发任务目标至督办小组进行督办，要求责任部门制订提升方案并持续督办落实。

2.5 全面预算的考核

预算考核，即总行在明确全行及各预算单位预算目标的情形下，在年末对各预算责任单位的预算目标完成情况进行考核和评价，体现预算机构负责人预算指标完成情况，对预算完成较好的机构表彰奖励，对指标完成靠后的机构进行惩罚。预算考核评价是预算管理的指挥棒，贯穿整个预算执行过程，不仅影响当期的预算完成情况，还影响预算执行机构各领导班子的评优评先、岗位等级、薪酬、晋升等。

1. 预算考核原则

一是预算考核指标的确定以银行战略为导向，根据战略目标和各业务条线的发展方向，制订整体预算考核方案。二是监管导向原则，按照监管部门的有关要求，分为经营效益、发展转型、社会责任、风险管理和合规经营五大类，指标实质上体现了"风险、效益、客户"并重的原则。三是预算考核动态调整原则，根据预算及战略调整变化，及时调整考核，注重时效性。四是公开、公平、公正原则，考核过程全透明，明确预算考核规则，过程及结果及时按季度公布（四季度按月），建立及时反馈问题及投诉机制。

2.预算考核指标体系

J银行预算考核采用1000分制，分为两个维度：一是按照原银保监会发布的《银行业金融机构绩效考评监管指引》，分为经营效益类、发展转型类、社会责任类、风险管理类、合规经营类五类考评指标，其中，风险管理类及合规经营类指标分值不低于其他分值；二是按照平衡计分卡有关指标进行分类，分为财务层面、客户层面、内部流程层面、学习与成长层面。具体情况如表3-1所示。

表3-1 J银行预算考核维度及指标

类别	指标名称	基准分	最低分	最高分	考核维度
经营效益类（160分）	EVA	80	-40	96	财务层面
	RAROC	40	0	40	财务层面
	存款付息率	40	-20	40	财务层面
	小计	160	-60	176	
发展转型类（210分）	新增对公存款	20	-60	20	客户层面
	新增储蓄存款	20	-60	20	客户层面
	新增AUM资产	50	0	60	客户层面
	转型业务投向	80	0	80	客户层面
	授信集中度	40	0	40	客户层面
	小计	210	-120	220	
社会责任类（160分）	新增对公价值客户	80	0	96	客户层面
	新增财富客户	80	0	96	客户层面
	消保投诉管理	0	-20	0	内部流程层面
	小计	160	-20	192	
风险管理类（250分）	全面风险管理	0	-90	0	内部流程层面
	授信后管理	30	-30	30	内部流程层面
	不良管控	120	-30	138	内部流程层面

续表

类别	指标名称	基准分	最低分	最高分	考核维度
风险管理类 （250分）	关注类授信	40	−25	40	内部流程层面
	风险资产处置	60	0	70	内部流程层面
	小计	250	−175	278	
合规经营类 （220分）	内控合规	90	0	90	内部流程层面
	质效管理	50	0	55	学习与成长层面
	战略执行力	80	0	80	客户层面
	小计	220	0	225	
经营卡合计		1000	−375	1091	

3. 预算考核运用

J银行全面预算考核结果实行总分评比，设置不同的分组排名，根据业务规模结构、开业时间、市场环境等设置省会组、大区分行组、小区分行组、直属县域组；各分行机构参考总行分组模式，设置本分行内的考核分组。考评分数在组内排名，采取"271"强制分布，即前20%为优秀，中间70%为称职，后10%为不称职，并根据情况强制淘汰后10%，机构主要负责人、分行副职三年内预算考核排名汇总综合分数末尾刚性退出，支行主要负责人、客户经理等当年内预算考核排名最后刚性退出。此外设置全面预算执行激励机制，设置预算六大核心指标，确定各机构主责部门、共责部门，下发六大核心指标任务，并根据各机构核心指标执行情况，奖励各机构一定的绩效费用；强化预算执行约束（执行表彰、一票否决、薪酬挂钩）和预算执行奖励。

2.6 J银行全面预算管理成效

近年来，J银行持续推进全面预算管理，将全行战略导向与经营计划、预算考核三者有机融合。一方面通过预算提供整合各项业务计划的逻辑框架，建立了预算方案，包括制度、工具、策略、流程等，从组织、原则、内容、程序等方面为全行经营预算管理提供保障，形成管理闭环，对预算进行管理实施。另一方面通过预算系统测算经营目标的可实现情况，指明经营计划前进的具体目标和方向。通过目标细化和具体责任落实推进经营计划过程管控，通过资源的配置过程，结合实际制定经营目标和计划指标（如规模、利润等），向下引导开展经营预算管理。经营预算涵盖机构、产品、条线、版本、年份、期间等多个维度，通过建立不同情景下的测算模型，实现业务与财务的联动，让管理者及时、准确、全面地监测数据，支撑决策层和管理层的决策，形成预测—执行—分析的应用场景。J银行近三年战略预算效率及结构调整指标执行情况如下。

效率增长情况：2019—2021年，继续提高人均资产至9000万元左右，继续提高人均营业净收入至220万元左右，人均拨备前利润保持在155万元左右。2021年，J银行人均资产为10497.64万元，人均营业净收入为249.94万元，人均拨备前利润为175.37万元，均超过原计划目标。

结构调整情况：2019—2021年，全行将息差收入占营业净收入比率的目标值定为70%以内，将非息差收入占营业净收入比率定为30%以上。2021年息差收入占比为84.92%，非息差收入占比为15.08%，未完成目标。

3　J银行全面预算管理存在的问题

3.1　全面预算管理与战略目标存在的问题

目前J银行全面预算编制存在对业务结构、内部管理、人员团队建设等战略目标的承接与管理不足，对财务指标的承接也存在并不完全契合的现象。预算编制时，对于资产、负债、存贷款、营业收入、中间业务等财务层面预算规划高度重视，而对于制造业占比、普惠小微两增任务、有效客户数、产品规划、团队建设等非财务指标几乎未考虑。主要原因如下。

第一，J银行战略规划频度为三年，在第一年开展全面预算时，战略规划一般与实际内外部经营情况较为贴合，可确保年度预算目标按战略规划路径实施。但到了第二年、第三年，或是外部宏观环境有突发性的、超出可预料范围的较大变动时，开展后续年度全面预算可能存在实际外部宏观环境或内部经营情况已经偏离战略规划较多的情况。战略规划目标将大概率无法完成或战略规划目标提早完成，继续以承接该战略规划目标作为全面预算编制的基础将变得不再科学合理。

第二，在制定战略规划及全面预算承接时，对战略地图工具应用不足。J银行是近两年才开始推广战略地图工具的，目前在财务条线各模块工作已逐步应用，但其他业务条线、分支机构等预算编制单位对战略地图的了解和应用有限，在编制本单位预算承接战略规划时缺少战略全局观，容易忽视非财务层面战略规划目标的落地承接。如2022—2024年，J银行的战略目标是紧扣"调结构、节资本、控不良、稳增长"十二字方针，进一步提升环境洞察、战略传导与执行、资源整合与分配、风险管理方面的能力，促进高质量可持续发展，但在实际战略与预算承接过程中指标过粗。

第三，对于J银行战略规划实际工作开展情况而言，并未实现内部广泛宣导与全员知悉并高度重视。战略规划编制工作主要由总行战略规划部牵头开展，总行各业务条线、中后台部门参与编制，各分行在总行战略规划基础上编制分行三年战略规划。总行层面编制全面预算时会充分考虑全行战略规划承接，但由于全行战略规划宣导不足，分支机构的预算编制人员对全行战略规划目标、分行战略规划目标及重要性认知不足，在分支机构开展预算编制时可能存在更多地侧重于从资源需求、考核任务等角度进行编制，忽视对战略规划目标的承接，导致战略与预算部分脱钩。

3.2 全面预算管理预算编制方面存在的问题

1. 全面预算管理体制建设不足

全面预算管理体制建设不足，导致各预算编制单位对预算重视度不高。J银行全面预算管理组织框架目前尚未明确，各预算编制单位对预算编制的重要性及分工内容认识不足。全面预算编制需要总行各部门、业务条线、事业部及各分支机构共同参与，但目前仅总行与分行之间在推行预算编制，分行与支行之间的预算则更多的是任务分配，缺乏支行预算编制。同时，由于《J银行全面预算管理办法》有待更新，需要通过制度层面明确预算管理委员会构成及各相关条线部门的预算编制职责、预算编制流程、预算编制应用等，各部门对自身在全面预算编制中的流程位置及分工内容认识不足，存在认为预算编制是财务人员工作内容的现象。此外由于内部考核体系及淘汰机制的运用，各机构及业务人员仅关注后续考核指标的下发，对预算编制存在敷衍交差的心理。

2. 全面预算编制过程中全员参与度不高

全面预算编制过程中全员参与度不高，业财融合有待加强。全面预算管理的"全面"，除了体现在覆盖全部经营活动的事前、事中、事后管理过程，还体现在需要全员参与。全面预算编制需要各业务条线、中后台部门、分支机构，财务人员与业务人员，管理人员与所有员工，全员参与、全员重视，从而实现真正的覆盖全行所有业务以及所有经营管理的全面预算，真正发挥全面预算的全面目标制定、全面资源配置、全面预算下达、全面预算执行管控的作用。

但在实际开展全面预算编制工作中，J银行存在业务部门及业务人员的预算参与度不足的问题，主要源自对预算编制工作的认识偏差。一是认为全面预算工作的主要责任在于财务条线，对工作量较大的预算编制工作存在抗拒心理。二是普遍有"重考核、轻预算"的思想，对全面预算的重要性认识不足，缺乏敬畏心，仅仅将年初的全面预算编制工作当作向总行争取更多资源、更少任务的上下博弈手段，认为资产负债结构、定价管理都不需要预算管控。因此在日常管理过程中认为只要完成总行下达的任务即可，有屡次突破全行预算管理指标的情形。三是缺少专门的信息系统，新的系统于2023年上线，目前还处于探索改进中，此外由于一线预算编制人员流动性较大，全面预算管理的全员参与度有限，没有真正取得理想的效果，日常预算偏离较高。以2023年某月预算偏离情况为例，主要预算指标偏离均在50%以上。

3. 全面预算编制科学性欠缺

全面预算编制缺乏科学性，导致后续预算执行的偏离。科学的全面预算编制应该结合内部战略规划目标与对外部宏观经济形势分析、行业竞争趋势分析、自身优劣势分析等研判结果，但是目前J银行全面预算编制基本根据上一年度实际数据延伸到下一年度来开展目标规划，在对未来预期收益率、付息率、资产质量等关键指标上简单沿用现状数据进行粗略加工，预算编制缺乏科学性。主要问题如下：一是对市场缺乏深入了解与分析，缺少对未来的外部货币政策及监管政策等宏观政策、经济发展形势、利率走势、行业前景的合理预判，可能导致经营规划与市场及业务实际情况脱节；二是由于总行编制预算时缺少对市场竞争形势的研判，在与业务条线、分支机构进行预算目标下达、资源分配的上下博弈时缺乏真实的市场数据支持，总行容易被误导、被套利；三是预算编制情景单一，仅仅是以目前经营情况为基础的对未来的单一规划，预算编制难以模拟不同经营规划下的预期经营情况及可能存在的问题，预算编制缺乏灵活性，预算方案可能不是最优方案。

4. 全面预算编制精细度不足

由于数据质量问题及缺乏系统支撑，全面预算编制精细度不足。虽然J银行全面预算整体编制内容框架完整，但在具体编制内容的精细度上有待提高。具体表现如下。

第一，预算编制缺乏细致的风险预算，也缺乏对资产负债的期限、到期结构的分析与规划配置。目前J银行经营预算的编制主要结合资产负债的规模、日均、利率等，由于缺乏资产负债管理系统，尚未建立可行的模型，因此缺少对信用风险细致的预算，缺少对资产负债期限的合理性分析、对未来资产负债到期情况及资金缺口情况的分析。在预算编制时未考虑对新增资产负债期限的规划，导致缺少对流动性风险与银行账簿利率风险的前瞻性预算管控。

第二，在开展资本预算时，对资本额度分配过程精细度不足。目前J银行风险资产额度仅分配到单位贷款、个人贷款、债券、非标等业务大类，根据存量业务大类的平均风险权重简单计算新增业务风险资产消耗情况，分配过程较为简单粗放，对因业务大类下各项业务到期及新增带来的结构变化（如风险权重差异较大的小微贷款与一般单位贷款、国债与信用债）而导致的风险权重变化考虑不足。

第三，经营预算目标分解精细度不足。在编制经营预算时，业务条线收到总行下发的预算目标后，主要结合本条线合计预算任务与各分支机构上一年度实际完成情况进行预算分解，对各机构所处当地市场环境变化、网点数差异等因素考虑较少，导致预算分解的精细化与科学性不足，由此导致业务条线后续在与分支机构上下博弈时缺少关于预算分解合理性的数据支撑。机构出于减轻自身考核任务、争取更多资源分配倾斜的目的，考虑多报贷款预算争取资源、少报存款预算减少任务，导致分支机构汇总数与总行业务条线预算目标偏离较大。

第四，预算任务分解最终未能落到个人层面。目前J银行预算传导机制未能落到个人层面，在预算编制时由总行预算管理委员会确定全行预算方案并下发至业务条线，业务条线再往下分解至分支机构。但目前预算下发至分支机构为止，未能分解到个人层面，未编制每一名客户经理的经营预算。

第五，预算编制维度较为简单，缺少对非财务数据类的预算规划。J银行经营预算编制内容主要为资产负债等各类业务规模利率、会计利润与考核利润、资产质量、各项监管指标等财务类数据的预算规划，在新增客户数、客户结构、宏观政策指标完成、潜风业务管理、产品规模发展预算、管理能力提升、内部流程优化、人员团队等方面未开展预算规划。

第六，底层数据质量有待持续治理提升，缺少信息系统支撑。此前J银行一直通过预算编制人员手工填报预算表格模板，预算基数无系统取数支撑，均依靠人员手工计算，因此预算编制颗粒度较为简单。

3.3 全面预算执行方面存在的问题

1. 预算执行情况分析不足

预算执行情况分析不足，未能有效推动预算落地。目前J银行预算执行情况分析主要由总行计财部牵头开展，在每月资产负债管理会议上向各部门通报年初制定全年预算的执行进度与最新滚动预算执行情况。但上述预算执行分析更多是基于数据的展示，对于预算执行进度落后的原因、预算提升举措建议、后续全年预算落实情况预测等缺少有效、深入的分析，对推动全年预算有效落地的作用不强。

此外，各业务条线对自身的预算执行情况关注度不高，分析不到位，在预算执行进度落后时缺少原因分析或分析流于表面，未及时制定后续预算追赶计划与举措方案等。

2. 预算执行激励机制不到位

预算执行激励机制不到位，导致对预算执行情况关注度不高。J银行为了鼓励分支机构与业务条线积极完成年度预算目标，制定了净息差、新增存款日均、中间业务净收入、风险资产占比、风险资产收益率、不良贷款率、拨备前利润等指标作为核心经营指标。这些指标基本可以全面反映全行经营业绩实现、资产质量管控、资产结构调整等。围绕上述核心经营指标，J银行每年在全行范围开展评比活动，对于完成情况排名靠前的部门、机构给予专项绩效费用奖励。

J银行虽然已经实施上述预算执行激励机制，但实际执行中仍未能在全行范围有效提高对预算执行情况的重视程度，推动预算目标实现。究其原因在于核心指标评比活动是作为机构额外的绩效费用奖励，且奖励金额以每个机构3万元、5万元不等，整体绩效奖励金额有限；而预算执行情况与机构考核结果未挂钩，即使未完成预算目标，也对机构考核无任何影响。奖励金额有限且与考核不挂钩，导致机构推动预算目标完成的积极性不强，日常经营中基本不关注预算目标的执行情况。

3. 预算执行督办不到位

预算执行督办不到位，缺乏强力有效的预算执行抓手。目前J银行在经营执行过程中通过月度资产负债会议上通报预算执行进度落后的条线、机构，每旬组织业务条线开展资产负债滚动预算，对执行进度落后的预算项目提交提质增效小组进行专项督办落实等手段推动预算执行。

但在实际执行过程中，上述手段均未能有效提高预算重视程度、推动预算落地。主要原因有：一是每月一次的会议通报威慑力有限，条线普遍认为只要不影响考核就不必重视；二是滚动预算目前缺乏有效的信息系统支持，仅采用手工填报开展当月月末的经营规划，未能实现科学滚动规划预测全年的经营情况，因此在年中无法准确评估按现状经营到年末的预算执行情况，也就无法有效推动预算提升方案落地；三是关于将预算执行进度落后的事项提交专项督办，在实际督办过程中存在流于形式的现象，责任部门制订落实方案、预期落实目标时为避免督办未完成扣减考核分，在制订方案上以开展培训、修订制度、建立机制等为主，缺少与预算提升、业务开展紧密相关的方案举措，在制定督办目标时几乎均为不可量化的目标，存在各业务条线督办任务均全面完成但总行预算目标仍未实现的现象，督办手段未能充分发挥应有的作用。

3.4 全面预算考核方面存在的问题

1. 全面预算与预算考核脱节

预算与考核脱节，内部考核体系淘汰机制的应用导致机构重考核、轻预算。J银行在绩效考核中实行"271"强制淘汰机制，分支机构、业务条线高度重视预算考核结果，对于预算编制与执行情况的重视度不高。在此情形下为确保预算目标达成，必须保持考核与预算的紧密承接，方能通过考核引导机构实施全面预算。

但在实际管理中存在"两张皮"的情况。由于J银行考核指标计算调整项较多，最终下发的考核任务与预算目标往往偏离较多，在强制淘汰的考核机制作用下，业务人员往往不重视预算目标的完成情况。例如，2022年全行司库实际亏损8.3亿元，分支机构的预算完成情况与财务口径的预算完成情况偏差较大。

2. 考核指标设计合理性有待提高

第一，J银行在预算考核指标上缺乏业务规模类指标与利润指标的协同，财务层面的指标占比偏低，约为16%（见表3-2），导致机构调结构积极性不强。现行分支机构考核指标更多侧重对业务规模的考核，分值占比相对于利润指标更高，导致即使总行在制定预算时基于规模与利润的平衡，规划了资产负债结构的调整，也会因缺乏有效传导而难以落实。例如，考核体系中对新增存款日均有明确的考核分值设置，分数占比较高且未完成扣分极重，但对于机构的盈利能力仅能通过EVA体现。整体而言，规模类指标对机构的考核影响大于利润指标，在淘汰机制的影响下，各机构基本优先营销高成本存款以完成新增存款任务，对于降低存款付息率的积极性不高。

表3-2　2023年考核指标

指标名称		2023年			
		基准分	最低分	调整后分值	占比（%）
财务层面	EVA	80	−40	120	8.70
	RAROC	40	0	40	2.90
	存款付息率	40	−20	60	4.35
	合计	160	−60	220	15.94
客户层面	新增对公存款	20	−60	80	5.80
	新增储蓄存款	20	−60	80	5.80
	新增AUM资产	50	0	50	3.62
	转型业务投向	80	0	80	5.80
	授信集中度	40	0	40	2.90
	新增对公价值客户	80	0	80	5.80
	新增财富客户	80	0	80	5.80
	战略执行力（客户）	80	0	80	5.80
	合计	450	−120	570	41.30
内部流程层面	消保投诉管理	0	−20	20	1.45
	全面风险管理	0	−90	90	6.52

续表

指标名称		2023年			
		基准分	最低分	调整后分值	占比（%）
内部流程层面	授信后管理	30	−30	60	4.35
	不良管控	120	−30	150	10.87
	关注类授信	40	−25	65	4.71
	风险资产处置	60	0	60	4.35
	内控合规	90	0	90	6.52
	合计	340	−195	535	38.77
学习与成长层面	质效管理	50	0	55	3.99
总计		1000	−375	1380	100.00

注：占比经四舍五入计算得出。

第二，风险指标没有纳入收益类考核，导致营收失真。J银行在设置考核指标时，考虑到历史遗留问题等多方面因素，机构间资产质量差异较大。如在考核EVA等收益类指标时未充分考虑剔除不良因素，可能导致部分机构无法完成任务且落后较多，严重影响机构绩效收入，从而出现"躺平"心理。为了避免该现象，应尽可能降低收益类考核指标中的不良影响。例如，目前在计算考核利润时，对潜风类业务利息收入仅考虑剔除10%的不良影响，但该策略导致机构考核营收严重失真，可能出现各机构考核利润均超额完成，但总行受不良冲销利息、核销等影响，会计利润预算未完成。

第三，考核指标更多侧重总量，对人均、网均等效益性指标的考核有所缺失。在对分支机构考核指标的设置上，基本是针对总贷款、总存款、合计EVA等总量性考核指标，但由于不同分行下辖支行网点数量不同，不同分行、不同支行所属员工数量也不一致，目前缺乏对人均、网均等效益性指标的考核，导致出现不公平与资源利用效率低的情况，存在增人不增效、增机构不增利等现象。

3. FTP预算运用不科学

考核层面FTP优惠过多，存在机构考核任务完成但总行预算目标未完成现象。J银行为了鼓励分支机构开展宏观政策支持领域业务,充分发挥FTP手段,通过对支持领域业务给予FTP优惠让利分支机构。虽然该方式确实可以有效引导一线业务发展方向,但也造成J银行总行司库亏损较大,存在业务条线、分支机构营收表现较好,总行层面营收不理想,与经营预算偏离较大的现象。此外,该方式也容易使总行条线管理部门形成惰性思维,忽视管理能力的提高,高度依赖FTP手段。例如,截至202×年底,全行FTP价格及优惠合计9亿元,占全行营业收入的8.6%。其中零售业务优惠3亿元左右,对公业务优惠6亿元左右,过高的虚拟优惠收益导致经营效益提升缓慢,营业收入同比持平。部分优惠项目见表3-3。

表3-3 FTP优惠项目

优惠项目	优惠项目
消费类贷款	乡村振兴领域
绿色信贷业务	精准扶贫贷款
支小再贷款	个人经营性贷款
金融改革实验区建设贷款	"专精特新"企业
制造业贷款	对公授信白名单
普惠型涉农贷款	对公白金客户
供应链贷款	助力园区企业发展贷款
单户500万元以下小微贷款(对公)	科技企业融资
单户500万元以下小微贷款(零售)	新发放符合碳减排支持工具的贷款

4 J银行全面预算管理提升的对策

4.1 全面预算管理总体提升优化方案

1.优化全面预算管理体制

(1)提高全面预算管理委员会预算工作的权威性。首先,提升高级管理层对预算管理的重视程度，确定全行的预算目标是经营管理班子的重要工作组成部分，对全面预算管理决策起到重要作用。其次，在组织架构和相关制度中，明确全面预算管理委员会的权责和地位。授予全面预算管理委员会足够的权限和决策自主性，既要确保其能够独立、客观地开展预算管理工作，也要赋予其相应的责任。最后，预算管理工作应该透明化，接受企业内部和外部的监督，通过公开预算方案、执行情况和考核结果等信息，增强全面预算管理委员会的可信度和公信力，从而提高其权威性。

（2）设置全面预算分层管理模式。为了提高预算效率，J银行应该对全行经营预算实施分层管理，拆分为总分和分支两层。全面预算模型分为总分编制模型和分支编制模型，两套模型之间设置规则，形成独立的流程（见图3-2）；组织架构也分为总分、分支两套，两套架构相互独立，在系统流程上互不影响，赋予分行级管理层更多的预算自主管理权。

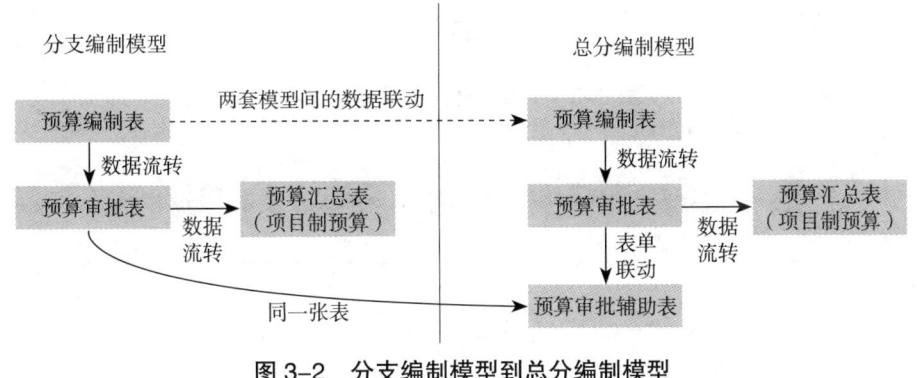

图3-2 分支编制模型到总分编制模型

（3）优化全面预算管理流程。J银行全面预算管理流程依托原有的编制及审批流程开展优化工作，简化流程节点，主要突出业务部门在编制流程的作用，将实现经营目标与业务行动相结合，紧密跟随市场环境和内部资源的变化，将条线部分纳入流程的重要节点，设置灵活的审批节点，可选择抄送、转审等（见图3-3、图3-4）。

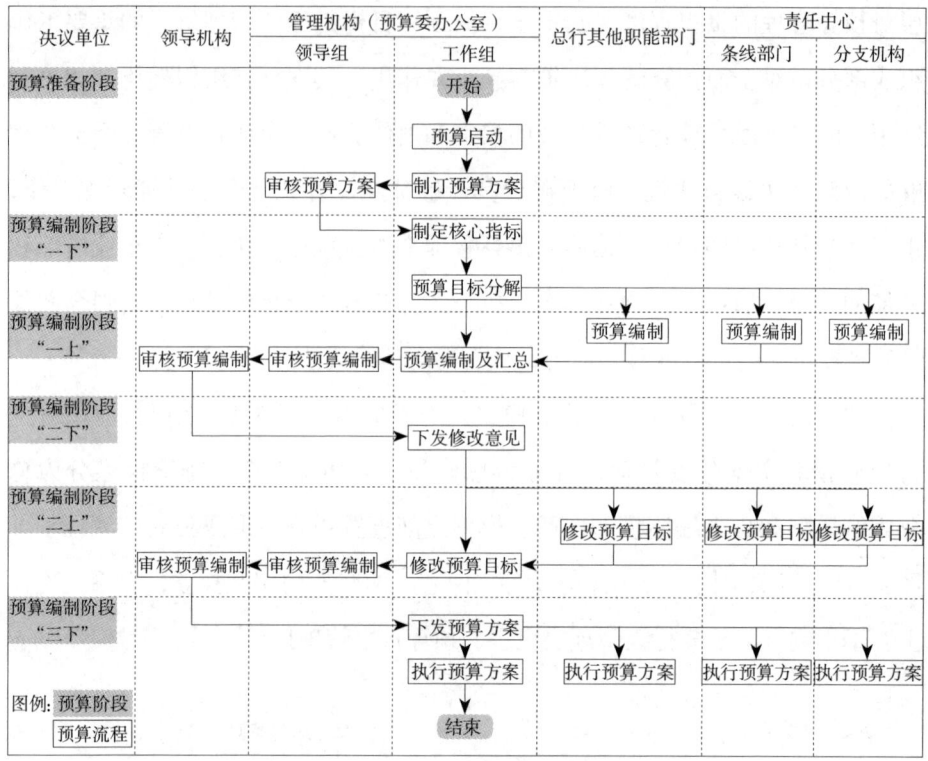

图 3-3　J 银行全面预算管理流程

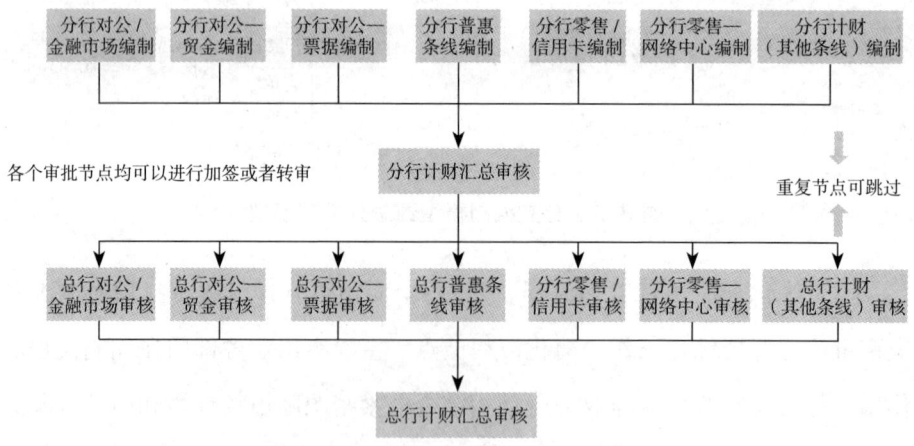

图 3-4　分行级机构审批流程[1]

---

[1] 与支行级机构审批流程基本一致。

2. 提升全面预算管理参与度

全面预算管理工作如果只有财务人员参与，就会变成拍脑袋的数字游戏，因此，需要大幅提升高级管理层、业务条线人员、基层业务人员的参与度和积极性。

（1）明确目标和职责。明确全面预算管理是年度全部经营活动的依据，是驾驭外部环境的不确定性、减少决策的盲目性和随意性、提高公司整体绩效和管理水平的重要途径，确保所有员工了解预算管理的目标和重要性。将全面预算管理的权责利落实到具体人员，从而促进相关人员参与全面预算的管理工作和业务执行工作。

（2）加大培训和宣传力度。加大全面预算专业化培训和宣传力度，加深参与人员的理解和认识，使他们更加重视并参与到全面预算管理工作中。业务人员不能再把预算管理简单地理解成银行财务管理的一部分，而是要转变思路，把预算作为业务计划的重要组成部分。

（3）加强跨部门沟通和协作机制。全面预算目标的落地需要各部门的高度协同。借助常态化的滚动预算机制，以每个部门分管预算的负责人以及具备丰富经验的业务人员、外派财务人员、总行财务人员为主要构成人员，组建预算管理团队，在每个月定期组织预算沟通联络会议，建立跨部门的沟通机制，使各部门能够及时传递预算信息、反馈执行情况，共同推进预算工作的完成。

（4）建立奖惩和提供支持。建立奖惩机制，将全面预算管理纳入员工绩效考核范畴，对在全面预算管理中表现优秀的员工给予相应的奖励和晋升机会，同时对预算管理不善或执行不力等行为进行责任追究，以增强员工的责任感和参与度。

3. 加强业财融合人才队伍建设

全面预算管理工作的开展离不开人才队伍建设，随着银行服务下沉，预算管理工作应当按照管理会计的思维来开展，这就需要J银行加大对财务BP（业务伙伴）的培养力度。财务BP要全程参与业务部门对预算目标、成本费用、利润目标的制定，深入业务活动一线，及时了解业务部门的需求，向业务部门传递财务思维，学习业务部门的业务方法。

（1）选拔和培养具备财务和业务知识的复合型人才。在招聘和选拔过程中，可以优先考虑具有财务和业务双重背景的候选人。对于现有员工，可以开展有针对性的培训和研讨会，以提高其对财务和业务知识的理解和掌握。

（2）建立和完善业财融合的培训体系。定期组织员工参加财务和业务知识培训，使其能够更好地掌握相关知识和技能。培训内容包括财务管理、业务运营、团队沟通与协作等。

（3）搭建人才梯队，培养业财融合的中坚力量。对于在业财融合方面表现优秀的员工，可以给予更多的发展机会和挑战任务，以激发其积极性和创造力。同时，可以从这些优秀员工中选拔出中坚力量，为其提供更多的培训和实践机会，以提升其在团队中的影响力。

4.2 全面预算管理承接战略优化对策

1. 提高全面预算的前瞻性与科学性

（1）加强预算编制前期的调研工作。总行层级要做好预算编制前期的调研工作，充分了解银行的内外部环境，对市场情况、经济形势、银行运营情况等进行深入的研究和探讨，为预算编制提供充分的数据和信息支持。采用科学的方法和技术手段进行预算编制，包括但不限于预测分析、风险评估、成本控制等，从而提升预算编制的精确性和前瞻性，使其能更好地适应未来的市场环境和银行的实际运营状况。

（2）层层预算编制贯彻全行战略。总行层级要加强全行战略的宣导，深化各机构对战略的理解。分支机构要对全行战略方向、整体预算思路进行全面的解读及深入的分析，以便准确把握总行的战略导向，应用战略制定具体计划的分解标准；要依据战略建立符合当地特色的规划，通过战略地图绘制全行战略目标及其承接指标，并在机构、部门等维度设计分层次目标和实现路径。

（3）在预算控制循环之上增加闭环式的战略循环。该战略循环由战略决策、战略执行和战略调整组成。其中在战略执行方面，容易存在战略空洞、流于形式、不被基层员工理解等问题。为此，该框架结合战略地图和平衡计分卡，将银行长期的经营战略分解成在财务、客户、内部流程和学习与成长四方面具体的经营目标，并通过周期性和阶段性的关键性经营指标，加强战略目标可落地的过程化管理。

2. 加强全面预算与战略目标的动态调整

J银行全面预算管理，要建立以战略目标为导向的编制体系，强化预算管理全员性、全面性、全程性，推动前中后台协同，统一思想认识，统一行动步调，有效确保战略目标实施过程中一系列要求的落地并取得实效。

（1）绘制战略地图。J银行需要运用平衡计分卡和战略地图将企业战略目标进行分解，将平衡计分卡从绩效考核工具升级为战略预算编制工具，通过将战略目标量化，层层分解，最后从财务、客户、内部流程、学习与成长四个维度，设立一套复合型的指标体系。这套体系可以落实到每一个预算执行部门，让每个员工都能够切身感受到自己所从事的工作与银行战略目标之间的内在逻辑联系，更好地体现基于战略导向的全面预算管理责权利结合、分工协作的原则；更加注重财务指标与非财务指标的融合，能够让银行更有效地做好战略管理，实现战略目标。

（2）改进预算编制方法。在基于战略目标导向的全面预算管理框架下，预算编制必须坚持"长短兼顾"的原则，具体满足以下两点：一是预算编制的理念必须与战略管理的理念保持一致，预算编制的方法必须适应多变的外部环境。二是推进滚动预算的精细化。滚动预算将预算稳定在12个月的期限以内，按照"近细远粗"的原则，根据上一期的预算完成情况，调整和具体编制下一期预算，并将编制预算的时期逐期连续滚动向前推移。以战略目标为导向的全面预算管理注重银行的长远目标，避免短视；而滚动预算采取的是一种长计划、短安排的编制方式，可以克服预算编制过程的盲目性，有助于管理者更好地把握银行未来的发展战略。因此，滚动预算与战略管理在对待复杂的外部变化时，内在逻辑是一致的，选择滚动预算编制方法来进行预测，预算的准确性也必然会提高。

4.3 全面预算管理编制优化对策

1. 提升全面预算编制精细化程度

（1）采用科学的方法和技术手段进行预算编制。通过使用先进的预算软件、建立数学模型、运用大数据和人工智能等技术，提高预算编制的精确度和可操作性。对各个编制项目进行重新梳理，适时使用新的预算编制方法，如针对水电费、取暖费、劳动保护费、出纳费、钞币运送费，使用增量预算法；针对物业及保洁费、印刷费、绿化费、审计费、会议费、邮电费、会费、修理费、维保费、安保费、电子运营费、科技维保费、科技数据费等约束性费用，使用零基预算法；针对咨询费、人力资源费、宣传费、差旅费、业务交往费、办公用品购置费、公杂费等酌量性费用，可根据业务情况斟酌开支。

费用预算依据费用属性细分为人员费用、固定费用、运营费用、发展费用，并细化子费用至三级科目，有利于对不同项目的费用进行跟踪分析，发现并总结费用管控的方法。

（2）优化预算编制的颗粒度。除了机构、产品、条线等维度外，还应增加客群、客户数、客户结构、宏观政策指标、产品规模发展、管理及内部流程优化、人员团队等维度的预算。但是，预算颗粒度的设计需要考虑业务经营发展长期的适应性和经营决策的有效性。此外，"把钱花在刀刃上"，要实现资源分配最优化，以完成全行核心经营指标为第一目标，分配资本及费用资源在回报率最高的地方，不同资源的分配原则稍有差异。资产业务规模增长的分配原则以风险、产品以及中收为导向；负债规划要有前瞻性，需提前考虑流动性因素；费用预算除考虑正常经营花费外，还需以战略举措重要性及投入产出比排序决定分配比例。J银行预算编制主要维度如表3-4所示。

表 3-4 J 银行预算编制主要维度

序号	编制颗粒度	备注
1	考核机构：预算机构/预算单位 一级维度：总行 二级维度：南昌分行、广州分行、宜春分行等 三级维度：总行营业部、修水支行等	预算编制使用全行归属机构树（考核机构）。总行、总分行考核机构命名为预算机构，分支行考核机构命名为预算单位
2	产品类型：总行预算科目/预算项目 科目+产品、科目+期限、科目	产品类型主要展示需要编制预算的项目，因总行、总分行、分支行科目颗粒度不一致，应设置总行预算科目和预算项目
3	条线 大对公 对公、对公—普惠、对公—贸金、对公—汽车、对公—票据 大零售 零售、零售—普惠、零售—汽车、零售—信用卡、零售—直销 金市 金融市场 其他	条线分类来源于管会系统，全面预算系统不对行内使用的条线进行加工创造。条线与产品类型关联，选择条线下不同成员，展示对应维度下的内容
4	数据类型 全量 存量 净增	全量 = 存量 + 净增 存量 = 上期末全量数据 净增 = 当前区间净增业务
5	客群	根据全行客群分类
6	业务指标 时点规模、日均规模、对客利率、FTP 利率、FTP 利息收支、对客利息收支、FTP 利差、FTP 利润、风险权重、风险资产、经济资本占用、资本成本	
7	版本 9月30日版、10月31日版、11月30日版、12月31日版、提交版、调整版	数据版本展示预算依据基点数据进行模拟
8	年度	用于展示预算编制及预算年度
9	月份	预算要求编制到 12 个月，分别规划每个月的业务计划

续表

序号	编制颗粒度	备注
10	日	主要用于滚动预测
11	**币种** 预算系统币种	人民币 外币折人民币 本外币合计
12	**货币单位** 元、万元、亿元	总行、分行：默认亿元 支行：默认万元

（3）引入精细化管理理念和方法，细化风险预算。根据全行风险偏好政策，对主要的风险（市场风险、利率风险、流动性风险、信用风险）制订分解全面风险管控计划，具体包括全行、各业务条线、分支行的风险资产组合、逾期及不良、化解清收、减值损失等计划。将精细化管理融入预算编制过程中，细化预算的期限结构配置，将期限结构与监管指标、内部预算要求相结合，使预算更加精细、全面和严谨，为后续预算管理提供依据和基础环境。

（4）资本预算与经营计划在资本约束下有效协同。在《商业银行资本管理办法（征求意见稿）》中，银行的信用风险资产划分为主权、公共部门实体、多边开发银行、金融机构、公司、个人、房地产、股权、次级债、合格资产担保债券、已违约、资产证券化、资管产品13大类。这些信用风险资产与经营预算编制有效结合，通过资本约束开展业务预算规划，并通过业务的会计科目、编制项目，与信用风险资产类别建立更紧密的逻辑关系，以达到资本预算与业务计划的准确性。

（5）制定《预算编辑指导手册》。提供有关预算编制过程所有重要方面的详细信息，要求预算安排和可交付成果，确定核心基础/关键点，形成报告结构，指出关键问题，总结分支机构预算热门话题，为分支机构预算编制提供保障。

2. 完善全面预算管理系统

预算管理的执行落地离不开全面预算管理系统的支持。目前J银行的支行网点超过260家，分行级机构超过10家，如果没有全面预算系统，预算管理工作的开展就会比较困难。J 银行全面预算管理系统于 2022 年开始建设，处于起步阶段，仍有较多需要优化之处。

（1）加强数据治理，优化数据质量。目前 J 银行面临手工数据、部分字段空置等问题，后续需要以数字化建设推行数据治理为契机，将优化数据质量嵌入全行日常运用及系统建设中，提高基础维度数据质量。

（2）将预算监控预警纳入全面预算管理系统。目前全面预算管理系统实现了预算编制、预算管理、预算执行分析等，但对于预警监控还未实现，因此，建议在系统中设置预警控制异常事项。预算管理过程中出现预警事件后，系统会及时将预警信息自动发送至责任人，并及时采取预算管理措施，优化预算指标执行。

（3）强化系统数据集成，优化预算管理维度。目前预算管理系统集成数据主要来自管理会计系统、I9 系统、财务系统、核心总账系统、人力资源系统、理财业务系统，但对业务条线部门与客群相关的 CRM 系统、绩效考核系统等数据集成不足，因此需要进一步打通预算系统与业务系统的对接交互，为预算执行落地提供系统保障。目前预算维度除了机构、条线、产品等，还应该在系统中优化实现客群维度，按照不同的客户群体，将预算划分为个人客户、中小企业客户、大型企业客户等。优化对投资收益的编制，按照投资收益来源细化投资业务的编制颗粒度，夯实投资收益预算的精细度。

4.4　全面预算管理过程管控的优化对策

1. 加强预算执行分析的精细化、自动化

为发挥全面预算管理事中控制的作用，应实现预算执行分析的精细化和自动化。J 银行可以借助现有的预算管理系统，设置专门的控制预警模块及完善现有的预算分析模块，及时监测预算目标的执行情况和完成成果，深入分析预算执行的偏差，发现问题并及时反馈。

（1）新增预算执行监测预警功能。各个分支机构、业务条线以及总行预算管理人员在预算系统具有不同程度的预算监控功能，可以依据预算管理系统和财务报表系统数据，自动生成全面预算的监控数据，为全面预算的分析工作提供信息技术和可靠数据的支持。监测预警模块：一要设置预算指标与实际完成数的差异限额或百分数限额，当差异超过了这一限额，预算的进一步审批将会受到影响，并弹出预警信息；二要设置各个预算指标的合理额度范围，不可盲目设置不切实际的预算目标，以免打击员工的积极性；三要设置预算执行的责任权限，拥有权限的人员才能操作下载和上传数据。

（2）制定全面预算管理执行的自动化分析规则。一要事先制定全面预算目标的分析模板，具体包括每月、季度和年度的预算目标实际完成情况，全面预算完成率，较月度、季度以及年度计划数的偏差等；二要紧密围绕全行经营预算的执行情况开展分析，按月、按季、按年报告预算单位的业务经营情况（资产负债、成本收益和风险、客群、绩效考核等），主要监管指标、外部市场环境及对标行，分析预算执行过程中存在的问题；三要提高预算监控的效率，对于事先审批过的常规流程性分期费用可以简化其报销的审批流程，以达到平衡成本效率和效益的作用。

（3）将全面预算管理纳入数字化转型的重点工作之一。强化与科技部门在数据分析、报表加工、数据挖掘等方面的配合。运用 RPA 机器人流程自动化技术，对预算执行情况进行实时监控和分析，自动发现预算执行过程中的问题，提高预算执行的精细化和自动化水平。

2. 加强滚动预算与落地举措执行

（1）注重夯实全面预算管理决策行动方案。1 分规划，9 分执行，再好的决议也需要有效的落实方案来支撑，否则决议就会成为空谈。预算方案同样需要以举措计划为基础。在编制全面预算时需要明确配套的举措，并形成一致决议。例如，制定预算目标要求付息率压降 10BP，同时需要明确存款结构调整目标来支撑付息率压降，如活期存款、一年期存款日均要增加多少。明确形成决议后，预算委办公室应跟进相关事项，督促责任部门和责任人员制订详细的行动计划，包含明确的具体举措，阶段性目标，可量化、可评价的最终目标，时间节点等。计划制订后，预算委办公室应有专人跟进举措的落地情况。

（2）加强对预算执行情况的预测。对预算偏差点及时采取举措确保预算落地。借助全面预算管理系统的滚动预测功能，按月开展滚动预算。滚动预算需至少考虑过去的预算实际执行情况，对未来外部经营环境、监管要求、内部经营政策的最新预测，未来12个月的经营情况开展滚动预算规划，持续监测分析年初制定的预算是否可按预期落地。对于确实存在困难的预算目标，要层层下挖找出深层次原因并及时分解落地举措目标至相关分支机构、业务条线，及时调整经营举措，确保预算目标的最终落地。例如，当滚动预测分析营业收入预算目标难以完成时，需分析难以完成的具体原因。原因可能是年中发生LPR连续下调，同业竞争异常激烈导致息差收窄幅度超出年初预期。这就需要着重关注存贷款具体哪一项利率较年初预算偏离较大，是贷款投放进度慢，为加大贷款投放力度导致贷款收益率相应下调较多，还是受客户存款定期偏好的影响导致个人存款付息率超出预算规划。针对具体偏离原因，在测算后给相应条线机构下发细化目标，例如，后续每个月需投放多少贷款，压降多少比例三年期、五年期定期存款，督促条线制定举措，确保预算目标的实现。

（3）持续跟踪督促举措的制定和执行。无论是在年初预算编制过程中，还是在年中预算执行监控中发现预算执行困难，都需要各相关部门根据总行划分至本部门的目标，制定具体的举措，明确每个下级机构或人员岗位的预算执行责任和任务。要建立相应的监督与考核机制，要求各级机构定期通报举措执行最新进展情况，对于举措未执行到位的要通过考核机制给予一定惩罚，对于超额完成举措目标的可以给予一定奖励。通过上述奖惩机制与持续跟踪，确保举措的有效执行。

3. 加强预算管理过程督办机制

（1）通过应用管理决策督办机制紧抓预算落实。督办机制的应用是确保决策高效执行的关键。通过建立督办机制，成立专班负责督导管理决策的落地，狠抓预算执行。厘清督办质效、力促工作落实的工作思路，明确督办时间、被督办单位、协办主体、督办事项、督办目标等要素，按季度跟踪举措落地情况及目标达成情况，并组织验收，加强结果反馈，所有督办落地情况需要经过责任部门分管行领导与负责督办机制行领导双重验收通过方可认定。对于督办结果要提高考核权重，对于预算督办目标落地不到位的要加大考核力度。此外要将督办事项纳入战略地图、平衡计分卡管理，将督办的相关预算决议按财务层面、客户层面、内部层面、学习与成长层面进行分类，层层向上与平衡计分卡、战略目标联系起来，既可以有效提高责任部门对预算决议的认识，又可以将每项预算决议与战略目标紧密联系，确保通过预算目标的实现达成战略目标。

（2）督办与指导相结合，为一线人员提供指导。总行管理部门在接受预算督办目标后，通常将目标继续分解至分支机构并督促一线落地。但要注意的是，除了分解目标外，总行专业管理部门还需为一线提供有效的产品、政策、营销方面的举措建议等配套支持：派出业务骨干深入一线，辅导分支机构形成有效的营销方案；通过数据分析提炼潜在客户名单，并提供给一线；通过调研分析开发有竞争力的产品等。通过一系列配套支持，确保分支机构可完成自身的预算目标，最终确保全行预算的落地。

（3）注重预算管理复盘与回溯。一是建立常态化预算执行情况复盘机制。全程监控预算目标落地执行情况、困难问题及原因分析，并在下一次预算管理团队会议中对预算执行最新进展情况进行评估和讨论，共同复盘预算执行不力的原因，讨论下一步预算提升计划。二是回溯预算决议落实举措的有效性，检视落地效果。对效果不佳的情况需分析原因，并责令重新完善方案；效果明显需提炼出标准化流程，在全行复制及推广。

4.5 全面预算管理绩效考核优化对策

1.优化全面预算绩效考核体系

优化预算考核体系是全面预算工作有效执行和实施的保障和重要抓手。J银行应当定期（按季度）对预算单位的考核指标执行情况进行跟踪，开展考核指标的复盘，分析预算偏差较大的指标在考核中存在的问题，及时对预算引导不到位、指标设置不科学的情况进行优化。

（1）预算考核结果执行应当与各级核心经营管理层考核挂钩，普通员工的考评得分则按照个人业绩进行计算。整个经营管理层要为预算执行的结果负责，这使得每个管理人员均能从完成全行预算的目标出发，积极参与到预算决策中，否则预算管理只会变成某一两个部门唱独角戏。例如，A部门计划新增加营销费用预算1000万元，用于开拓业务，如果各预算管理部门不参与预算，营销费用如何审批、该不该审批就只是财务部门的意见；如果与各级预算管理层挂钩并影响其考核，则其余部门也会对营销费用的审批和使用、未来的效益进行考量。

（2）预算考核的目的是指导分支机构完成预算目标。针对考核指标的跟踪与复盘，对预算单位进行深入分析，并对分支机构进行预算考核辅导，指出预算单位考核指标存在的问题，并提供优秀对标单位的做法及建议。

（3）预算调整与考核目标需要配套执行。J银行在日常执行过程中，存在预算调整与考核目标不衔接的问题，预算调整没有有效传导至考核，预算调整时未及时修改考核目标，导致预算与考核存在较大偏差。此外考核调整事项也存在未及时与预算衔接，导致考核调整事项（双算、剔除）影响整体预算的问题，需要明确预算调整的规范性和约束力，将预算调整纳入预算指标考评。

（4）预算考核机制由末尾淘汰制变更为首位晋升制。目前J银行使用的是"271"末尾淘汰制。在J银行高速发展时期，这套机制起到了决定性作用，各项业务指标发展迅猛。但随着金融服务实体经济等决策部署及利率市场化改革进入深水区，银行业也由高速发展转变为高质量发展。末尾淘汰制在该背景下存在诸多问题：一是导致优秀人才流失，员工工作效率降低，从而浪费人力资本；二是会产生不公平现象，一些用户或资源过早地被淘汰出系统，导致资源分配不公平，不符合公平竞争的原则；三是导致资源的集中使用，产生短期行为，不利于长远发展，如某支行行长今年的考核排名在最后，则可能通过让渡长期利益来弥补短期收益。

首位晋升制能够激励优秀人才，激发员工的竞争动力和积极性。通过将晋升机会与个人能力和考核挂钩，优秀员工有机会获得更多的晋升机会和更好的职业发展前景。这种选拔制度有助于建立员工对组织的信任，增强内部合作和团队凝聚力。这样的激励措施可以吸引、留住和激发高素质人才，提高银行的竞争力。

2. 强化预算管理激励约束机制

J银行应采用科学的方法和模型进行预算分配决策，合理配置资源，以提高效益。同时，加强绩效管理，建立激励与约束机制，促进员工积极参与预算管理。

（1）建立健全预算执行情况与绩效评价结果的奖惩制度。一方面增强评价有效性，明确预算考核评价的标准和依据，并做到公平公正，树立优秀的预算管理标杆，有效地提高各部门和员工的工作热情。另一方面，加强绩效评价结果的应用，将绩效评价结果作为改进预算管理的重要依据。机构通过相关方面的考核可以了解全面预算管理过程中存在的问题，制订合理性解决方案。在政策和制度落实过程中，相关领导和管理层应该深入基层内部，强化监督，在监督过程中做好沟通，并以此作为了解全面预算管理情况、进一步优化全面预算管理措施的重要参考和依据。

在绩效评价结果的实际应用上，采取物质奖惩和精神奖惩相结合的方式。为避免"鞭打快牛"或鼓励落后机构"躺平"等消极行为，预算编制目标存在不同的层次，即基本目标、进取目标、超越目标，按照不同的目标完成情况匹配不同的物质奖惩，如增减经营费用和奖金等政策。具体来说，对于预算执行情况良好的部门或单位，可以给予一定的奖励，如增加下一年度绩效预算额度、给予荣誉称号等；对于预算执行情况较差的部门或单位，应追究相关部门或人员的责任，可以适当惩罚，如削减下一年度预算额度、问责等。强化部门或单位负责人的责任意识，对预算执行结果负责。

（2）加强预算执行的监督和审计。通过建立和完善预算执行监督和审计机制，及时发现和纠正预算执行过程中的问题和偏差，确保预算的有效执行。建立预算执行的动态监控机制，及时发现和解决预算执行过程中的问题，确保预算目标的顺利实现。通过预算执行效果约谈、阶段性通报等方式，加强预算的过程化管理。

3. 优化预算考核指标体系

科学合理的考核指标体系直接决定了预算目标能否达成，因此要兼顾长远效益与短期效益，将定性指标与定量指标相结合。

（1）体现战略导向，并保持指标的稳定性。持续优化平衡计分卡的预算指标考评体系，按照财务、内部流程、客户及学习与成长四个维度优化指标分解结构，强化规模与效益预算指标间的关联性。预算目标在考核过程中需要综合考量不同指标之间的联系，逐步提升预算考核的精准性和前瞻性。要平衡短期效益，考虑各预算单位实际情况和各地所处的市场环境，设置预算偏离度及过程管理指标，解决分支机构重结果、轻过程，重考核、轻预算的心理。

（2）平衡好各个指标之间的关系，关注指标计分规则的合理性。平衡好各个指标之间的关系方面，如计量预算单位风险损失拨备时，需要运用 I9 系统科学精确地测算数据，不能简单按照大致计提比例实施，否则会导致风险预算偏离过大，影响整体预算落地。关注指标计分规则的合理性方面，例如，预算考核指标中经济增加值每 400 万元计 1 分，储蓄定期存款每新增 400 万元计 1 分，该指标设置存在规模与效益不匹配情况，导致分支机构放弃效益指标。以某分支机构储蓄存款增加 1 亿元测算为例，如表 3-5 所示。

（3）以价值创造为导向，提高平衡计分卡财务维度得分。目前 J 银行财务维度考核指标的权重占比较低，仅 16% 左右，客户层面占比超过 40%。因此，建议优化权重占比，优化风险指标在财务指标中的反应。针对减值准备足额计提，将其纳入财务 EVA、考核利润计算；针对不良资产核销，按照核销金额与计提减值准备的差额计算至财务指标，强化真实的财务指标反应；在财务指标中增加人均创利、网均创利等效率指标，避免分支机构盲目扩张业务。具体方案如表 3-6 所示。

表 3-5 储蓄存款增加 1 亿元相关考核指标得分情况

预算考核指标	规模指标（万元）	规模指标得分	效益指标（万元）	效益指标得分
经济增加值			65	0.16
一年定期储蓄存款新增	10000	25		

注：经济增加值=定期储蓄存款新增规模×（FTP利率-存款利率-存款费用率）；暂不考虑所得税，FTP利率为3.1%，一年期存款利率为2.1%，存款费用率为0.35%。

表 3-6 预算考核指标优化建议

	指标名称	2023年				优化建议	
		基准分	最低分	调整后分值	占比（%）	建议分数	备注
财务层面	EVA	80	-40	120	8.70	35	建议增加财务维度考核指标：存贷利差、风险调整后考核利润等
	RAROC	40	0	40	2.90		
	存款付息率	40	-20	60	4.35		
	合计	160	-60	220	15.94		
客户层面	新增对公存款	20	-60	80	5.80	25	建议压缩客户类规模指标及其分值
	新增储蓄存款	20	-60	80	5.80		
	新增AUM资产	50	0	50	3.62		
	转型业务投向	80	0	80	5.80		
	授信集中度	40	0	40	2.90		
	新增对公价值客户	80	0	80	5.80		
	新增财富客户	80	0	80	5.80		
	战略执行力（客户）	80	0	80	5.80		
	合计	450	-120	570	41.30		
内部流程层面	消保投诉管理	0	-20	20	1.45	35	基本维持内部流程
	全面风险管理	0	-90	90	6.52		
	授信后管理	30	-30	60	4.35		
	不良管控	120	-30	150	10.87		
	关注类授信	40	-25	65	4.71		

续表

指标名称		2023年				优化建议	
		基准分	最低分	调整后分值	占比（%）	建议分数	备注
内部流程层面	风险资产处置	60	0	60	4.35	35	基本维持内部流程
	内控合规	90	0	90	6.52		
	合计	340	−195	535	38.77		
学习与成长层面	质效管理	50	0	55	3.99	5	
总计		1000	−375	1380	100.00	100.00	

注：占比结果经四舍五入后得出。

（4）充分利用FTP模式下的全面预算编制。首先，FTP是精细化管理的重要基础，利用FTP能够更精准地核算资金成本及收益，准确预估客户贷款违约损失，全面掌握风险成本相关信息，有效配合全面预算管理发挥协同优势。其次，通过使用FTP调节项可以引导机构主动开展战略支撑类业务，有效与全行战略规划衔接起来，提高了资本率和资产负债预算的可执行性，体现了市场导向的特点。最后，可以从业务和产品维度出发制定更加合理的经营预算目标。但在FTP模式下要防止"胡子眉毛一把抓"，FTP政策滥用、乱用会导致总行让利过多，分支行完成预算任务但总行完不成预算任务，进而出现战略引导失效的情况。因此在制定FTP政策前需要进行精细化测算，充分考虑影响因素。

5 结论与展望

5.1 主要结论

改革开放以来，我国金融业发展取得了巨大成就，金融成为资源配置和宏观调控的重要工具，金融服务实体经济的能力稳步提升。随着党中央基于经济结构调整、产业转型升级的需求，金融改革不断深化，金融体系、金融市场、金融监管和调控体系日益完善，金融行业也由高速增长逐步转变为高质量平稳发展。作为一家地级市城商行，J银行在经济发展阶段高速增长，资产负债规模稳步增长，由成立时不到10亿元的资产规模，增长至规模在5000亿元以上的上市城商行。随着高质量发展的要求，精细化的全面预算管理必不可少，如何有效提升其精细化管理和分析水平是J银行现阶段需要思考并解决的问题。

本文将J银行全面预算管理现状作为研究对象，指出J银行在全面预算管理中存在的问题，提出预算与战略衔接、预算管理机制、预算编制、预算考核、预算执行中的具体问题，最后通过明确经营战略、细化预算指标、优化全面预算管理框架，努力改变全面预算管理现状，稳步提高全面预算管理水平，优化银行资源配置，提高J银行市场应变能力和竞争力。

5.2 研究展望

本文提出的中小商业银行全面预算管理提升思路，部分已经在落地中或已经具备落地的现实条件。比如借助已经上线使用的全面预算管理系统，可实现全面预算分层管理模式设置，优化全面预算管理流程，有效提高预算编制精细化程度。但目前处于初步启用阶段，有待后续在实际系统推进过程中检视系统模式的有效性、局限性，不断改善以满足全面预算管理提升目标。而部分提升举措的推进则有一定的现实难度，考核政策的改变以及非财务人员对预算管理观念的改变等并非朝夕之间可以实现，如何逐步扭转现状，需要预算管理人员在实际工作中不断探索实施路径。此外，本文对于中小商业银行全面预算管理提升思路的分析，受笔者专业水平及工作经历限制，可能不够全面和深入，希望未来随着预算管理重视度的不断提高、预算管理实践的不断探索，可以建立更有效的帮助中小商业银行业绩提升与战略达成的全面预算管理体系。

参考文献

［1］邝宏. CA 银行全面预算管理改进研究［D］. 西安：西北大学，2020.

［2］ALERED D. C. 看得见的手：美国企业的管理革命［M］. 北京：商务印书馆. 2015（9）.

［3］ROBER S，KAPLAN，DAVID P. N.Using the balanced scorecard as a strategic managemengt system［J］. Harward Business Review，2016（1-2）：75-85.

［4］STEPHEN C，HANSEN，VANDER S. Multiple facets of budgeting：An exploratory analysis［J］. Management Accounting Research，2017（15）：415-439.

［5］Leila Riodades Daher Santos. Gestao da inovacao e ampliacao da inclusao sociodigital：Uma analise da aplicacao do Balanced Scorecard no programa Navegapara［J］. RAI Revista de Administracao e Inovacao，2017（12）：201-226.

［6］LUBICA L，KATARINA D. Knowledge and use of the balanced scorecard method in the businesses in the slovak republic［J］. Procedia—Soci M and Behavioral Sciences，2018（230）：39-48.

［7］MARKUS A，MARTIN A. The use of a single budget or separate budgets for planning and performance evaluation［J］. Accounting，Organizations and Society，2019（73）：50-67.

［8］RONARD L，OLSON. Profit planning in commercial banks［D］. Indiana：Indiana University，2015.

［9］JEREMY H，ROBIN F. Beyond budgeting［J］. Management Accounting，2016.

［10］GUO DONG S，DA XING Z. A small bank intermediary business system for social insurance based on tuxedo［C］. Proceedings of International Conference on Computational Intelligence and Industrial Application，2016（3）：41-44.

[11] 王斌. 企业预算管理及其模式 [J]. 会计研究, 1999 (11): 21-24.

[12] 郭春林. 我国企业全面预算管理及其模式探析 [J]. 中国乡镇企业会计, 2009 (1): 73-74.

[13] 胡玉明. 全面预算管理: 知易行难 [J]. 会计之友, 2023 (21): 2-11.

[14] 罗思. 业财融合视角下J银行的全面预算管理探索 [J]. 财讯, 2023 (16): 128-131.

[15] 石艳娟. 新形势下银行有效实施全面预算管理研究 [J]. 营销界, 2023 (10): 137-139.

[16] 梁晨成. 基于动态竞争战略下的全面预算管理探讨 [J]. 商讯, 2019 (15): 139-140.

[17] 贺丹丹. 商业银行全面预算管理研究 [J]. 财经界, 2012 (6): 75+77.

[18] 张双, 马海原. 国内商业银行预算管理中的问题应对研究 [J]. 现代企业研究, 2017 (24): 122.

[19] 张海峰. 商业银行全面预算管理研究 [J]. 经贸实践. 2018 (3): 150+152.

[20] 张素蓉, 李健. 全面预算管理的逻辑起点与驱动因素分析 [J]. 会计之友, 2020 (1): 36-40.

[21] 刘娜. 全面预算管理在中小银行应用的问题与对策分析 [J]. 财讯, 2023 (16): 116-118.

[22] 边祺. 基于战略导向的商业银行全面预算管理策略研究 [J]. 吉林金融研究, 2023 (5): 58-61.

[23] 朱秀梅. 大数据、云会计下的企业全面预算管理研究 [J]. 会计之友, 2018 (8): 96-99.

04

新金融工具准则在我国商业银行的应用研究

黄 鹏 丁 萍 艾雅婧 等[①]

1 研究背景及意义

1.1 研究背景

随着经济全球化的发展,中国商业银行大规模地引进战略投资者和在海外上市已是大势所趋。以江西省为例,全省主要法人银行江西银行、九江银行分别于2018年6月、7月在中国香港证券交易所主板挂牌上市。为了保持我国银行业的竞争力,促进银行业高质量发展并与国际资本市场接轨,中国银行业财务报告趋同国际会计准则已是大势所趋。

---

① 黄鹏,九江银行(HK6190)一级分行计划财务部负责人,硕士研究生学历,拥有注册会计师、国际注册内部审计师、法律职业资格等专业技能,先后在上市银行总行从事资产负债管理、在一级分行从事财务管理和绩效考核等工作,九江市会计领军(后备)人才。
丁萍,九江银行(HK6190)计划财务部副总经理,高级会计师、注册会计师、国际注册内部审计师,九江市第一期会计领军人才,拥有商业银行网点、分行、总行等财务管理及其他岗位从业经验。
艾雅婧,九江银行(HK6190)计划财务部财务共享中心会计核算岗,毕业于南京大学审计专业,硕士研究生学历,注册会计师、资产评估师、税务师,拥有会计师事务所审计、银行会计核算相关经验。
其他成员:巫义强、胡敏姿。

2017年，财政部发布新金融工具准则[①]，要求上市银行于2019年1月1日起施行，执行企业会计准则的非上市银行自2021年1月1日起施行。鉴于中小银行实施新金融工具准则的基础较为薄弱，财政部联合银保监会于2020年12月发布《关于进一步贯彻落实新金融工具相关会计准则的通知》，提出适用《商业银行资本管理办法（试行）》的非上市银行可以推迟至2022年1月1日起执行新金融工具准则。当前，我国商业银行已全部执行新金融工具准则。

金融资产是商业银行的核心业务，在支持实体经济发展方面发挥了重要作用。新金融工具准则重新界定了金融工具的分类计量标准，基于预期损失模型计提减值准备，以公允价值计量的金融资产范围扩大，这些对商业银行金融资产业务影响较大。

商业银行实施新金融工具准则，需对业财系统进行全面改造，努力实现金融资产业务平稳衔接，但存在投入较大、与金融监管规则不协调、金融资产主观复杂性认定缺乏细项规范等问题。这些问题对商业银行可能造成不良影响。

1.2 研究意义

现有研究多集中在理论，一是新准则、老准则条款的对比分析研究，二是以新准则对某个银行或银行业造成影响的案例研究，三是单纯以运用减值模型的具体影响进行分析研究。以上研究或缺少实践操作指导，或仅覆盖了新准则实施的一部分。

本文的现实意义，一是探讨商业银行应用新金融工具准则遇到的困难，提出可能的解决方案；二是对商业银行应用新准则给出具体可行的操作指导，降低新准则执行成本；三是减少新准则对银行的不良影响，助力商业银行稳健发展。

[①] 包括《企业会计准则第22号——金融工具确认和计量》《企业会计准则第23号——金融资产转移》《企业会计准则第24号——套期会计》《企业会计准则第37号——金融工具列报》。

本文的理论意义在于：一是推动新金融工具准则应用指南进一步完善，解决银行实施新准则的重难点；二是希望通过比较新金融工具准则与监管部门对金融工具的计量、列报、披露的差异化要求，推动新金融工具准则与监管规则的协调配合。

本文的研究成员所在单位是第一批采用新金融工具准则的境外上市银行，相关准则的研究工作自2017年6月开始，聘请了四大会计师事务所开展咨询项目，研究方法论；并自2018年1月起，在期初进行了准则的转换。2023年，该单位也建立了新金融工具准则相关系统。研究成员所在单位的准则实施经验，对我国银行会计实务工作、准则理论研究都具有实际意义。

2 新金融工具准则理论基础

2.1 金融资产的分类与计量差异

2.1.1 金融资产分类框架调整

对金融资产的初始分类是后续计量、减值计算的基础。新金融工具准则与旧准则相比，提出了全新的分类思路与逻辑框架。

旧准则中，分类与计量的主要依据是管理层持有意图和持有目的，另可同时考虑管理方式、到期期限、回收金额、持有能力、是否存在活跃市场等其他因素。这种分类标准存在较强的主观性，容易产生针对同一类金融资产，不同的企业采用的分类方法不同，从而影响初始确认和后续计量，还可能出现持有目的发生变化的金融资产，因旧准则的要求而无法进行恰当重分类的问题，对可比性造成了一定程度的负面影响。

新金融工具准则为改进上述问题，修订了金融工具的分类依据，从企业管理金融资产的业务模式、金融资产的合同现金流量特征两方面对金融资产进行测试。同时，新准则允许企业进行选择执行：一是允许将特定权益工具指定为"以公允价值计量且其变动计入其他综合收益的金融资产"（以下简称FVOCI）；二是对于会计错配的债务工具，允许指定分类为"以公允价值计量且其变动计入当期损益的金融资产"（以下简称 FVTPL）。新准则以相对客观、科学的方法，将金融工具重新分类。

2.1.2 金融资产分类流程差异

旧准则的金融资产分类，理论上是以持有目的进行划分，实操中则主要以管理层判断和描述其持有目的为依据，并未形成系统的、可验证的分类流程。为更好地将金融资产进行准确分类，新金融工具准则制定了相对系统、完善的分类流程，如图 4-1 所示。

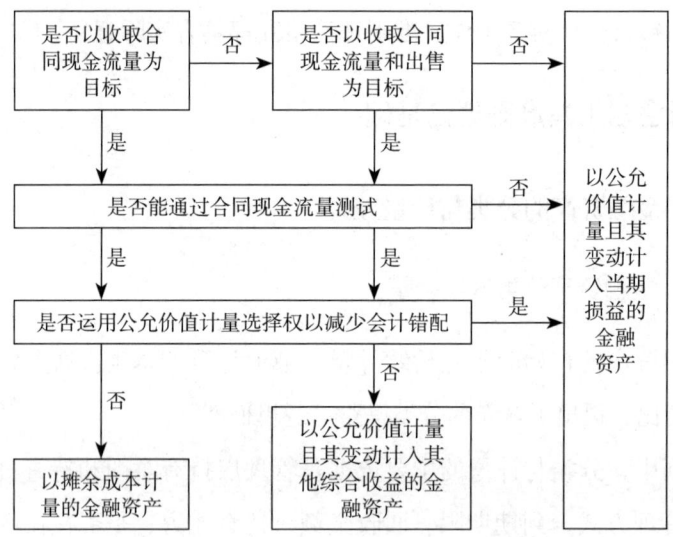

图 4-1　新金融工具准则资产分类流程

1.合同现金流测试

依据新准则的要求，在对金融工具分类时，首先需要进行合同现金流测试。金融资产的合同现金流量特性取决于合同约定所反映的经济实质属性。能通过合同现金流测试的未来现金流量，应与基本借贷安排相一致，即相关金融资产在特定日期产生的合同现金流量仅为对本金和以未偿付本金金额为基础的利息的支付。若不符合基本借贷安排，则表明合同现金流中包含了权益的风险报酬。

合同现金流测试将金融工具是否符合基本借贷安排，按现金流量特征划分为"是"和"否"两类。凡通过测试的，则进入下一步，测试其业务模式；凡未通过测试的，除使用特定权益工具指定划分为FVOCI之外，其余均应划分为FVTPL。

2. 业务模式测试

完成合同现金流测试后，随后进行的是业务模式测试。业务模式测试是围绕诸如部门管理制度、薪酬制度、业务计划、出售频率、出售金额、业绩考核指标等信息，客观评价企业管理其金融资产以获取现金流量的方式。根据新准则的规定，金融资产的持有目的将不再由主体或管理者自主选择，而是根据事实情况充分考虑持有情况，将其合理划分为以收取合同现金流量为目标、以出售金融资产为目标、两者目标兼而有之三类。

3. 其他综合收益选择权及公允价值选择权

在进行金融资产初始确认时，有两类特殊情况可由企业自主选择是否指定分类。第一种，对于持有目标是获得非合同收益的非交易性权益工具投资，由于将其公允价值变动计入当期损益可能导致企业经营成果呈现异常，故可将其指定为FVOCI；第二种，对于债务性金融资产，若按常规划入"以摊余成本计量的金融资产"（以下简称AC）或划入FVOCI，将可能导致金融资产与负债的错配，企业可以将其指定为FVTPL。值得注意的是，上述两种管理层指定，一经作出均不得改变。

2.1.3 金融资产类别产生变动

1. 旧准则四分类法

旧准则适用四分类法，以主体持有金融资产的意图分为以下四类：第一类，以公允价值计量且其变动计入当期损益的金融资产，主要包括交易性金融资产，以及指定为以公允价值计量且其变动计入当期损益的金融资产；第二类，持有至到期投资；第三类，贷款和应收款项；第四类，可供出售的金融资产。

2. 新准则三分类法

财政部于 2017 年新修订的新金融工具准则仅保留了以公允价值计量且其变动计入当期损益的金融资产，取消了贷款和应收款项、持有至到期投资和可供出售金融资产等原有分类。新准则下，金融资产将根据前文所述，通过业务模式测试、合同现金流测试，并考虑是否使用在两种特定情形下的指定权，最终将金融资产分为以下三类。

第一类是以摊余成本计量的金融资产，其分类逻辑是：初始确认未指定 + 业务模式是以收取合同现金流量为目标 + 通过合同现金流测试 = AC。如普通债券、固定利率贷款、应收账款等均应划入此类，以银行存款、贷款、应收账款、债权投资等会计科目进行列报。

第二类是以公允价值计量且其变动计入其他综合收益的金融资产，其分类逻辑是：初始确认未指定 + 业务模式兼有收取合同现金流量和出售两种目标 + 通过合同现金流测试 = FVOCI，以其他债权投资、其他权益工具投资等科目进行列报。

第三类是以公允价值计量且其变动计入当期损益的金融资产，其分类逻辑为：初始确认未指定 + 不符合 AC 和 FVOCI 这两类金融资产的条件 = FVTPL。股票、基金、可转换债券等金融工具，由于收益存在不确定性，其合同现金流一般不能通过合同现金流测试，均应属于此类，以交易性金融资产科目进行列报。

2.1.4　金融资产默认类别变化

旧准则中规定，不符合其他三种类别的金融资产均可划分为可供出售金融资产。由此可知，在旧准则中起到兜底作用、所占比重最大的是可供出售金融资产。

新金融工具准则在默认分类上有重大调整。根据分类逻辑思路，通过合同现金流测试和业务模式测试，筛选出满足特定条件的金融资产，分类为 AC 和 FVOCI，不满足的则划入 FVTPL。由此可见，新准则中规定的默认类别是

FVTPL。

因此，采用新金融工具准则后，FVTPL分类的金融资产占比明显提升，其公允价值变动将直接计入当期损益。以上差异给利润表带来明显影响，也对关键财务指标产生直接影响。

2.1.5 金融资产重分类规则不同

旧准则只允许符合一定条件的持有至到期投资重分类为可供出售金融资产，而以公允价值计量且其变动计入当期损益的金融资产则不允许进行资产重分类。

新金融工具准则扩大了重分类范围，放开了三类金融资产之间的重分类限制。新准则强调，如果有事实证据表明，企业以前的业务模式不再适用时，应对相关金融资产进行重分类，每一类均可重分类为其他两类，但不能因持有意图改变、在不同业务模式部门间转移等原因进行重分类调整。另外，新准则规定，进行过初始指定的金融资产，一经指定不可撤销，后续不得重分类。

另外，新金融工具准则完善了金融资产重分类时的计量要求和具体会计处理办法，比旧准则更客观、更实际，也更具有可操作性。

2.2 金融资产的减值差异

2.2.1 适用范围存在差异

旧准则规定，四类金融资产适用各具差异的减值模型，减值损失的计量方法与会计处理也因此各有不同。

相比之下，新金融工具准则放弃了原分类减值法，对有减值要求的所有金融资产采用统一的减值模型，因此扩展了新减值模型的适用范畴，统一了性质不同的金融资产减值测试方法和处理手段，提高了会计信息质量。修订后，须考虑减值的金融资产有AC、FVOCI、CAS14收入准则定义的合同资产、租赁应收款、部分贷款承诺和财产担保合同等。

2.2.2 减值模型存在重大调整

1. 旧准则：已发生损失模型

旧准则下减值的已发生损失模型强调的是过去已发生。一项金融资产是否需要计提减值，判断的标准是有触发的信用损失事件（如确定发生违约）、存在减值的客观证据、信用减值已明确发生且损失金额可合理估计。在旧准则下，减值损失估计期间只需要覆盖损失识别期间；修正后的账面价值只反映已发生损失的现金流量的现值，而对于目前尚未发生、将来可能发生的损失，即使发生可能性极高，也一律不予反映。

2. 新准则：预期信用损失模型

新准则在金融资产减值损失方面有较大改变，摒弃使用已发生损失模型，而要求应用预期信用损失模型，统一处理口径，引入对前瞻性信息的利用，予以反映金融资产在整个生命周期内不同存续阶段的价值波动与信用风险变化。新旧准则金融资产减值模型比较见表4-1。

表4-1 新旧准则金融资产减值模型比较

	已发生损失模型	预期信用损失模型
估计损失考虑的信息	历史信息、当前状况	历史信息、当前状况、影响现金流回收的预期
实际利率的确定	基于初始账目金额净值和预期未来现金流	基于初始站点金额净值和扣除未来预期信用损失的净现金流量
减值的确认	需要触发减值事件	不需要触发事件
损失估算期间	损失识别期间	存续期间
减值准备的转回、核销	需要有客观证据表明资产价值已恢复，可转回已确认减值损失，转回金额不得超过摊余成本	通过调整预期现金流量自动转回，转回金额不得超过按实际利率折现的合同现金流量
账面净值	将反映已发生损失的预计现金流量折现	将反映已发生损失和预期损失的预计现金流量折现

(1)"三阶段"法。

新准则取消了旧准则中对不同类别金融资产适用不同减值方法的规定，而对所有金融资产统一模型、简化处理难度，提出了"三阶段"法。该方法要求，将相关金融资产在初始确认后的信用风险程度和信用质量变化划分为三个阶段，并按初始计量后的12个月内预期信用损失或按整个预计存续期的预期信用损失进行计量。

三个阶段分别为自初始确认后信用风险没有显著增加阶段、自初始确认后信用风险显著增加阶段、实质性信用减值阶段。先判断金融资产处于三个阶段中的哪一阶段，再采用对应的方法计量，如表4-2所示。

表4-2 三阶段预期信用损失模型应用方法

	第一阶段	第二阶段	第三阶段
信用风险程度	自初始确认后信用风险没有显著增加	自初始确认后信用风险显著增加	实质性信用减值
计提损失准备	该资产在初始计量后12个月内可能发生损失的概率，加权计算全部信用损失	以整个预计存续期内相关金融工具违约概率（PD）作为权重，加权平均计算的信用损失	以整个预计存续期内相关金融工具违约概率（PD）作为权重，加权平均计算的信用损失
计量利息收入	账面余额 × 实际利率	账面余额 × 实际利率	摊余成本 × 实际利率

(2)"信用风险是否显著增加"的判断。

"信用风险是否显著增加"是区分第一阶段和第二阶段的判断指标，对财务信息的影响重大。因此对这一关键指标的判断是否准确至关重要。判断信用风险是否显著增加的依据是考虑现在的信用风险水平较初始确认时的信用风险水平的增加相对值而非绝对值。

(3)金融资产减值对利息收入计算的影响。

结合三阶段模型，可以看出在第一阶段、第二阶段，即信用风险损失尚未实质发生阶段，利息收入的计算是以账面余额为基础的；只有在第三阶段，信用损失已实质性发生，才适用与旧准则相同的方法，以扣除减值准备后的摊余成本为基础计算相应利息收入。

（4）金融资产减值的计量标准。

新准则规定，除 FVTPL 外的其余金融资产均应适用预期信用损失模型，在初始计量时就对其存续期间的预期信用损失进行估计，并确定存续期间的实际利率。在金融资产存续期内的每个资产负债表日，都使用该实际利率，计算确定各期间的利息收入，重估剩余存续期的摊余成本，并将其与初始计量成本之间的差额作为金融资产的减值损失或利得计入当期损益。

新准则并未就计量预期信用风险的措施制定出明确规则，会计主体应根据自身情况及可获取的内外部信息，采用恰当的方法计量预期信用损失。如可采用"预期损失（EL）= 违约概率（PD）× 违约损失率（LGD）× 风险敞口（EAD）"公式进行计量。

相较于旧准则中提到的以"最佳估计值"对金融资产减值金额进行计量的笼统论述，新准则提出了更细致、客观的衡量标准。

3 商业银行新金融工具准则的实践运用

笔者根据自身工作经验，并结合同业银行的一般做法，从新金融工具准则在商业银行的资产分类、减值模型的参数搭建、估值三方面的实践运用进行介绍。

3.1 商业银行金融资产分类应用方案

3.1.1 发放贷款和垫款分类

从金融资产类别来看，发放贷款及垫款作为商业银行的主营业务，占金融资产的比重一般超过 50%。商业银行发放贷款及垫款，一般包含贸易融资、贴现及转贴现、贷款等。

1. 一般贷款业务

一般而言，商业银行发放贷款主要分为三类：信用类贷款、担保类贷款、抵质押类贷款。在旧准则下，一般贷款业务按摊余成本进行计量。

贷款业务在利率设定方式、展期约定情况、提前还款等方面均为基本借贷安排，可通过仅为本金及利息的现金流量支付。部分银行存在历史贷款转让数据，如将贷款资产转让、信贷资产ABS[①]，但一般并不频繁，因此一般贷款属于"持有"的业务模式。商业银行应当关注贷款流转比例进一步上升后对业务模式可能产生的影响。

商业银行贷款业务符合合同条款产生的现金流量仅为本金及利息的支付标准，可通过合同现金流测试。其业务模式也符合以收取合同现金流量为目的的模式，因此在新准则下，贷款业务仍然按摊余成本进行计量，分类为AC。

2. 贸易融资

贸易融资是商业银行的业务之一，是指银行为进口商或出口商提供的与进出口贸易结算相关的短期融资或信用便利。贸易融资主要包括福费廷、进出口押汇、外币贷款（形成表内资产）；跟单托收、进口托收、信用证、保函、风险参与（形成表外资产）。

商业银行福费廷业务主要是向申请人购买贸易项下未到期的远期票据，一般为信用证项下的债权。一经付款，银行则丧失对申请人的追索权。在旧准则下，银行福费廷业务在发放贷款及垫款中核算，以摊余成本计量。福费廷业务本身的现金流量可符合仅为本金及利息的支付。在业务模式方面，福费廷业务因受持有额度的限制，部分业务会在同业银行间进行处置，属于"持有兼出售"的业务模式，在新金融工具准则下可分类为FVOCI。

除福费廷业务外，商业银行的贸易融资业务表内资产部分，在旧准则下以摊余成本计量。就进出口押汇和外币贷款而言，进出口押汇业务发生时按照约定的利率提前扣除合同期限内的利息，外币贷款如采用固定利率贷款，

---

① ABS：全称Asset-Backed Security，中文名为"资产支持证券"，是一种债券性质的金融工具。资产证券化就是原始权益人和金融机构将预期能够产生现金流的资产通过结构化等方式进行组合，以其现金流为支撑发行有价证券并出售给投资者，这些证券就叫作"资产支持证券"。

两者利息都体现了相应的货币时间价值、信用风险、流动性溢价和利润率，能通过合同现金流测试。如上述业务资产流转的比例不高，且通常情况下持有至到期，则在新金融工具准则下，该部分业务仍然分类为AC。

3. 票据贴现

在旧准则下，票据贴现业务在发放贷款及垫款中核算，以摊余成本计量。票据贴现的利息体现了相应资产的货币时间价值、信用风险、流动性溢价和利润率，能满足基本借贷安排，现金流符合"仅为本金及利息的支付"，可通过合同现金流测试。

在业务模式方面，当前银行管理层对票据的管理如果采用库存管理的概念，买入与卖出持续进行，所持有的票据部分会在到期前出售，则可以判断票据贴现的业务模式为"持有兼出售"，在新准则下应分类为FVOCI。

3.1.2 非标准化投资分类

1. 信托计划和资产管理计划

一般而言，商业银行信托及资管投资可分为通道类业务和非通道类业务。在旧准则下，银行持有的上述投资在应收款项类投资项下核算，以摊余成本计量。

在新金融工具准则下，需对各类型业务的合同条款进行梳理，根据是否为通道类业务进行区分，判断表层合同或底层资产是否符合"仅为本金及利息的支付"的标准，并结合业务模式进行分析判断。

银行信托、资管投资业务模式多为持有以收取合同现金流量，虽然银行可能存在将部分非标资产进行ABS的计划，但如果整体占比较小，则暂不影响其业务模式的判断。但银行需关注未来非标资产ABS规模增加后，可能对业务模式产生的影响。

当银行信托、资管类投资为通道类业务时，可认为银行对该计划具有控制的权力，须穿透考虑其底层资产以确定分类。通道类业务的底层资产一般分为非标贷款、票据、债券、债券基金、协议存款及有限合伙企业份额（约定以固定利率的回购条款）等。当通道类业务的底层资产产生的现金流符合"仅为本金及以本金为基础的利息的支付"标准时，则该产品整体可通过合同现金流测试，仍分类为 AC 核算；当底层资产产生的现金流不符合"仅为本金及利息的支付"标准时，该产品整体不能通过合同现金流测试，应分类至 FVTPL 核算。

另外，当业务为分级产品时，应适用合同连结工具的判断标准。即：①首先考虑分级合同本身的收益类型；②若分级合同满足仅为本金及利息的支付，再穿透考虑其底层资产是否也可满足"仅为本金及利息的支付"；③在前两个条件均满足的情况下，再考虑组合之后是否会发生变化，并导致金融工具的表层或底层不再满足"仅为本金及利息的支付"；④若第三个条件为否，则继续考虑分级的固有信用风险敞口是否小于或等于标的金融工具组合本身的信用风险敞口（优先级投资可满足风险敞口小于等于组合本身的风险敞口）。

在以上条件均通过时，该受益权投资整体才可通过合同现金流测试，则可维持分类 AC 核算；若合同连结工具的判断条件中有一项不能通过，如当底层资产产生的现金流量不满足"仅为本金及利息的支付"，或购买的分级产品为劣后级投资，则该项投资整体不能通过合同现金流测试。

当信托、资管投资为非通道类业务时，仅根据合同的收益条款进行判断。若合同承诺保证本金及固定收益，则认为该项投资满足"仅为本金及利息的支付"标准，将该类资产以摊余成本核算。若合同不承诺保证本金及固定收益，则：若合同本身分级，则比照通道类业务中分级产品进行判断；若合同本身不分级，则分类为 FVTPL 核算。

按照新金融工具准则的要求，信托、资管投资项下非通道业务中没有保本保收益承诺且非分级的产品、通道类业务中底层资产不符合"仅为本金及利息的支付"标准的产品，以及分级产品中投资合同或底层资产不符合"仅为本金及利息的支付"标准的产品，应当分类为 FVTPL。

固定收益类投资，即非通道类业务但合同承诺保本保收益、通道类业务且底层资产产生的现金流满足"仅为本金及利息的支付"，以及分级产品中投资合同本身且底层资产均满足"仅为本金及利息的支付"的优先级产品，仍可分类为 AC。

2. 理财投资

商业银行金融同业部直接购买的他行理财产品，包括保本保收益型理财产品、保本浮动收益型理财产品及非保本理财产品。商业银行持有的他行理财产品一般均为保本浮动收益型理财产品和非保本理财产品，旧准则在应收款项类投资下核算，以摊余成本进行计量。

上述两类理财产品合同本身采用预期收益条款，虽实质可能表现为保本保收益，但根据合同仍有交易对手不按照预期收益条款分配收益的可能性，不能通过合同现金流测试。因此，商业银行持有他行理财产品若无法通过合同现金流测试，在新金融准则下应分类为 FVTPL 核算。

3.1.3 商业银行权益投资分类

一般而言，商业银行对于《企业会计准则第 2 号——长期股权投资》规范的对子公司、合营企业和联营企业的股权投资，应当适用《企业会计准则第 2 号——长期股权投资》。此外的股权投资符合金融资产定义的，因股权不符合"仅为本金及利息的支付"，无法通过合同现金流测试，因此分类为 FVTPL。但如果银行持有股权并非为了获取投资收益，而是出于结算需求，并打算长期持有，银行可行使"不可撤销地指定为 FVOCI 计量"的选择权，如银行对银联或上海城市商业银行结算中心的股权投资等。

此外，对于商业银行持有的抵债股权资产，在新金融工具准则下，由于抵债股权持有目的最终仍为出售，不建议银行行使"不可撤销地将该抵债股权划分至 FVOCI"的选择权，因此可将其划分至 FVTPL 核算。

3.1.4 商业银行其他金融资产分类

1. 债券投资

商业银行的债券投资，包括国家债券、政策性银行债券、其他债券投资。

通过对债券利率条款、提前偿还或展期选择权、债券结构进行测试，债券本身的现金流量可满足"仅为本金及利息的支付"标准。在新金融工具准则下，债券投资的合同现金流特征符合"仅为本金及利息的支付"，因此应当根据其业务模式，将交易账簿的债券分类为FVTPL，将主要出于获取高的投资收益同时考虑全行流动性管理要求的债券分类为FVOCI，将持有至债券到期以获取债券利息收益的资产分类为AC。

2. 基金投资

对于货币基金投资，投资合同现金流不符合基本的借贷安排，不能通过合同现金流测试，应分类为FVTPL。

对于债券基金投资，其分红并不是定期或必需的，基金公司及基金经理根据底层投资组合的业绩表现将基金净值中可分配收益的一部分以红利方式分给投资者，无法通过合同现金流测试，也应分类为FVTPL。

3. 存放同业及其他金融机构款项

存放同业及其他金融机构款项包含三个部分：存放银行同业款项、存放非银行同业款项、存放系统内款项。存放同业款项利率是固定利率，符合基本借贷安排，且银行将该部分资产持有至到期。因此在新准则下，存放同业及其他金融机构款项仍然分类为AC。

4. 拆出资金

银行拆出资金业务分为拆放同业业务和同业借出业务。根据一般合同条款，拆出资金业务利率均为固定利率，且均以持有以收取合同现金流的业务模式进行管理。因此在新准则下，拆出资金仍然分类为AC。

5. 买入返售金融资产

银行买入返售金融资产分为两类：买入返售债券、买入返售票据。两者一般以收取合同现金流量为目的，其中买入返售票据可能允许提前回购，提前回购金额按实际回购天数计算，提前偿付金额反映了尚未支付的本金及未偿付本金金额的利息，不影响合同现金流量，符合"仅为本金及利息的支付"。银行将买入返售金融资产持有至到期，以持有以收取合同现金流为目的的业务模式进行管理。因此在新准则下,买入返售金融资产仍然分类为 AC。

3.1.5 分类计量业务流程改造

商业银行在采用新金融工具准则后,部分金融资产的分类结果及计量方式将发生改变,相关业务流程也需同步进行调整及改造。

对于债务工具投资,在资金交易系统中的信息录入环节,须增加相应录入字段,如"以收取合同现金流为目标而持有""既收取合同现金流又出售金融资产""出售的业务模式"等,以便对债务工具的业务模式进行判断,并作为分类依据,匹配科目代码交易信息。

对于基金投资、他行理财投资,须在资金交易系统中的信息录入环节,增加相应录入字段,如"收益类型"(可变收益、固定收益或其他)等。

同时,商业银行应建立业务重检机制,每半年对所有债务工具的业务模式进行线下重新确认,以判定是否仍支持当前业务模式。若业务模式发生变化,可能影响产品的分类判断,应做出相应调整。

3.2 商业银行金融资产减值计量应用方案

在新金融工具准则框架下,金融工具减值总体步骤可设计为:

第一步,减值计量范围划分。对各类金融工具进行梳理,明确减值范围。

第二步,敞口类型细分。根据后续采取的不同的减值计量方案对产品类型进行细化。考虑的维度包括敞口类别、是否有内部评级、外部评级可供参考,是否适用五级分类进行管理,当前会计准则下减值计算方法和数据的支持程度、历史数据的支持程度等。

第三步,损失阶段判断。制定"信用风险是否显著增加"判定标准,并对减值范围的业务进行所属阶段的划分。

第四步,减值计量。商业银行需建立减值计量方案,包括减值参数建设方案、各敞口预期信用损失计量和前瞻性调整方案。

新金融工具准则对减值的要求是基于预期信用损失模型,取代了旧准则的已发生损失模型。预期信用损失模型适用于分类为 AC 或 FVOCI 的金融资产。

3.2.1 会计准则要求

新金融工具准则要求在报告期内按照相关金融工具的信用风险自初始确认后是否已显著增加，选择金融工具应使用的减值计量模型。具体计算公式为预期信用损失 ECL=PD × LGD × EAD。其中，PD 为违约概率，LGD 为违约损失率，EAD 为违约风险暴露。每个阶段 PD、LGD 和 EAD 的说明如表 4-3 所示。

表 4-3　预期信用损失模型参数设定

阶段划分	预期信用损失 ECL	PD	LGD	EAD
第一阶段	$ECL=PD_1 \times LGD_1 \times EAD_0$	1 年期的违约概率	根据银行要求设定，可参考历史回收数据	表内业务：可使用当期风险暴露或各期风险暴露法
第二阶段	$ECL=\sum_{i=1}^{N}\left(PD_i \times LGD_i \times EAD_i \times \dfrac{1}{(EIR)^i}\right)$	存续期间每期的边际违约率		表外业务：违约风险暴露（EAD）= 表外金额 × 信用转换系数（CCF）
第三阶段	$ECL=LGD_1 \times EAD_0$	100%		

3.2.2 损失阶段划分

在损失准备计量时，"信用风险是否显著增加"的判断标准至关重要，因为其决定了金融资产预期信用损失的计量是基于未来 12 个月还是整个存续期间。在对金融资产损失阶段划分时需要判断：金融资产自初始确认后信用风险是否显著增加；金融资产是否已发生信用减值；对违约的定义，以及对预测未来现金流具有决定性影响的其他事件。

3.2.3 违约概率

违约概率是指在未来某个特定时期内（未来 12 个月或整个存续期间），

债务人不能按照合同要求偿还本息或履行相关义务的可能性。

新金融工具准则下，违约概率不仅需要反映管理层对未来的看法，也必须是无偏的；同时也要求考虑前瞻性信息。被用于计算预期信用损失的两种违约概率分别为：

（1）12个月的违约概率，即未来12个月内可能发生违约的概率。此项指标用于计算12个月的预期信用损失。

（2）整个存续期的违约概率，即在金融工具的整个存续期内可能发生违约的概率。此项指标主要用于计算在第二阶段整个存续期的预期信用损失。另外，在新金融工具准则下，存续期的期限不得超过其风险敞口的最长期限。

大部分银行的内评模型的违约概率基于一种跨周期的评级方法或混合了时点的评级方法，或其计算的违约概率将会包含某些从监管角度出发的保守性调整。因此，银行需根据新准则的要求，对内评违约概率进行相应的调整。

对于部分银行未实施信用风险内部评级法，暂时无法直接利用内部评级结果进行减值评估。根据新金融工具准则相关要求，应为不同类别的敞口制定基于滚动率模型、五级分类迁徙以及外部评级等符合新金融工具准则要求的违约概率建设方案。

3.2.4 违约损失率

违约损失率是指债务人如果发生违约将给银行造成的预期损失比率，即损失的严重程度。在计算违约损失率时，对于未施行内评法的银行通常有以下几种方案。

一是监管值。依据国家金融监督管理总局（原银保监会）《商业银行资本管理办法》，对初级内评法下非零售风险暴露中没有合格抵质押品的高级债权和次级债权的违约损失率的规定，取值分别为45%和75%。

二是历史回收率法。银行可以直接使用不良资产历史回收数据统计LGD。

三是行业经验值。根据行业经验，可以通过不同缓释手段下的金融资产，如信用、保证、抵押、质押或保证金等，对行业适用的 LGD 进行区分，如表4-4 所示。

表 4-4　某银行预期信用损失模型违约概率参数

缓释手段	LGD（%）
信用	85.0
连带责任保证	60.0
一般保证	70.0
抵押	40.0
质押	25.0
保证金	0.01

3.2.5　违约风险暴露

违约风险暴露是指在未来某个违约时点的预期风险暴露，同时需要考虑在报告日后所有预期的违约敞口变化情况，其中包括合同及相关文件规定的应还本金和利息，以及相关金融资产未来支取的合理预期等。

很多银行使用违约风险暴露作为预期信用损失计算时的一个重要因素。虽然新金融工具准则中并未明确要求银行需要对违约风险暴露进行建模，但是随着时间的推移、贷款敞口的变化，对预期信用损失的计量是至关重要的。特别是对处于第二阶段的金融资产，其违约时点可能在未来的几年内，既需要考虑其本金和利息的偿还方式（如等额本金或等额本息等），又需要考虑敞口预期缩小的情况（如分期摊还）以及敞口扩大的情况（如未提用贷款承诺的支取）。

3.2.6　前瞻性调整

新金融工具准则要求，在计量金融工具预期信用损失时，应当考虑所欲合理且有依据的信息，包括前瞻性信息，即如何把未来的信息合理运用在估算预期信用损失的过程中。这需要考虑预期经济情景，确保预期信用损失是无偏差的，特别需要考虑各种可能的经济情景和对应的信用损失呈现非线性关系时的情况。

同业实践中，银行通过回归分析反映历史违约率和相应周期的宏观经济数据的关联关系，进而预测未来不同经济周期时点的违约率和预期信用损失结果。

在宏观条件的影响下，违约概率可表现为以下两种：一是全周期的违约概率（PD_{TTC}），该指标考虑了债务人长期的信用质量状况，因此只反映长期情况，取值较为平稳，但无法反映经济周期状况；二是时点的违约概率（PD_{PIT}），该指标考虑了债务人当前信用状况和宏观经济相关的风险因素，因此可反映时点情况，取值波动较大，也可以反映经济周期的情况。两种违约概率的关系如图4-2所示。

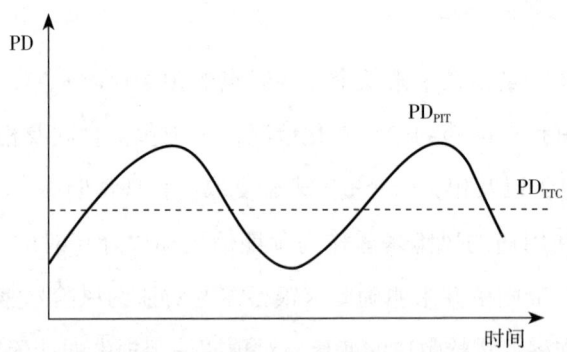

图4-2 预期信用损失模型的两种违约概率的关系

银行在进行新金融工具准则减值评估时，需要根据预测的未来经济状况进行前瞻性调整，对12个月PD以及存续期PD进行校准，即通过调整从PD_{TTC}转换为PD_{PIT}。此项工作可适用Wilson模型，具体操作流程可参考财政部会计司于2023年7月17日公告的《预期信用损失法应用案例和金融相关会计准则实施问答》，此处不再赘述。

3.3 公允价值计量及应用方案

在金融资产的估值方面，按新金融工具准则要求，需对以公允价值计量且其变动计入当期损益的金融资产、以公允价值计量且其变动计入其他综合收益的金融资产进行估值。商业银行应当采用成熟的估值模型、合理的估值参数,对所有以公允价值计量的金融工具进行估值。目前估值方法主要有盯市法、模型法、询价法和第三方机构估值。

盯市法估值常用于商业银行的债券投资、基金投资、公开发行的次级债。对于商业银行投资的债券或发行的次级债,一般可运用中债登、上清所等交易所的债券报价作为金融资产的公允价值。对于基金投资,一般可通过公募基金报价、Wind资讯等渠道直接获得公允价值数据。

模型法主要适用于商业银行对票据贴现、福费廷、私募债券等进行估值,一般可通过现金流折现模型,采用国债等无风险利率曲线并进行信用风险点差调整,构建估值参数。

询价法主要适用于商业银行对投资的净值型理财产品进行估值,一般可直接从理财发行人处获取公允价值。

本文重点介绍商业银行采用模型法进行估值的方法论。

1.福费廷、票据贴现业务估值

根据商业银行福费廷、票据贴现业务的实际情况,参考同业在该业务公允价值计量中的经验,考虑以下几点因素:折现率曲线的可获得性、折现曲线的稳定性、公允价值的变动程度对财务报告的影响。

针对福费廷、票据贴现业务采用收益法,构建"Shibor+信用点差"收益率曲线,运用现金流折现模型进行估值。其中:

折现曲线 r= Shibor 曲线[①]+ 信用点差

信用点差 = 借据利率 – 该笔借据起始日对应的 Shibor 利率

2.购买的他行理财业务估值

商业银行购买的他行理财产品,在合同中约定了预期收益率,实质上产品每期均能按照预期收益率付息。由于银行发行的理财实质上有发行人信用做担保,因此他行理财产品的收益率与商业银行发行的普通债券收益率往往

---

① 每笔业务起始日对应的 Shibor 收益率曲线、估值日对应的 Shibor 收益率曲线需运用插值法计算,Shibor 收益率曲线取自 Wind 资讯等公开披露信息。

呈正相关。基于此，可设计"商业银行金融债利率+信用点差"构建他行理财产品的收益率曲线，对未来现金流折现。其中：

$$折现曲线 r = 商业银行金融债曲线^{①} + 信用点差$$

$$信用点差 = 理财产品收益率 - 产品购买日对应的商业银行金融债利率$$

3. 信托、资管投资

商业银行持有的信托计划、资管计划均有固定到期日，在合同中约定收益率，因此可以确定未来现金流。投资标的为某一特定用款人的，其风险实质与贷款类似，体现为实际融资人的信用风险。基于此，可采用风险调整折现率模型，即设计"无风险利率+信用点差"构建收益率曲线模型，对未来现金流折现。其中：

$$折现曲线 r = 国债收益率曲线^{②} + 信用点差$$

$$信用点差 = 借据利率 - 产品购买日对应的国债利率$$

4 商业银行应用新金融工具准则存在的困难

4.1 金融工具分类框架调整存在应用困难

新金融工具准则与旧准则相比，提出了全新的分类思路与逻辑框架。但对于业务管理模式和合同现金流量特征，仍有以下难点待解决。

4.1.1 商业银行金融工具复杂性高，合同现金流测试存在困难

虽然新金融工具准则重新构建了金融资产分类和初始计量、公允价值计量、减值计量的方案，但商业银行在具体实施新准则过程中，由于银行金融产品较多、产品条款各有差异，因此在进行会计处理时存在差异。这将影响

---

① 商业银行金融债曲线可参考债项评级为 AAA 的商业银行普通债到期收益率，每笔业务起始日对应的商业银行金融债收益率曲线、估值日对应的商业银行金融债收益率曲线需运用插值法计算，商业银行金融债收益率曲线取自 Wind 资讯、中债等公开披露信息。

② 每笔业务起始日对应的国债收益率曲线、估值日对应的国债收益率曲线需运用插值法计算，国债收益率曲线取自 Wind 资讯、中债等公开披露信息。

会计信息质量，且并未减少旧准则会计处理主观性的弊端。如商业银行持有的 ABS、二级资本债、永续债、非标投资和理财产品等金融工具结构较为复杂，可能包含劣后条款、选择权条款、减记条款等多重条件，在合同现金流测试中，不仅要明确底层资产的特征，还要看合同具体条款是否含有其他条件，需要根据资产合同和具体情况进行分析判断。

4.1.2 业务管理模式难以理解，金融工具分类仍然存在主观性

对于金融资产的计量及分类，新金融工具准则给出了一套完整的逻辑模板，然而关于其主要概念及操作规则却未有涉及。此外，对于银行管理金融资产的业务模式，也没有十分明确的界定，只是介绍了若干类业务模式；对于一些主要是为了匹配资产或负债而专门持有的金融资产，以及以流动性储备方式而存在的金融资产等类型，与其判断过程相关的操作指引却未能清晰地给出。所以，当商业银行判断业务的具体模式时，其干扰因素包含经营目标、风险偏好、内部资源和外部环境等方面，导致银行在判断金融资产的具体分类时，仍存在一定的主观性。

4.2 金融工具减值模型难以理解且运用困难

4.2.1 难以划分三阶段模型各阶段

为了降低成本，在衡量资产减值金额时，新金融工具准则给出"三阶段"模型，需要采用各自对应的资产减值法做出分类。上述"三阶段"就是指违约阶段、风险严重恶化阶段、低风险阶段等。然而，与之相关的划分标准以及具体的定义还缺乏清晰的说明。由于存在上述标准的模糊性问题，不同商业银行可能会主观性地应用相关的金融资产减值模型，虽然得到一些操纵利润的空间，但降低了其可比性。

新金融工具准则取消了旧准则中对不同类别金融资产适用不同减值方法的规定，而对所有金融资产统一模型、简化处理难度，提出了"三阶段"法。该方法要求将相关金融资产在初始确认后的信用风险程度和信用质量变化划

分为三个阶段，并按初始计量后的12个月内预期信用损失或按整个预计存续期的预期信用损失进行计量。在新准则下，需计提减值准备的金融资产，无论是资产类别还是减值阶段都显著增加，因此必然对商业银行盈利水平造成一定冲击。

4.2.2 预期信用损失模型选取参数存在困难

新金融工具准则中预期信用损失模型的计量会受到对未来信用事件的判断的影响。因此，如何能够合理且高效地进行比较，也对商业银行的相关信息披露给出了更高的标准。遗憾的是，当前国内的信息披露水平仍然无法满足上述模型提出的相关要求，不能保证预期信用减值模型的可比性和准确性。

4.3 金融资产公允价值计量存在的难点

新金融工具准则要求，对于分类至以公允价值计量且其变动计入当期损益的金融资产及以公允价值计量且其变动计入其他综合收益的金融资产，后续计量应当以公允价值为基础。公允价值变动分别计入损益、其他综合收益。而目前商业银行较多资产缺少公允价值或公允市场报价，例如，分类至FVOCI的票据贴现、福费廷业务，不能通过合同现金流测试；此外还有分类至FVTPL的私募可转债、信托投资计划、资产管理投资计划、资产支持证券等。

我国现阶段金融产品创新较多，产品条款各异，难以从外部获得针对某项特定资产的公允报价，而多数情况下资产的公允价值与资产成本偏差值较大，两者不能互相替代。这对于商业银行采用新金融工具准则并扩大运用公允价值计量，提出了非常大的挑战。

4.4 新金融工具系统及模型建设成本高

商业银行金融产品占比高、品种多、合同条款复杂，实施新金融工具准则需按金融产品条款进行分类确认、公允价值计量、减值计量，在搭建公允价值估值模型、预期信用损失模型方面，需构建模型参数并进行相关业务系统的改造，为此银行往往需要投入大量成本。

我国的国有大型银行、全国性股份制商业银行以及头部城商行、农商行，在财务、人力、信息技术等资源方面均优于中小商业银行。而对于中小城商行、农村商业银行等金融机构，其资金和科技实力较为薄弱，在新金融工具准则相关的系统投入、模型搭建、参数选择上，面临了诸多困难。上述中小银行很难独立研发新准则系统及模型，且直接套用同业银行的系统也存在业务不匹配、流程不适用等情况，因此在业务流程改造、会计核算、公允估值、风险评估等方面，难以进行充分融合。中小商业银行基于数据质量或内评系统等原因，在历史数据、内部评级等方面存在不完善、不健全的情况，构建的减值与估值模型也不尽准确，将造成在公允价值计量、预期信用损失计量方面数据失真，降低会计信息的可比性。

5 商业银行新金融工具准则的运用改进建议

5.1 金融资产分类与估值方面

5.1.1 优化金融资产配置，调整金融资产结构

银行实施新金融工具准则导致金融资产在分类和计量方面发生重大改变，尤其是分类为以公允价值计量且其变动计入当期损益的金融资产占比显著提升，该部分公允价值变动也将显著增加银行利润的波动性。这要求银行在配置金融资产时需考虑新准则带来的影响。银行金融资产管理部门应当逐一梳理金融资产的业务条款和对应的会计计量模式，根据后续是以摊余成本计量还是以公允价值计量等不同模式，调整金融资产结构，细化金融资产分类，优化金融资产业务制度，加强新准则下的金融资产业务模式、合同现金流管理，从而减少金融资产的财务风险和信用风险。银行可通过此次实施新金融工具准则，优化优质金融资产的结构和期限，调整和降低高风险的金融资产。

一是重点关注以公允价值模式计量的金融资产，持续关注外部市场利率或市场价格的变动，尽量做到将公允价值变动实时反映到财务报表中。尤其是公允价值变动计入损益的金融资产，在进行资产配置和优化时，应将公允价值变动对利润的冲击纳入投资决策中，作为投融资决策的综合考量。

二是对流动性管理工具的决策需更加审慎。新金融工具准则要求，对指定以满足日常流动性管理的这部分金融资产，其业务管理模式为兼顾持有和出售，这部分金融资产被指定为FVOCI，持有期间公允价值变动计入其他综合收益，但处置时该部分公允价值变动无法计入投资收益，且资产类别不得重分类。因此该分类的影响具有两面性。银行在配置流动性管理的金融资产时，需全面考虑新准则对银行的财务和业务的影响。

三是提高对持有风险资产的关注程度，对于信用风险较高的金融资产，考虑在新准则下继续持有的财务影响，合理进行取舍。

5.1.2 搭建新准则下的公允价值计量模型

新金融工具准则要求，合同现金流不符合基本借贷安排的金融资产，或者业务模式为出售的金融资产，都应当分类为FVTPL。目前银行分类为FVTPL的金融资产有私募可转债，部分信托投资计划、资产管理投资计划，劣后级的资产支持债券，非保本理财产品，非上市公司的股权投资等。这些金融产品缺少外部公开市场报价，目前外部也没有统一和完善的公允价值计量模型，相关估值模型参数也难以获取。特别是对于中小城商行、农商行来讲，在人力配置、财务资源等方面与大型银行存在很大差距，其面临的困难也更加艰巨。

为了顺利实施新金融工具准则的估值要求，银行应尽快搭建上述金融资产的公允价值估值模型，针对股权、债券、非标投资、基金等资产，通过搭建与银行相匹配的估值模型体系和估值参数，并结合外部审计师、咨询公司的专业意见，及时完善估值体系。

5.2 金融资产减值方面

5.2.1 完善新准则下的减值模型和监管办法

新金融工具准则要求采用预期信用损失模型计量金融资产减值损失，与旧准则已发生损失模型相比较，该模型涉及更多的银行内部数据和管理层判断，将造成减值数据的主观程度大幅提高。财政部会计司于2018年编著了《〈企业会计准则第22号——金融工具确认和计量〉应用指南2018》，对违约概率、违约损失率进行了阐述，但不同银行所处的信用风险环境、风险管理能力是不同的，银行根据历史数据或内部评级得出的违约概率往往具有较强的主观性，与旧准则相比，实施新准则进一步加大了财务信息的一致性风险，造成预期信用损失模型背离了新准则制定的初衷。此外，由于暂未有减值模型参数的统一规则，银行存在利用管理层判断调节和粉饰财务报表的动机和可行性，不利于监管部门的有效监管。在商业银行的贷款损失准备计提方面，中国人民银行于2002年印发的《银行贷款损失准备计提指引》规定，按照贷款总额计提一般准备，按照贷款五级分类计提专项准备，但目前监管制度与会计准则存在冲突。

因此，针对新金融工具准则提出的新要求，建议由监管部门牵头，一是完善新准则下预期信用损失模型的各项参数设定，对违约概率、违约损失率、前瞻性调整参数等主观性较大的指标，在一定范围内规定监管阈值。一方面有利于中小商业银行以外部指引建立适应自身的减值模型；另一方面有利于提高金融资产减值相关的会计信息质量，同时便于投资者比较不同银行的财务报表，减少财务舞弊的可能性。二是出台与新准则相适应的银行贷款损失准备计提指引，建立新准则预期信用损失模型下的贷款质量分类体系，消除银行监管制度与会计准则之间的脱节情况。

5.2.2 升级改造银行信息系统

商业银行的经营模式决定了其金融资产兼具市场风险、信用风险的特征。新金融工具准则预期信用损失模型需综合考量金融资产过去、现在和预期未来的损失概率计提减值准备。这要求银行建立与之相适应的信用风险体系，通过将银行内部信用数据与宏观经济环境因素纳入相关模型，准确评估金融资产预期现金流量，从而合理计提减值准备，提升商业银行应对市场风险、信用风险的能力。

为了建立新准则下的相关模型，商业银行需根据不同金融资产，将历史违约情况、违约损失情况纳入系统，既要保证数据的完整性，又要保障数据的准确可靠。因此，商业银行需建立一个将会计核算、信贷管理、投资平台、同业业务平台进行整合的综合信息系统，既能满足对缺乏外部公允价值的金融资产进行估值的需求，又能对预期信用损失模型下的金融资产进行减值测算，并能引入外部宏观经济数据，对预期信用损失模型进行前瞻性的合理修正。

5.2.3 加强商业银行跨部门协作

商业银行实施新金融工具准则涉及的业务面广、影响大，在业务流程改造、系统建设过程中需涉及金融工具合同数据采集整合、分类计量和减值模型搭建、系统流程再造、新合同改造等方面，因此建议建立以银行高管为总指挥、跨部门协作的工作机制，减少准则落实不到位、系统改造不完善等情况发生。商业银行尤其需要加强财务部门与风险部门的沟通协作，将涉及新准则的专家型员工组成新准则工作组，配合完成好新准则下金融工具的分类、估值与减值工作。一是搭建横向沟通机制，确保部门间沟通协作的敏捷与高效，其中风险部门可从宏观方面对金融资产的风险进行判断，财务部门可以从方法论方面给予核算指导。二是形成双向反馈机制，及时组织各部门对新准则相关工作流程提出优化意见，从而避免仅站在财务人员的单一角度导致准则执行不全面、不到位的情况，有利于新准则在银行顺利实施，达到准则实施的合规性与效益性的平衡。

参考文献

[1]李国全，侯娟，杨勇.资本约束下的中小商业银行资本管理[J].中

国银行业，2018（4）：83-84.

［2］丁萍. 金融企业贷款核销税会差异简析［J］. 会计师，2019（14）：56-57.

［3］耿建新. 金融工具会计端倪的一角冰山——国际9号和我国22号准则之确认与计量［J］. 金融会计，2017（4）：15-26.

［4］乾惠敏，林瑶. 新金融工具准则对上市公司财务信息影响分析——以四大保险公司为例［J］. 会计之友，2018（5）：139-141.

［5］党红. IFRS9尘埃落定［J］. 首席财务官，2014（14）：48-51.

［6］方瑞峰. 论贷款损失准备监管与会计准则协调［J］. 现代商业，2013（30）：204-205.

［7］郭丽. 国际金融工具会计准则联合项目的进展及对我国金融企业的影响分析［J］. 征信，2010（5）：57-59.

［8］黄晓珊. IFRS9的实施对银行资本充足率的影响［J］. 财经界，2011（8）：43.

［9］解玉梅. 公允价值审计的难点和对策［J］. 会计之友，2013（13）：25-27.

［10］刘文辉. 综合收益在我国应用的建议［J］. 会计之友，2012（27）：18-19.

［11］刘玉琴. 浅谈新会计准则下资产减值的会计处理［J］. 财会研究，2013（2）：43-46.

［12］吕沙. 金融资产会计处理方式的比较分析［J］. 商业会计，2013（22）：24-26.

［13］王艳龙，尹首琦，董磊. 关于金融工具确认与计量相关问题的思考［J］. 中国乡镇企业会计，2014（3）：21-22.

［14］徐玉德，洪金明. IASB金融工具减值准则变革及应对之策［J］. 财会研究，2014（4）：46-50.

05

资本新规下 J 银行 RWA 计量实施与资本管理应用研究

吴 凯 余 想 黄小龙 等[①]

1 相关理论概述

1.1 资本与资本管理

1.1.1 商业银行资本的概念

商业银行资本是指银行从事经营活动必须注入的资金，可以为银行提供融资，在银行注册、组织营业以及存款进入前提供启动资金；可以限制银行业务过度扩张，增强银行系统的稳定性；可以用来吸收银行的经营亏损，缓冲意外损失，保障银行的正常经营；可以维持市场信心。商业银行资本可以

[①] 吴凯，九江银行（HK6190）计划财务部统计中心金融科技岗，毕业于江西财经大学教育技术学专业，硕士研究生学历，从事监管统计、数据治理工作5年。

余想，九江银行（HK6190）数字银行部数据治理中心负责人，信息系统项目管理师认证。曾负责全行监管统计工作，带领团队多次荣获省市金融统计竞赛奖项，拥有丰富的数据治理、监管统计、数字化运营经验。

黄小龙，九江银行（HK6190）总行风险管理部风险合规经理，注册会计师、中级会计师，拥有法律职业资格、发布证券研究报告资格，拥有城商行网点、总行风险管理部和投资条线风控管理经验。

其他成员：陈光伟、杨俊云、郭衍琪。

分为账面资本、监管资本与经济资本。

账面资本又称可用资本、实有资本，代表银行的全部净价值，包括实收资本或股本、资本公积、盈余公积、未分配利润、一般风险准备等。

监管资本是符合国家金融监督管理总局监管要求的资本。监管资本供给是指商业银行根据国家金融监督管理总局关于合格资本的法规与指引，发行或持有的所有合格的资本工具。监管资本需求是银行根据资本充足率监管要求计算的最低资本需求。

经济资本是在既定置信度水平与一定持有期内，为了抵御商业银行的非预计损失所需要的资本。经济资本是风险的概念，不是银行真正持有的资本，而是一种虚拟资本，是银行对风险带来的非预期损失的最终计量结果。经济资本占用越多，风险越大。

三类资本管理的复杂程度依次提升，在银行内部开展全面资本管理时需要建立三者协调管理的机制。

1.1.2 商业银行资本管理活动

商业银行资本管理活动是指商业银行为了实现资本管理目标进行的一系列管理活动，主要包括建立资本管理体系、制定资本管理制度、制定资本规划、开展资本计量、资本充足率压力测试、资本补充与应急预案、资本配置、资本考核、资本监测与预警、资本报告、资本并表管理和资本充足率信息披露等工作，最终形成资本管理闭环。

全面、准确、有效的资本计量是进一步开展资本管理的基础。资本计量主要是指在全面风险识别的基础上，采用恰当的方法或模型，对银行面临的各类主要风险以及抵御风险所需的资本进行评估与计量。

资本规划是商业银行根据宏观经济及金融行业走势、业务发展趋势，兼顾短期资本和长期资本要求而制定的规划。通过资本规划，银行可以确定自身资本充足率管理目标，结合内外部经营情况制订资本补充方案，确保当前资本需求、目标资本水平、预计资本支出和外部资本可获得性与全行业务发展战略、风险偏好及外部经营环境相匹配。

资本充足率压力测试，也称整合性压力测试或内部资本充足评估压力测试，指在内部资本充足评估框架下，基于统一的宏观情景指标，采用以定量分析为主的方法，分析和评估银行在特定压力情景下资本充足状况可能受到的影响，并采取应对措施的过程。

资本补充是指银行根据资本规划和资本充足率压力测试结果，对未来的资本缺口进行预测，根据资本规模补充建议，综合分析评估监管部门意见和市场情况，制订资本补充方案。

资本配置是指商业银行参考资本规划，根据每年业务发展要求、全行资本规模状况以及设定的资本充足率和资本收益率等目标，制订的资本配置方案。资本配置能够帮助商业银行将可用资本在各资产组合间进行优化配置，调整资产的风险轮廓，促进资本向高收益低风险的资产组合流动，达到在优化资产结构的同时满足资本充足要求的目的。

资本监测与预警是指商业银行按照资本充足率计算规则，定期测算资本充足率，关注其变动趋势及原因，当资本充足率触及预警阈值时及时制定调控措施，采取应急方案，促使相关监测指标恢复正常。

1.2　资本监管巴塞尔协议的演进

通常情况下，金融危机的发生往往会推动金融监管改革进程。巴塞尔协议源自 20 世纪六七十年代的银行危机，当时发生了布雷顿森林体系瓦解、石油危机、拉美债务危机、赫斯塔特银行倒闭等事件。在此背景下，巴塞尔协议Ⅰ出台。此后在每次发生金融危机后，巴塞尔协议体系陆续被完善。

1.2.1　巴塞尔协议Ⅰ：国际银行业监管标准的统一

20 世纪 80 年代，受拉美债务危机的影响，跨国银行的信用风险不断积累；同时部分国家的银行业资本监管环境宽松，使其在国际市场上资产规模迅速扩张，取得竞争优势。在此背景下，1988 年出台的第一版《巴塞尔资本协议》

明确了以下内容。

（1）明确资本构成。将银行资本划分为核心资本和附属资本，其中核心资本包括实收资本和公开储备，应占资本总额的 50% 以上，即附属资本不能超过核心资本。

（2）设定最低资本充足率。资本与风险加权资产（RWA）的比率不能低于 8%，其中核心资本与风险加权资产的比率不低于 4%。

（3）提出表内风险加权资产计量。将银行资产按风险程度从小到大依次划分为无风险至完全风险五个级别。

巴塞尔协议 I 首次在全球范围内建立了统一的资本监管标准，有效促进了全球银行业的公平竞争；通过限制银行规模快速扩张，引导银行审慎发展业务；强化了各国相关监管机构、银行股东、董事、管理层等各层级人员的资本意识，有助于提高银行经营的安全性、稳健性，具有划时代的意义。但也存在一些不足，例如：仅涵盖信用风险、市场风险，没有全面考虑操作风险、流动性风险等其他风险；对于不同类别资产的风险权重仅简单划分为五档，无法全面反映银行实际面临的风险；等等。

1.2.2　巴塞尔协议 II：资本监管框架的修订和完善

经历了 20 世纪 90 年代的日本经济泡沫、东南亚金融危机等事件后，在巴塞尔协议 I 的基础上，巴塞尔委员会启动了资本协议修订工作，并分别于 1999 年、2001 年和 2003 年在全球发布了三轮征求意见稿。2004 年 6 月，G10 央行行长会议一致通过巴塞尔协议 II。巴塞尔协议 II 主要明确以下内容。

（1）提出了最低资本要求。延续巴塞尔协议 I 规定的 8% 的资本充足率要求。

（2）提出了资本管理高级方法。包括内部评级法、内部模型法、高级计量法。

（3）将操作风险首次纳入风险计量的框架范围。

（4）强调资本监督与检查。明确各国监管机构应结合银行业的实际风险对银行进行监督检查。

（5）明确信息披露的市场纪律约束。要求银行及时充分披露自身资本状况、资本充足率、风险暴露和风险评估程序等信息。

巴塞尔协议Ⅱ构建了包含监管当局监督检查、资本充足率计量、行业市场约束三大支柱的完整资本监管框架，从而更全面、敏锐地反映银行面临的经营风险，有效促进银行提高自身风险管理水平。但依旧存在一些不足，例如：未考虑流动性风险；缺乏宏观审慎监管视角，不能有效防范系统性风险；资本标准不严格；等等。

1.2.3 巴塞尔协议Ⅲ：国际金融危机后的全面变革

2007年，美国次贷危机及由此引发的2008年国际金融危机，暴露了金融监管领域的诸多漏洞，如宏观审慎不足、银行资本质量不高等问题。针对危机暴露的问题，巴塞尔委员会自2009年以来对资本监管框架进行改革，先后于2010年发布《巴塞尔协议Ⅲ：更具稳健性的银行和银行体系的全球监管框架》与《巴塞尔协议Ⅲ：流动性风险计量、标准和监测的国际框架》，并于2017年发布《巴塞尔协议Ⅲ：后危机改革的最终方案》。

巴塞尔协议Ⅲ第一阶段改革（2010年）主要集中于资本充足率计算的分子项，也就是资本的范围。2017年发布的最终方案主要针对资本充足率计算的分母项，也就是风险加权资产的计量。主要修订内容如下。

一是严格资本定义，提高了资本的质量与一致性。将监管资本分为一级资本（包括核心一级资本和其他一级资本）与二级资本两大类，取消三级资本，提高了监管资本的损失吸收能力。

二是构建对资本充足率的分层监管，同时提高各级资本的充足水平要求。将核心一级资本充足率从2%提升至4.5%，一级资本充足率从4%提升至6%，资本充足率最低要求为8%。

三是通过要求实行2.5%的资本留存缓冲，确保银行在非压力时期建立超额资本，用于发生损失时吸收损失；设立0～2.5%的逆周期缓冲资本，确保银行业资本要求考虑到银行运营所面临的宏观金融环境。

四是引入杠杆率监管指标作为资本监管的有效补充。杠杆率分母未经风险权重调整，最低要求为3%。

五是搭建全球流动性风险监管标准。提出流动性覆盖率及净稳定资金比例，首次建立了银行流动性风险管理框架。

2017年发布的巴塞尔协议Ⅲ最终方案，主要修订内容如下。

一是对信用风险标准法进行改革。细化风险暴露分类，并合理确定风险驱动因子，在此基础上校准风险权重。

二是对信用风险内评法的改革。限制了内评法使用范围，并重新校准风险参数底线。

三是对操作风险计量方法、市场风险计量方法进行改革等。

1.3 资本新规解读及变动分析

2023年11月1日，国家金融监督管理总局令第4号公布《商业银行资本管理办法》，自2024年1月1日起施行。本次主要立足我国银行业的实际情况，同时结合国际资本监管改革的成果，在2012年发布的《商业银行资本管理办法（试行）》的基础上进行一系列修订，主要变动内容如下。

1.3.1 新增商业银行分档监管

国家金融监督管理总局在巴塞尔委员会监管要求的基础上，在此次征求意见稿中明确提出了分档监管的要求，如表5-1所示。

表5-1 商业银行分档监管标准

银行分档	分档标准	信用风险计量方法
第一档商业银行	符合以下任一条件的商业银行： 1. 上年末并表口径调整后表内外资产余额为5000亿元人民币（含）以上； 2. 上年末境外债权债务余额为300亿元人民币（含）以上且占上年末并表口径调整后表内外资产余额的10%（含）以上	新权重法/新内评法

续表

银行分档	分档标准	信用风险计量方法
第二档商业银行	符合以下任一条件的商业银行： 1. 上年末并表口径调整后表内外资产余额为100亿元人民币（含）以上，且不符合第一档商业银行条件； 2. 上年末并表口径调整后表内外资产余额小于100亿元人民币，但境外债权债务余额大于0	较第一档简单的新权重法
第三档商业银行	上年末并表口径调整后表内外资产余额小于100亿元人民币且境外债权债务余额为0的商业银行	简化规则权重法，同时无须计量交易对手信用风险加权资产

国家金融监督管理总局公布的截至2023年6月末银行业金融机构法人名单显示，全国共有4561家银行业金融机构，其中银行3483家，农村信用社545家，其余为金融资产管理公司、财务公司等。按照中国银行业协会推出的金融机构综合排名数据测算可知，资产规模超过5000亿元的银行有56家，资产规模超过100亿元的银行有531家，剩下3974家金融机构均要纳入第三档银行计量（见图5-1）。

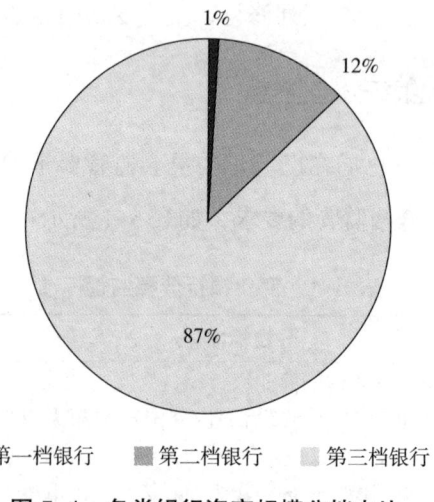

图5-1 各类银行资产规模分档占比

1.3.2 信用风险变动分析

1. 信用风险权重法变动分析

资本新规对信用风险权重法的改革要点[①]：一是细化银行债权（风险暴露）类别的划分，向内评法靠拢，以增强与内评法的可比性，并对各类暴露原有权重进行重新校准；二是对房地产暴露风险权重进行细化，引入贷款对押品价值比（LTV）风险因子；三是将公司风险暴露拆分为投资级公司暴露、中小企业暴露、专业贷款和一般公司暴露；四是为银行类风险暴露提供标准信用风险评估方法SCRA，按照监管定义进行评估，将对手银行划分为A+、A、B、C四个等级，适用不同的风险权重；五是新增资产担保债券暴露；六是专门区分已违约暴露；七是区分监管零售中的交易者监管零售和其他零售暴露并适用不同的权重；八是调整表外暴露信用转换系数；九是对信用风险缓释技术CRM进行改革，简化方法选择，增强可比性。

（1）细化暴露分类，明确要求建立风险暴露分类及调整的政策程序。

征求意见稿将商业银行的信用风险资产划分为主权、公共部门实体、多边开发银行、金融机构、公司、个人、房地产、股权、次级债、合格资产担保债券、已违约、资产证券化、资管产品13大类。

资本新规强调权重法下的风险暴露分类政策和流程。我国之前的《商业银行资本管理办法（试行）》基于巴塞尔协议Ⅲ初始方案及巴塞尔协议Ⅱ，仅提出《信用风险内部评级法风险暴露分类标准》，在权重法下无此要求。新办法对暴露分类的政策和管控要求与内评法基本一致，强调分类工作的统筹性、划分与认定的独立性、结果准确性、调整及时性、结果和风险的报告以及暴露分类审计。

资本新规要求第一档和第二档商业银行进行风险暴露分类，并根据分类进行权重匹配。但第二档商业银行相对于第一档商业银行在风险暴露分类方面有一些简化：①第二档商业银行不对境内外其他商业银行划分级别，根

---

① 除非专门说明，相关内容针对第一档银行。

据债权期限赋予不同权重；②第二档商业银行不单独划分投资级其他金融机构、投资级公司风险暴露，按照一般其他金融机构、一般公司风险暴露风险权重计量；③商业银行不单独划分专业贷款，按照一般公司风险暴露风险权重计量；④第二档商业银行不单独划分居住用房地产、商用房地产风险暴露；⑤第二档商业银行不单独划分存在币种错配情形的个人风险暴露和向个人发放的居住用房地产风险暴露；⑥第二档商业银行不单独划分合格资产担保债券风险暴露和已违约风险暴露。

第三档商业银行，资本新规对其有特别规定，依照监管规定的简化规则计量信用风险加权资产。主要的变化包括：①对于商业银行的风险权重增加至 30%，取消原来根据期限区分设置的权重，对于村镇银行满足条件的可以享受优惠权重（20%）；②对于公司类债权，区分本地客户和异地客户，异地客户风险权重增加明显（从 100% 增加至 150%），同时对本地客户区分大额客户和小额客户，大额客户适用更高权重；③对于个人债权，区分本地客户和异地客户，异地客户权重明显增加（从 75% 增加至 100%），本地客户区分大额客户和小额客户，大额客户适用更高权重。

（2）风险暴露细分和权重变更对资本占用的影响。

信用风险权重法改革总体变化不大，但对于个体银行而言，也可能出现整体组合风险权重上升的情况。表 5-2 对比了资本新规对第一档商业银行和第二档商业银行风险权重方面的主要变化和对风险加权资产的影响。

表 5-2　信用风险暴露分类说明

暴露类型		第一档商业银行	第二档商业银行
主权风险暴露	变化影响	范围和权重略有调整 对 RWA 计量结果基本没有影响	
	说明	未来发展趋势主要取决于国内主权客户贷款、投资业务的发展、国际投资环境、本行国际业务策略等因素	
我国公共部门实体的风险暴露	变化影响	总体上 RWA 变化不大 一些投资地方政府一般债（RW=10%）较多的银行，RWA 可能下降	
	说明	其分类和权重标准均更加明确	

续表

暴露类型		第一档商业银行	第二档商业银行
我国开发性金融机构、政策性银行的暴露	变化影响	无影响	
	说明	权重保持为0	
多边开发银行的风险暴露	变化影响	RWA将上升	
	说明	对于合格多边开发银行，风险权重仍然保持在0不变；对于非合格多边开发银行，风险权重由0调整为按外部评级分为6档。但由于合作的多边开发银行一般外评不会很低，因此权重调整的影响不大	
境内外银行类金融机构的风险暴露	变化影响	RWA将上升	RWA变化取决于行内对应债权
	说明	对商业银行风险暴露按照标准信用风险评估方法SCRA得到的等级确定权重档次，而B级、C级的风险权重均明显高于现行方法。另一重要影响因素是SCRA方法实施难度较大，在对手银行所在地监管标准及对手银行本身相关信息获取不完整的情况下，商业银行可能不得不采取保守处理，导致相关暴露风险权重过高	境内商业银行，短期债权没有影响（仍保持在20%），长期债权风险权重增加至40%（原为25%）；境外商业银行由依据外部评级结果变为和境内银行同样的标准，根据期限区分
境内外非银行类金融机构的风险暴露	变化影响	RWA将下降	不涉及，无影响
	说明	区分投资级非银金融机构，并享受优惠权重（75%）	无变化
公司风险暴露	变化影响	RWA可能会下降	RWA可能会下降
	说明	增加投资级公司风险暴露，其权重降低（由100%变为75%）；增加中小企业风险暴露，其风险权重降低（由100%变为85%）；但专业贷款中的项目融资，区分出运营前阶段，RWA明显上升（由100%变为130%）	增加中小企业风险暴露，其风险权重降低（由100%变为85%）

续表

暴露类型		第一档商业银行	第二档商业银行
个人风险暴露	变化影响	RWA 可能会下降	RWA 下降
	说明	区分出合格交易者类监管零售，适用较低风险权重（45%）；但对存在比重错配的个人暴露，权重上升至 150%	区分出合格交易者类监管零售，适用较低风险权重（45%）
房地产开发贷款风险暴露	变化影响	RWA 上升	
	说明	说明房地产开发风险暴露，若无法符合相关标准（如资本金到位比例、是否迎期或展期），则适用 150% 的高风险权重，高于对一般企业 100% 的权重。这尤其会对房地产开发贷款占比过高或增长过快的商业银行带来显著影响	
房产抵押类贷款	变化影响	RWA 与银行具体业务相关	不涉及
	说明	符合审慎条件则可根据贷款价值比 LTV 分档确定权重。我国购房监管政策严格，特别是首付款比例要求在全球处于较高水平，使得房地产抵押风险暴露不涉及或者低于现行一般企业 100% 的风险权重，有的甚至低于个人抵押 50% 的风险权重，可能会有利于减轻资本压力	不涉及
违约风险暴露	变化影响	RWA 上升	不涉及
	说明	原权重法实际上已有违约暴露的概念，只是提法为"逾期贷款"，其界定只有逾期超过 90 天的定量因素。新办法中违约暴露的口径在逾期超过 90 天的基础上增加类似于内评法违约定义的标准，导致更多债项将适用较高的风险权重，特别是针对减值准备覆盖不足的情况，权重会显著上升（由 100% 上升至 150%）	不涉及
调整表外项目信用转换系数	变化影响	RWA 上升	
	说明	将承诺按照原始期限一年以内及以上划分为 20% 和 50% 两档 CCF，合并为一档 CCF 40%。更重要的是将可随时无条件撤销的承诺 CCF 由 0 提高至 10%，导致相应表外项目的资本要求提高。特别是个人部分，因为个人可随时无条件撤销承诺，不适用可豁免条件。承诺类表外项目规模较大的银行，将受到较大影响。短期国内信用证的转换系数 CCF 由 20% 提升至 20% 或 50%，导致国内信用证业务的资本占用大幅增加	

续表

暴露类型		第一档商业银行	第二档商业银行
缓释	变化影响	RWA 可能会上升	
	说明	金融质押品的 20% 风险权重底线可能导致风险加权资产上升。很多银行的债券质押类业务，包括回购业务，对于豁免该底线至 10% 或 0 的条件往往并不满足。大量利率债质押的资产，此前风险权重为 0，若上升至 20%，可能造成较大冲击	

2. 信用风险内评法变动分析

（1）限制内部模型方法的使用范围。

明确金融机构、特大型公司风险暴露不允许采用高级内评法，股权风险暴露不允许采用所有内评法。内部模型法使用范围如表 5-3 所示。

表 5-3　内部模型法使用范围

风险暴露类别	巴塞尔协议Ⅲ最终方案下信用风险计量的可选方法	相对于现行法变化
银行和其他金融机构	权重法、初级内评法	取消高级内评法 AIRB
大公司（年营业收入超过 30 亿元人民币）	权重法、初级内评法	取消高级内评法 AIRB
其他公司类	权重法、初级内评法、高级内评法	无变化
专业贷款	权重法、监管映射法、初级内评法、高级内评法	无变化
零售	权重法、高级内评法	无变化
股权	权重法	取消所有内评法

（2）新增和调整输入参数底线。

RWA 和资本计量的输入参数，主要包括违约概率、违约损失率和违约风险暴露。征求意见稿内评法参数底线如表 5-4 所示。

（3）调整和设置输出参数底线。

征求意见稿取消了巴塞尔协议Ⅱ要求的输出底线，替换为基于新权重法的更具风险敏感性和可靠性的输出底线，即部分或全部采用资本计量高级方法计算的 RWA 不低于权重法下的 72.5%。而 72.5% 底线的明确设置也从法理上明确了采取内评法进行资本管理的广阔前景。

表 5-4 内评法参数底线说明

风险暴露类别	PD 底线	LGD 底线（高级内评法）		EAD 底线（高级内评法）
		有抵押	无抵押	
非零售类				
主权	0%	—	—	
金融机构	0.05%			
公司	0.05%	25%	应收账款，10%；房地产，10%；其他抵质押品，15%；主权提供担保，无要求	EAD 底线为下列两项之和：表内风险暴露；按照权重法信用转换系数计算的表外风险暴露的 50%。由主权提供合格保证担保覆盖的风险暴露部分，违约风险暴露不受上述底线约束
零售类				
个人住房抵押贷款	0.05%	—	10%	
合格交易者循环零售	0.10%	50%	—	
一般循环零售	0.05%	50%	—	
其他零售	0.05%	30%	应收账款，10%；房地产，10%；其他抵质押品，15%	

（4）缓释技术调整。

缓释技术调整主要是调整折扣系数和风险缓释金融押品的缓释计量公式。初级内评法下，对无合格押品抵押的高级债权，LGD 由 45% 拆分为 45% 和 40%，前者适用于金融机构风险暴露，后者适用于其他公司。对合格抵质押的缓释效果，由规定押品最低 LGD 水平、贷款最低抵押水平、超额抵押水平选择对应的 LGDs，进而计算缓释后的 EAD 和 LGD，调整为给定押品覆盖部分的违约损失率 LGDs 和折扣率，并对 LGD 缓释公式进行整合。

1.3.3 市场风险变动分析

市场风险简化标准法与现行标准法的主要差别在于：

现行标准法资本金由利率风险、汇率风险、商品风险、股票风险以及各类风险为基础的期权风险构成；而简化标准法在现行标准法基础上，每个构成部分需分别乘以相应调整系数，使得风险之间的资本要求差异化。国内相应规模银行的市场风险主要集中在利率风险及汇率风险，因此实施简化标准法后，总体市场风险资本要求预计提升 20%～30%。同时，采用简化标准法计量市场风险资本要求的商业银行，应同时满足以下条件：

（1）简化标准法下市场风险加权资产不超过 150 亿元；

（2）非中央交易对手衍生工具的名义本金（全账簿）不超过 4000 亿元；

（3）银行及其任何附属子公司未使用内部模型法计量市场风险资本要求；

（4）不是全球系统重要性银行（G-SIB）或国内系统重要性银行（D-SIB）；

（5）未持有任何相关性交易头寸。

不满足简化标准法计量条件的商业银行，应当采用标准法、内部模型法计量市场风险加权资产。J 银行市场风险加权资产规模较小，且符合其他采用简化标准法的条件，因此 J 银行适合采用简化标准法测算市场风险 RWA。

1.3.4 操作风险变动分析

操作风险计量框架由原本的基本指标法、标准法、高级计量法统一更新为基本指标法和新标准法，从而提升了资本计量结果的可比性与风险敏感性。J 银行将适用新标准法计量操作风险资本。

从计量规则角度来看，巴塞尔协议Ⅲ新标准法较巴塞尔协议Ⅱ基本指标法主要发生了以下三方面的变化。

一是将业务指标（BI）替代了总收入（GI）。巴塞尔协议Ⅱ基本指标法下，GI 由净利息收入与净非利息收入相加而得。这种计量方法以净收入作为计量基础，意味着支出项目可以作为资本抵扣项降低操作风险资本要求，与银行风险状况相悖。而巴塞尔协议Ⅲ新标准法则采用了业务指标衡量银行业务规模，并根据 BI 项下三个组成部分（利息、租赁和分红收入部分，服务部分，金融部分）的风险特性分别设计了计算方法，从而提升风险的敏感性（见表5-5）。

表 5-5 操作风险 BI 项目变动分析

BI 项目	释义	计算逻辑
利息、租赁和分红收入部分（ILDC）	反映了银行传统存贷款业务的风险，其中操作风险相对较小，因此，取银行在新标准法口径下的实际净息差绝对值以及生息资产×2.25%的孰低值，再加上分红部分；有效地避免了净息差为负导致的操作风险资本要求下降，以及净息差过高导致的银行过多计提资本	ILDC = Min｛∣利息收入 − 支出∣, 生息资产×2.25%｝+ 分红收入
服务部分（SC）	反映了以获取手续费和佣金为目标的业务规模；有别于巴塞尔协议Ⅱ仅考虑手续费和佣金净收入与其他营业收入的计算方法；考虑了极端情况下支出大于收入时，取收入与支出中绝对值较高者，以银行支出部分规模作为计量基础，从而避免支出可以作为资本抵扣项降低操作风险资本的情况	SC= Max（其他营业收入，其他营业支出）+ Max（手续费和佣金收入，手续费和佣金支出）
金融部分（FC）	反映了银行金融资产买卖的业务规模，较巴塞尔协议Ⅱ基本指标法覆盖范围更广，将原未计入 GI 的银行账簿净损益纳入 BI 计量；通过区分银行账簿与交易账簿净损益，取二者绝对值之和，避免了净损益为负导致的操作风险资本下降	FC =∣交易账簿净损益∣+∣银行账簿净损益∣

二是调整了监管系数。巴塞尔协议Ⅱ基本指标法采用了固定的监管系数（α），反映了银行收入与操作风险间的线性关系。巴塞尔协议Ⅲ新标准法则以整体银行规模为基准，强调了银行业务规模与操作风险的非线性关系，操作风险资本会随着业务规模的增加而快速上升。操作风险监管系数变动分析如表5-6所示。

表 5-6 操作风险监管系数变动分析

巴塞尔协议Ⅲ新标准法		巴塞尔协议Ⅱ基本指标法
边际系数随业务指标的增加而递增，设置了3个层级的边际系数		采用固定的操作风险资本系数
BI ≤ 80 亿元	12%	15%
80 亿元 < BI ≤ 2400 亿元	15%	
BI > 2400 亿元	18%	

三是引入了内部损失乘数（ILM），并允许通过监管核准的银行可采用自身损失数据计算内部损失乘数。内部损失乘数的大小取决于损失部分（LC）与业务指标部分（BIC）之比，其中损失部分为过去 10 年期内的操作风险损失均值的 15 倍。就此，巴塞尔协议Ⅲ新标准法通过内部损失乘数在银行的操作风险资本要求与风险管理水平之间建立了桥梁。银行风险管理水平越好，操作风险损失越低，所需计提的操作风险资本也越低，进而提升了监管对操作风险管理的正向激励。

2 J 银行信用风险 RWA 计量实施

2.1 业务梳理和差距分析

根据银行实际内部管理需要，对 J 银行现有 RWA 计量政策、会计结算规则、业务规则和管理制度、信息系统等进行现状诊断和分析。RWA 计量体系的建设是在充分调研了解 J 银行管理现状的基础上，对标巴塞尔协议Ⅲ最终方案以及未来国内监管机构对标最终方案修订的资本新规等一系列监管要求和同业领先实践，以及结合银行自身的风险管理目标，制定符合银行实际情况、具有可行性的 RWA 计量体系建设方案和规划。

现状诊断和差距分析对 RWA 计量体系建设起着至关重要的作用。全面的差距分析和影响分析能够使银行清楚地了解其目前的优势和需要进一步发展的领域，从而更好地制订符合银行实际的定制化 RWA 计量体系建设方案，以提升风险资本管理水平和业务操作的控制措施。

本文将从政策制度、计量规则、数据系统等方面开展差距分析。

2.1.1 梳理政策制度

借鉴同业领先管理实践与最终方案实施动态，对J银行现有政策制度、操作标准和职责权限进行梳理，查找与改革后的标准不一致或未覆盖的地方，并根据信用风险新标准法的改革要求及差距分析的结果，梳理需要新建或修订的政策制度，主要内容如表5-7所示。

表5-7 政策制度实施现状

制度/管理办法	涉及内容
风险暴露分类管理办法	风险暴露分类的定义、职责、流程及工具等
合格缓释认定管理办法	合格缓释的定义、认定流程和工具
资本充足率计量管理办法	资本充足率计量管理办法，以及相关的管理流程和职责分工
RWA系统管理办法	系统的管理部门、相应人员的岗位职能，数据管理和维护的职能等
信用风险新标准法风险加权资产管理办法	新标准法下的风险暴露分类制度，明确标准和流程
经济资本管理办法	新标准法下的经济资本管理类制度，明确经济资本管理的标准和流程
LTV计算和押品估值管理办法	担保管理或者信用风险缓释政策，估值更新的频率和估值调整的具体标准

2.1.2 分析RWA计量规则

本文在研究过程中，对J银行现有信用风险RWA权重法的计量规则进行梳理和分析，并形成相应的分析结论，为后续对标巴塞尔协议Ⅲ新标准法的差距诊断奠定基础。

具体包括：现有风险暴露分类规则、现有信用风险缓释工具的合格性认定和分配规则、现有各类业务计量规则分析，包括但不限于票据类业务、资产管理产品业务、资产证券化业务，以及利息、公允价值变动等科目的处理；现有手工调整数据情况，如调整范围、调整方式及调整原因等，如表 5-8 所示。

表 5-8　RWA 计量规则分类及业务描述

RWA 计量规则分类	具体业务描述
表内业务风险暴露计量认定	商业银行分档情况
	商业银行标准信用评估
	投资级公司认定
	专业贷款认定
	小微企业认定
	中小企业认定
	房地产开发风险暴露
	居住用/商用房地产风险暴露
	监管零售认定
	公司业务
	信用卡业务
	零售业务（不含信用卡）
	福费廷业务
	票据业务
	持有同业存单业务
	存放/拆借同业业务
	债券投资业务
	买入返售业务
	非标业务
表外业务风险暴露计量认定	承兑汇票类
	保函类
	国际结算类
	贷款承诺类
风险缓释认定	合格缓释工具认定
	合格缓释工具权重映射
	合格缓释工具拆分

2.2 信用风险RWA数据映射和数据质量管理

2.2.1 制定目标数据需求并开展数据映射

根据监管相关要求，分析监管口径信用风险加权资产计量需求，结合对J银行信用风险加权资产计量业务和数据现状的梳理，明确目标数据需求，提出满足项目目标的数据字段需求建议，并按照数据所属的业务以及字段特性，建立从数据平台及源系统到风险加权资产管理系统的数据映射关系。

制定目标数据需求主要评估以下几个方面：目标数据需求、数据映射和差异分析、数据质量状况、总账钩稽差异状态、源系统数据现状（见表5-9）。

表5-9 制定目标数据需求评估基础

评估事项	具体内容
目标数据需求	评估当前目标数据需求是否与资本新规的要求一致，能否满足RWA计量和监管报表以及内部报表的需求
数据映射和差异分析	评估数据映射是否完整，针对数据映射产生差异的应对措施是否合规和有效
数据质量状况	评估数据映射中映射到源系统的数据项是否进行了充分的数据质量检查，数据质量问题都分布在哪些系统、哪些业务品种
总账钩稽差异状态	评估总账钩稽差异发生的业务品种、科目，从而为后续制订差异解决方案提供数据支持
源系统数据现状	评估针对数据差异分析提出的源系统改进建议，如数据质量清洗、增加数据项、增加数据功能模块以及完善现有模块等措施是否落实到位；评估源系统的改造进度是否满足新管理办法的合规要求

根据RWA计量规则及J银行业务划分，共制定15类业务数据链路字段映射及质量分析，包括对公、零售、信用卡、房地产、买入返售、票据业务、合格缓释等。对公业务风险暴露数据链路、目标字段及数据映射梳理示例如表5-10所示。

表 5-10 对公业务风险暴露数据链路、目标字段及数据映射梳理示例

分类模块	需求字段类型	需求字段名称	源系统是否存在该字段	数据表名称	数据字段名称
基本信息	基本信息	<ECIF客户号>	是	A1_LON_IOU_DAY_RPT_DTL_STIC	CST_NO
		<借据号>	是	A1_LON_IOU_DAY_RPT_DTL_STIC	DBL_NO
		<客户类型>	是	A1_LON_IOU_DAY_RPT_DTL_STIC	BSN_CST_TP

2.2.2 制订数据差异与数据质量改进方案

根据上一小节提出的数据映射关系及数据链路，制订数据质量管理和信息系统支持方案；梳理信用风险加权资产计量业务和系统现状，对各源系统数据进行质量检查，对现行方法下信用风险 RWA 系统数据的全面性、可用性、数据质量进行现状评估、差异分析；提出数据质量和数据差异的改进方案，包括质量检核规则和存量缺失数据追溯补录方案等；对于责任主体模糊的待新增字段，明确责任部门、数据采集方案，并建立数据维护的长效机制。

完整的 RWA 系统数据质量和数据差异改进方案主要包括：系统数据全面性、可用性；数据采集质量检验、数据补录完整性、历史数据归档及访问策略；数据质量检查规则的全面性、完整性、合理性、合规性、有效性；参数管理可配置性、可拓展性；系统对接数据交互、系统稳定性、系统运行效率、数据时效性；系统跑批安排合理性和有效性。总体研究工作如图 5-2 所示。

按照国家金融监督管理总局的要求，RWA 系统的数据质量和检验规则是资本计量和定量测算的数据基础，包括系统导入数据实际业务的数据质量，人工补录数据采集的可靠性、采集标准的一致性，系统导入风险因子的数据时效性等。针对风险加权资产计量数据应该评估其完整性、全面性、准确性及一致性。基本内容如图 5-3 所示。

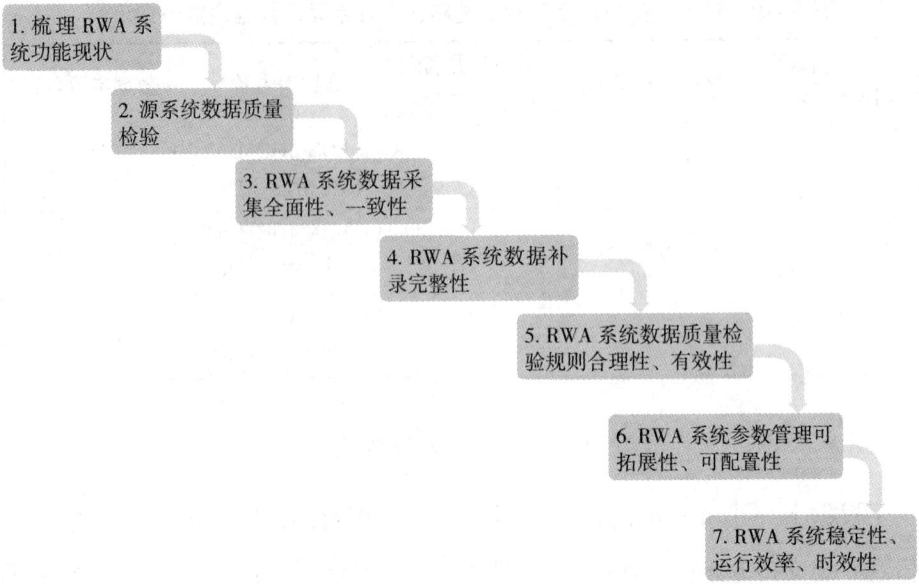

1. 梳理 RWA 系统功能现状
2. 源系统数据质量检验
3. RWA 系统数据采集全面性、一致性
4. RWA 系统数据补录完整性
5. RWA 系统数据质量检验规则合理性、有效性
6. RWA 系统参数管理可拓展性、可配置性
7. RWA 系统稳定性、运行效率、时效性

图 5-2　RWA 数据质量改进流程

数据
数据质量
➢ 模型样本数据质量
➢ 实际业务数据质量
➢ 自动导入的人工补录数据
➢ 采集范围的适当性
➢ 数据采集标准的一致性
数据特征
➢ 数据完整性
➢ 数据全面性
➢ 数据准确性
➢ 数据一致性

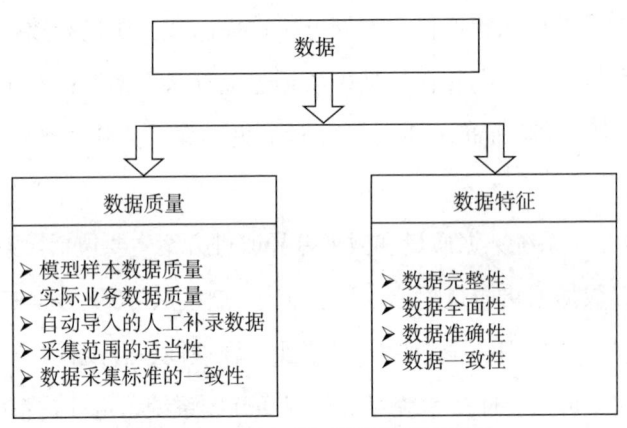

图 5-3　RWA 数据质量评估要素

2.3　构建信用风险 RWA 计量方案

对标资本新规要求，构建 J 银行信用风险 RWA 计量方案，包括但不限于 J 银行目前现有和未来可能面临的各类风险暴露类别，满足现阶段达标要求。综合考虑 J 银行未来一段时期资产规模增长，制订未来监管达标实施方案并确保可执行性和落地性。

2.3.1 构建全行产品体系方案

全面梳理J银行产品类型现状，包括产品含义、产品业务流程、产品管理政策、业务合同以及相关的数据、系统功能情况等，明确纳入信用风险RWA计量的产品范围，构建全行统一的银行产品体系清单及监管产品体系清单，并建立银行产品至监管产品的映射关系，作为RWA计量工作开展的基础。

2.3.2 制订风险暴露划分方案

信用风险新标准法的风险暴露分类更加细化，将"房地产风险暴露"单独作为一个大类。该举措主要源于房地产贷款占银行总资产比例较高，且具有相对独特的风险特征。在风险暴露子类方面，新标准法的划分更加细致，并增强与内部评级法风险暴露分类的一致性。同时，新标准法还针对权重档次进行细化及校准（房地产、专业贷款暴露等），对项目融资还区分了建设阶段和运营阶段。

因此，新标准法下的风险暴露划分应遵循以下分类原则：重要性原则，商业银行的重要业务和资产类别应单独分类，流程上先考虑资产类别，再看债权归属；全面性原则，银行账户的所有信用风险暴露都应划分到相应的类别，其他资产风险暴露作为所有信用风险暴露的兜底暴露。具体分类流程如表5-11所示。

表5-11 风险暴露划分步骤及流程

分类步骤	暴露划分	具体流程
1	其他风险暴露	现金类（现金、黄金、存放中央银行款项）、违约债项、科目总账钩稽、轧差项等划分至"其他风险暴露"
2	股权、次级债权、其他资本工具	通过系统识别或业务补录，根据科目识别划分至"其他风险暴露"
3	房地产风险暴露	通过行内产品类型，识别归属于房地产抵押信息，纳入"房地产风险暴露"

续表

分类步骤	暴露划分	具体流程
4	个人风险暴露	根据个人授信总额、循环贷款或信用卡还款情况、收入币种等进行划分
5	主权、公共部门实体风险暴露	通过参与主体类型或客户名称识别主权、公共部门实体风险暴露,被识别的机构不再参与后续其他敞口的分类
6	多边开发银行风险暴露	通过参与主体类型识别多边开发银行风险暴露,并区分合格多边开发银行与其他类型
7	金融机构风险暴露	通过参与主体类型识别银行风险暴露、其他金融机构风险暴露
8	公司风险暴露	将带有专业贷款标识的企业纳入专业贷款风险暴露,并进行投资级公司判断、中小企业划分判断和小微企业判断,其余归入其他一般公司

划分规则应完全满足监管要求,考虑对不同分类配置优先级,以及异常报告出现后应对的调整措施等。以公司业务和零售业务(不含信用卡)为例,展示风险暴露分类划分流程,如图5-4和图5-5所示。

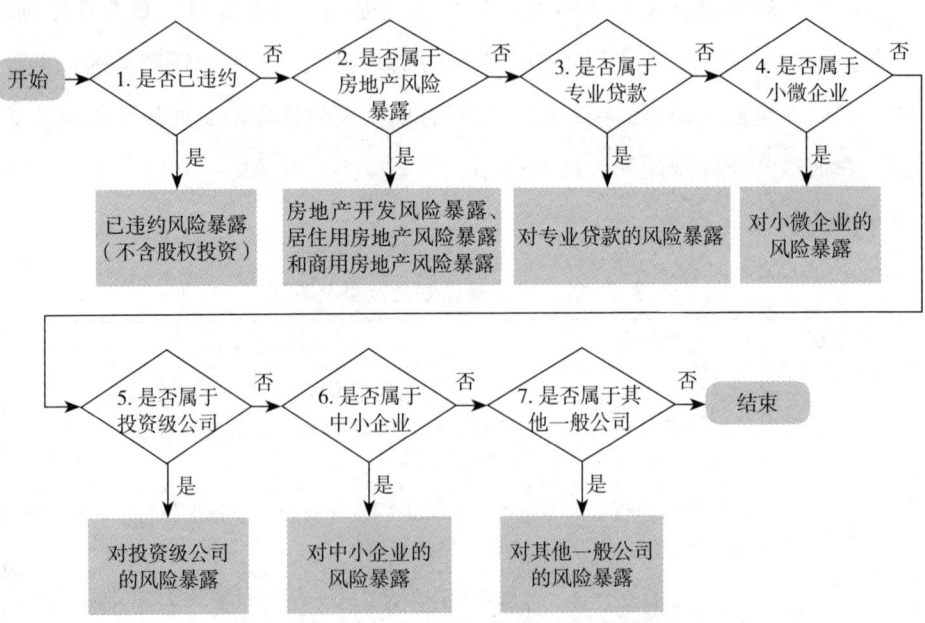

图5-4 公司业务风险暴露分类划分流程

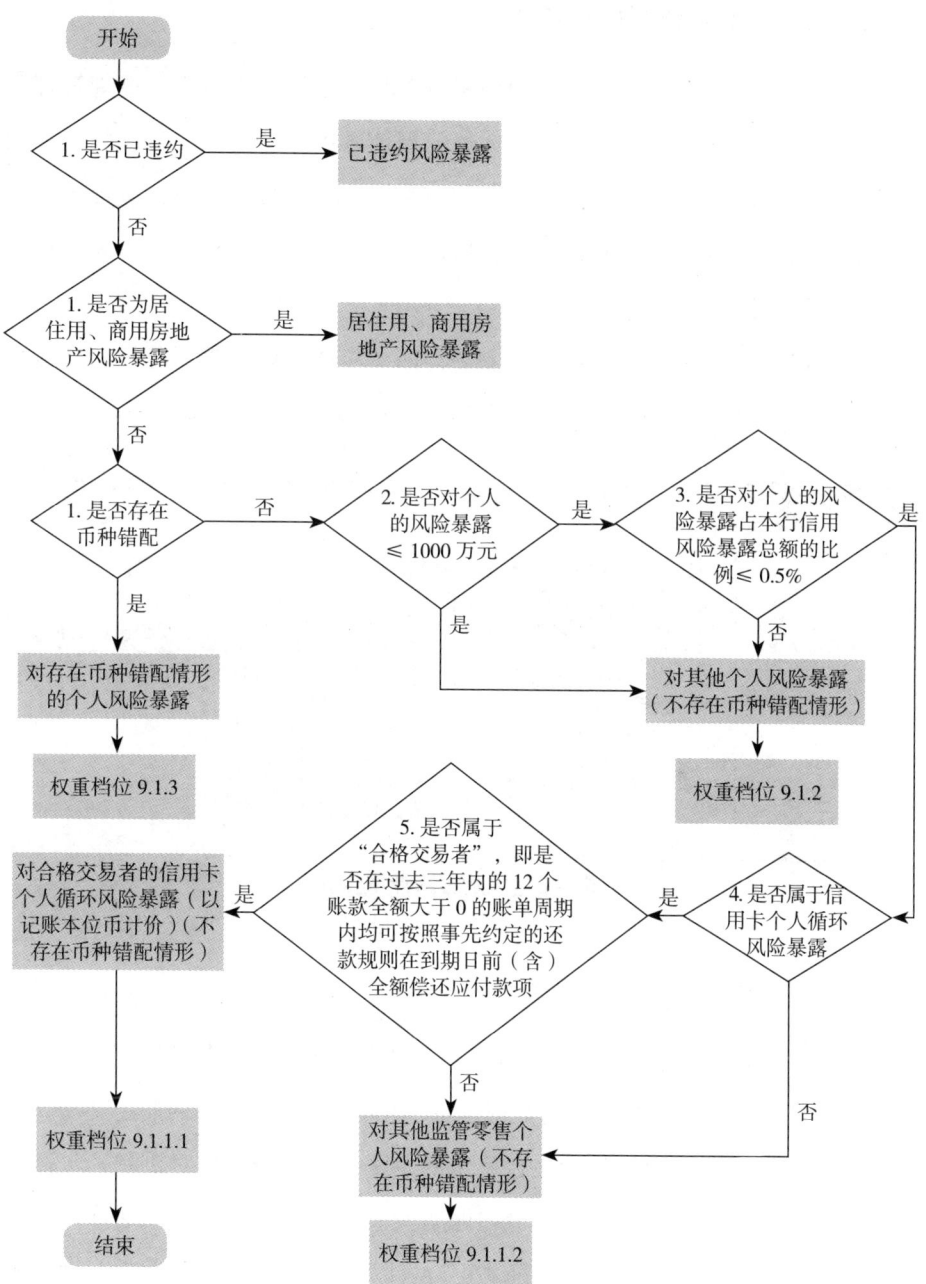

图 5-5 零售业务（不含信用卡）风险暴露分类划分流程

2.3.3 设计风险缓释处理方案

本文将根据监管法规要求,制订缓释工具合格性认定方案;梳理管理缓释工具的办法、缓释工具总体范围、估值周期等内容;研究缓释工具管理系统当前缓释工具存储情况,缓释工具如何与风险暴露进行对应;梳理当前缓释工具管理与监管要求差异,制定合格风险缓释工具的认定标准、风险缓释池构建方法和优化拆分方案。

新标准法下,风险缓释计量主要分为四个步骤:风险缓释分类、合格性认定、信用风险缓释分配、缓释效应计量。具体如图5-6所示。

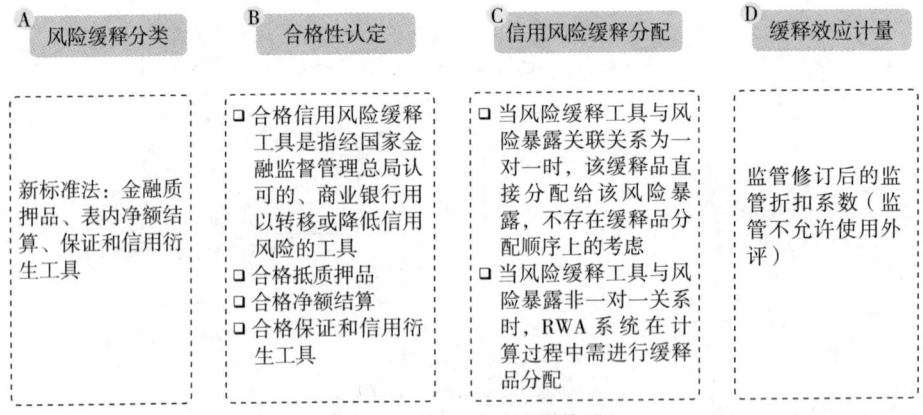

图5-6 风险缓释计量步骤

2.3.4 制订计量总账钩稽方案

为保障RWA系统计量的完整性、准确性及稳定性,向外部监管和管理层提供完整、及时、准确和客观的数据信息,在RWA计量系统内制定交易(债项)层级与大总账及会计处理平台系统的总账分户账数据核对机制,包括分户账与会计处理平台总账核对、分户账与大总账核对,分析无法准确对账的原因,并制订相应的解决方案,确保RWA计算引擎接入的明细数据与大总账系统科目汇总数据的匹配,对账结果在可接受的偏差范围内。

总账核对的范围包括未并表机构可以追溯到源系统需计算RWA的表内外

交易明细数据或交易明细数据的汇总，以及包括未并表机构通过补录子系统获取的需计算 RWA 的表内外交易明细数据。数据核对范围包括未并表机构可以追溯到源系统以及通过补录子系统获取的参与 RWA 计算的交易数据。

整体总分钩稽方案框架示例如图 5-7 所示。

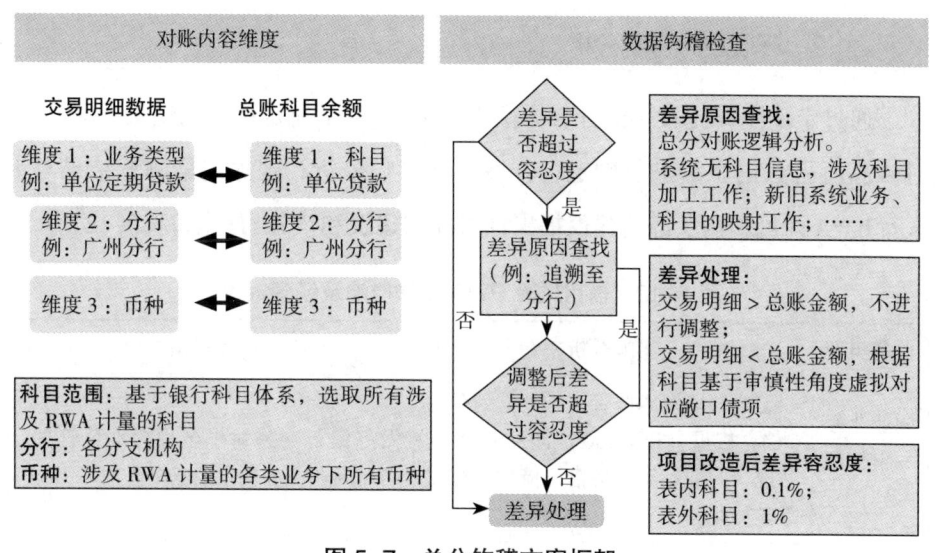

图 5-7　总分钩稽方案框架

2.4　开展信用风险 RWA 定量测算

根据国家金融监督管理总局要求，在 RWA 计量系统搭建完成后，制订定量测算方案，并定量测算工具，组织信用风险 RWA 定量测算，形成定量测算报告；根据测算结果，分析现行方法与新方法下风险加权资产、资本充足率的差异变动及差异原因，同时开展业务影响分析，提出并应用合理优化建议。

2.4.1　定量测算方案设计

信用风险新标准法体系的差距分析对最终版巴塞尔协议框架下的新标准法建设起着至关重要的作用。全面的差距分析和影响分析能够使 J 银行清楚地了解其目前的优势和需要进一步发展的领域，从而更好地制定业务策略。

针对现行信用风险权重法，分析按照新标准法风险暴露分类结果和权重适用情况对风险加权资产的总体影响和对主要细分组合 RWA 的影响。同时，新标准法定量影响测算也将充分验证监管机构在资本新规出台前部署的测算以及出台后安排的首次测算。根据定量影响测算的结论，评估其对 J 银行的不利影响，并就不利影响及新标准法的具体实施建议制订必要的应对方案。

2.4.2 开展业务影响分析

通过定量测算比较不同计算方法下 RWA、资本充足率等的结果差异，并对测算所需数据质量进行判定；开展业务影响分析，根据定量测算结果对 J 银行 RWA 计量影响及经营建议提出针对性的建议和措施。具体如表 5-12 所示。

表 5-12 信用风险 RWA 测算影响及经营建议

业务类型	影响分析	建议举措
同业业务—银行交易对手	如无法获取资本监管指标则需划分为 C 档，权重上升至 150%。涉及福费廷、贴现、同业存单、拆借、借款、存放等各类业务	做好银行交易对手名称标准化管理；缩短同业业务期限到三个月内
同业业务—非银交易对手	如非银金融机构为投资级客户，权重可从 100% 下降到 75%，资本耗用减少	可扩展与优质投资级非银金融机构的同业业务往来
公司贷款	部分债项划分至投资级风险暴露、中小企业风险暴露、小微企业风险暴露，权重由 100% 分别下降至 75%、85%、75%；随时无条件可撤销未使用额度的国内短期信用证信用转换系数（CCF）由 0 上升到 10%	业务投向可向小微企业、中小企业和满足投资条件的公司倾斜；做好公司客户业务合同额度管理，落实业务合同修改，避免大规模的未使用额度带来的资本耗用
房地产抵押贷款	取决于押品能否满足审慎要求及 LTV 比例情况，较多情况下 RWA 会降低	尽可能接受"已完工"和"优先顺位"房地产押品；对期房或在建工程按揭的押品，做好押品完工状态的后续更新
房地产开发贷款	国内房地产开发类贷款会有部分不能满足标准权重的要求，权重由原有的 100% 上升至 150%	房地产开发尽可能用于居住用房地产开发项目、符合项目资本金比例要求、无逾期或展期

续表

业务类型	影响分析	建议举措
传统表外业务	CCF 由现行的 20% 上升至 50% 或保持不变，RWA 显著上升；卖断的未到期票据可能被追索，需要纳入表外风险计量	综合考虑风险调整后收益情况，适度压降国内信用证业务及银行作为直贴行的票据卖断业务规模
信用卡	对交易者是否"合格"进行细化，并赋予更低的风险权重；信用卡授信额度的 CCF 由现行办法的 50% 下降到 40%	可考虑提高账单分期门槛要求，提升满足合格交易者的信用卡业务规模；对长期未使用信用卡的用户及时进行额度调整，避免未使用额度带来的资本占用
个人贷款	可随时无条件撤销的贷款承诺的 CCF 由现行的 0 上升至 10%，导致 EAD 小幅上升	控制个人客户在银行的总贷款不超过 1000 万元，否则全部的风险暴露将以 100% 的权重落实合同修改，确保满足随时无条件撤销条件；避免出现币种错配业务
个人房地产抵押贷款	取决于押品能否满足审慎要求及 LTV 比例情况，较多情况下 RWA 会降低	对已有三套及以上个人住房按揭贷款的客户，审慎开展房抵贷业务；尽可能接受"已完工"和"优先顺位"房地产押品；对于个人住房按揭贷款中的期房业务，需及时更新房屋的完工状态，以降低风险权重和风险加权资产
政府一般债券	一般债权权重由现行的 20% 下降至 10%	可增加政府一般债券投资
已违约风险暴露	新权重法下，针对已违约风险暴露的 RWA，若减值准备小于风险暴露的 20%，则其风险权重将为 150%，资本要求变高	加强资产分类管理及违约认定标准维护；综合考虑违约认定标准、减值阶段划分标准、计提比例的一致性，避免已违约中较高比例的减值计提不达标导致的权重上升
基金资管产品	资本新规下，基金资管需要对底层资产进行一定的穿透，了解资产类型进而匹配对应权重，如无法获取则需要按照 1250% 计量	与外部基金公司做好沟通，定期获取底层仓持仓类型信息，按照穿透后类型进行计算，避免使用较高权重

2.5 信用风险RWA计量实施难点

J银行信用风险主要采用新标准法（权重法）进行计量。本节仅总结权重法实施难点和经验，不涉及内评法。权重法主要实施难点如下。

第一，覆盖面广，完全落地实施较为复杂，多数银行现有制度流程等难以支持。权重法覆盖面广，从银行执行层面来看，实施涉及业务面广，涉及银行内部机构多，包括全行所有资产、前中后台部门，是一项系统性工程。

虽然巴塞尔委员会希望降低风险加权资产计量体系的复杂性，但事实上，复杂性难以避免。即便是相对简单的信用风险权重法，在进行计量时，也需要收集很多客户层、债项层信息，计量逻辑更为复杂。目前银行的业务分类、制度流程尚不足以支持其有效实施，都需要一定程度的改造。特别对于第一档商业银行，复杂程度明显增加。例如，根据房地产暴露LTV的结果细化权重设置，需要银行进一步规范押品估值、LTV更新和管理；通过建立相应的流程对银行类暴露进行标准化信用风险评估（SCRA）；识别投资级实体（非银金融机构和一般公司）；识别运营期项目融资以适用优惠权重。目前这些流程制度都难以满足。

第二，现有数据、系统需要进行适当的改造。除了在制度流程上不足以支持权重法有效实施外，数据和信息系统也不足以支持权重法的实施。由于实施时间非常有限，应适时启动相关系统的升级改造工作。例如，对于现有系统尚不支持的，应当新建字段需求、口径标准并明确数据来源；对数据标准不完全符合新监管规则要求的进行修订，同时尽量实现相应系统自动化风险计量和管控。

特别强调的是，对于头部的第二档银行（在不久的将来将升档为第一档银行）来讲，其实施路径更需要进行积极规划。如果从简化规则向全面规则转化，其数据收集、系统改造都应该走在前面，预留相应的设计规划。

第三，时间紧，任务重。按照资本新规要求，2024年1月1日已正式实施资本管理办法。多数银行已陆续开展相关系统建设，但整体项目的立项、招采、政策流程和数据系统改造需要较长的周期，还可能有市场风险、操作风险、信息披露等相关项目共同推进，加之一般需为试运行预留时间，则2024年实施期间相关监管报表的报送与信息披露的任务将十分艰巨。

3 J 银行市场风险 RWA 计量实施

3.1 监管解读与差距分析

基于巴塞尔协议Ⅲ相关规定以及国家金融监督管理总局下发的资本新规相关要求，本文对 J 银行现行市场风险 RWA 计量逻辑进行全面调研，并与监管新规以及行业优秀实践进行对标，识别市场风险 RWA 计量规则在变革过程中的变化点，分析变化背后的监管意图与管理方向。

3.2 优化治理架构，健全管理制度体系

在现有制度体系的基础上进一步完善和优化，形成一套完整且可落地的市场风险管理政策体系。具体内容包括市场风险管理办法及配套管理细则（包括但不限于账簿分类、限额管理、压力测试、新产品新业务、风险报告）等方面。

3.2.1 市场风险管理组织架构

资本新规对于银行市场风险治理架构未提出明确要求，内部模型法则要求银行必须建立完善的市场风险管理体系，其对治理架构和职责分工的要求如下。

（1）董事会和高级管理层。银行董事会和高级管理层应积极参与风险控制过程，审批政策和限额，并投入适当资源用于风险控制。独立的风险监控部门准备的日报必须由具有足够资历和权限的管理层进行审查，以在必要时强制减少个别交易员持仓和银行整体风险敞口。

（2）独立的风险监控部门。银行应建立独立的风险监控部门负责银行风

险管理体系的设计和实施。该部门必须独立于业务交易部门，并直接向银行高级管理层汇报。该部门负责撰写和分析关于交易台风险管理模型产出的每日报告，包括评估风险敞口管理措施与交易限额之间的关系。

（3）内部审计。银行的内部审计部门必须至少每年对市场风险计量体系进行一次独立审查。独立审查的范围必须包括业务交易部门和独立风险监控部门。独立审查必须足够详细，以确保能够识别受到任何不利影响的交易台。

（4）独立的验证团队。银行应设置独立于内部模型设计和实施部门的模型验证团队，进行初始和持续的内部模型验证。模型验证团队必须至少每年对所有内部模型进行一次验证，特别是当市场发生重大结构性变化或银行投资组合构成发生变化，可能导致模型不再适用的情况。模型验证还必须包括PLA 测试和返回检验的验证。

（5）具备专业水平和经验的员工。银行必须拥有足够的能在交易、风险控制、审计和后台工作中使用复杂模型的人员。

3.2.2 市场风险管理政策与制度

由于资本新规对账簿划分、交易台管理、内部风险转移等管理领域的要求，以及由此对限额和资本管理方面产生的影响，相关政策制度需要新增或进行修订。另外，考虑到 J 银行的管理要求，涉及组织架构和职责分工的相关管理要求也需要进一步更新。

本文将根据以往市场风险管理经验，将市场风险政策制度体系分为以下三个层级。

第一层级为政策偏好。作为银行风险管理最高层级的风险偏好是市场风险管理体系的指导方向。银行应根据监管要求，了解最终用户市场风险偏好，根据最终用户的需求，分析是否存在可改进的要点，并据此提出相关意见和建议。

第二层级为基本管理政策。作为银行风险管理的基本原则，基本管理政策包括市场风险管理治理架构、职责分工、市场风险管理的原则等内容，为市场风险管理系统框架的建设和落地奠定了基础。

第三层级为具体的管理制度、流程及方案。主要分为识别、计量、监控及报告模块，旨在将市场风险管理的基本原则和整体要求与具体管理工作相对接，提出更具操作性的市场风险管理要求，并对各部门职责进行更为详细的界定。

3.2.3 账簿分类

针对账簿划分，FRTB[①] 提出的最新要求包括更加清晰的账簿划分标准，以及更加严格的账簿划分和管理流程。

账簿划分的基础标准未改变，即交易账簿的交易目的需要满足以下四点：短期再售、通过短期价格变化盈利、锁定套利利润、以对冲上述风险为目的。但规定了必须放入交易账簿或必须放入银行账簿的产品或业务，例如，交易性资产或负债、与交易活动相关的回购、与银行账簿信贷或股权风险相关联的嵌入式衍生工具、任何股权或信贷资产的空头头寸。

账簿划分和管理流程要求更加清晰和明确，包括：银行须制定金融工具账簿划分名录；银行须有明确的政策流程、步骤以及文档记录产品账簿划分，每年至少进行一次内部审计和监管审察；至少每年更新前一年的账簿划转情况（含情景描述）、审批程序、公开披露日期，并报送监管。银行完成账簿划分之后，账簿之间的调整严格受限，除非发生极端的特殊情况；若产品的账簿划转导致监管资本减少，其差额需进行资本补充；账簿划转需得到监管及高层的批准，除非交易性质改变，否则转换不可撤销。

3.3 市场风险 RWA 计量体系建设

针对纳入市场风险管理范围的产品和业务，银行应根据资本新规要求，搭建完整的市场风险资本计量体系，包括设计整体的资本计量方案、搭建资

---

① FRTB，全称 Fundamental Review of the Trading Book，中文名为"交易账簿的基本审查"，是金融业监管中一个相当热门的领域。

本计量模板、编制系统需求书、填报报表等。具体包括：

（1）设计市场风险资本计量方案，包含投资组合层级、产品分类、风险类别和风险因子映射关系、估值模型、敏感性指标、损益计算等。

（2）搭建市场风险资本计量模板，包含利率风险、股票风险、外汇风险、商品风险、期权风险等。利率风险资本和股票风险资本须包含一般市场风险资本和特定风险资本。期权风险资本须纳入其标的对应风险类别进行资本要求汇总。模板功能包括计量模块配置、监管参数配置、输入数据管理、资本计算器、资本计量情景分析。在配置完整的输入数据后，模板可自动计算出各组成部分的资本，以及每个风险类别和风险头寸下的资本，并可输出中间风险加总过程的数据。梳理 J 银行现有的市场风险报表体系（含监管报告及内部管理报表），并根据最新监管要求设计相关报表填报流程。

市场风险资本计量范围为交易账簿中的利率风险、股票风险、汇率风险、商品风险，以及银行账簿中的汇率风险和商品风险。在市场风险现行标准法下，需要计量利率风险（分为一般风险和特定风险）、股票风险（分为一般风险和特定风险）、商品风险、外汇风险，同时需要对期权计量期权风险。

3.3.1 梳理市场风险 RWA 计量规则

市场风险 RWA 计量规则总体上包含一般要求和市场风险监管资本计量方法两部分：一般要求包括账簿分类、交易台管理、内部风险转移等内容，计量方法包括标准法、内模法及简化标准法三类。

其中，对于满足以下条件的商业银行将允许使用简化标准法进行市场风险计量：①市场风险加权资产不超过 150 亿元；②非中央交易对手衍生工具的名义本金（全账簿）不超过 250 亿元；③母行及其任何附属子公司未使用内部模型法计量市场风险资本要求；④不是全球系统重要性银行、G-SIB 的子行或国内系统重要性银行；⑤未持有任何相关性交易头寸。

J 银行市场风险 RWA 整体不超过 150 亿元，适用于简化标准法计量。简化标准法将以现行标准法为基础，对利率风险、汇率风险、商品风险和股票风险的资本进行分别计量,并单独计量以各类风险为基础的期权风险的资本要求,在现行标准法的基础上对各个风险资本乘以相应系数,系数在 1.2～3.5。

3.3.2 形成市场风险 RWA 计量方案

对标最新监管要求,明确银行账簿和交易账簿的标准划分,形成 J 银行市场风险 RWA 计量方案,满足现阶段达标要求。综合考虑 J 银行未来一段时期资产规模增长,提供未来监管达标实施方法论。

根据资本新规要求,市场风险资本要求为一般市场风险的资本要求和特定风险单独计提的资本要求之和,如表 5-13 所示。

表 5-13 市场风险类型及风险定义

风险类型	风险定义
一般市场风险	利率、汇率、商品价格等波动导致证券价格发生不可预测变动的风险
特定市场风险	单个发行人因素导致单个投资组合价格不利变动的风险

简化标准法市场风险资本要求为利率风险、汇率风险、商品风险、股票风险和以各类风险为基础的期权风险的资本要求经相应的调整后加总。

利率风险包括交易账簿中的债券(固定利率和浮动利率债券、央行票据、可转让存单、不可转换优先股及按照债券交易规则进行交易的可转换债券)、利率及债券衍生工具头寸的风险。利率风险的资本要求包括特定市场风险和一般市场风险的资本要求两部分。

股票风险是指交易账簿中股票及股票衍生金融工具头寸的风险。其中股票是指按照股票交易规则进行交易的所有金融工具,包括普通股(不考虑是否具有投票权)、可转换债券和买卖股票的承诺。

外汇风险是指外汇(包括黄金)及外汇衍生金融工具头寸的风险。

商品风险适用于商品、商品远期、商品期货、商品互换。此处的商品是指可以在二级市场买卖的实物产品,如贵金属(不包括黄金)、农产品和矿物(包括石油)等。

3.3.3 开展市场风险 RWA 实施内容

市场风险 RWA 计量总共包含六个模块的工作内容，即监管政策解读与差距分析、市场风险计量体系建设、管理制度体系建设和优化、系统及数据需求、系统建设改造监理、系统测试及培训服务。

市场风险 RWA 计量体系建设的重点实施内容包括市场风险简化标准法计量方案制订、定量测算分析以及简化标准法 RWA 计量工具模板设计。系统及数据需求主要包括业务及系统范围梳理，以及系统需求、数据链路需求和补录模板的提供，其中计量方案通过系统需求与数据需求的整合实现系统落地。

3.4 市场风险 RWA 计量实施难点

1. 新标准法计量体系搭建

新标准法下市场风险资本金的要求需在每个风险类别中计算德尔塔、维伽、曲度风险资本要求。每种子类风险资本要求的计算较为复杂，需要识别各类风险的风险因子，并考量各风险因子间的相关性和风险权重，对市场风险管理基础较为薄弱的银行来说实施难度较大。

2. 内部模型法计量体系搭建

与传统内模法相比，商业银行需要将该计量体系以及管理体系都下沉至交易台，根据自身情况建立合规的审查流程，以最终确定差异化的资本计量方案。这对银行风险计量能力、基础数据和系统都提出了更高的要求。

3. J 银行实施的难点及经验

在市场风险 RWA 实施的过程中，J 银行运用的是简化标准法，主要难点包括两点：一是基金业务的账簿划分，二是外汇敞口中资产负债共同科目的梳理。

基金的账簿归属是同业实施资本新规时遇到的共性问题，既要保证满足资管产品账簿划分的相关监管要求，又要满足行内通过账簿划分节约资本的需求。截至目前，虽然 J 银行公募基金暂时无法获得基金底仓信息的独立第三方认证，但本文设计开发了基金穿透法的模板及计量方案，若未来 J 银行能够获得基金底仓信息的独立第三方认证，则可以将符合监管要求的交易账簿下的基金采用穿透法计量，达到节约资本的目的。

目前 J 银行外汇敞口计量规则为各币种的即期资产减去即期负债，包括各币种所有者权益收入与支出的轧差，以及外汇营运资金，但对于资产负债共同科目未作处理。部分该科目下的历史账目后续需行内人员协同相关业务发生部门做进一步梳理，厘清实际业务情况，或找到相关历史账目和会计分录。

4 J 银行操作风险 RWA 计量实施

4.1 开展操作风险差距分析

4.1.1 操作风险 RWA 计量规则的现状诊断与差距分析

自 2017 年起，巴塞尔委员会与国家金融监督管理总局颁布了一系列监管法规，对操作风险新标准法的计量模型、实施要求、计量规则进行了全面的革新。

资本新规下操作风险加权资产以及操作风险资本要求（KTSA）是由银行业务指标部分与内部损失乘数构成，模块具体含义已在 1.3.4 小节详细阐述。根据资本管理新老办法的操作风险 RWA 计量规则监管政策变化，本文需对操作风险 RWA 计量在新旧规则下的变化进行梳理与分析，形成差距分析报告。

4.1.2 操作风险 RWA 管理框架的现状诊断与差距分析

全面了解 J 银行法人、制度体系、操作风险损失数据收集、操作风险资本计量等方面，对照国家金融监督管理总局颁布的资本新规及附件、巴塞尔协议Ⅲ最终方案以及行业优秀实践，开展现状诊断与差距分析工作，梳理当前存在的主要问题与差距，提出完善目标及改进建议（见表 5–14）。

表 5-14 操作风险 RWA 现状诊断与差距分析

事项	内容
现状诊断	对 J 银行操作风险资本计量管理体系现状进行全方位调研与评估
对标分析	识别重点领域与重点事项的管理要求，并与 J 银行操作风险资本计量管理现状进行对标
差距分析	综合运用现场访谈与资料分析等方法，挖掘问题根源，对问题的重要性水平进行评估
管理及优化建议	结合 J 银行资本管理整体要求，综合考量管理层对操作风险计量体系的要求与建设目标，针对缺陷与不足，从管理架构、制度流程、工具方法、报告报表、数据质量、模型与系统层面给出管理提升建议

4.2 内部损失数据收集与治理

4.2.1 建立操作风险损失数据收集标准

根据资本新规附件 18 有关操作风险损失数据认定及收集管理要求，对 J 银行操作风险损失数据现状进行全面梳理与检视，明确操作风险损失数据收集标准，完善操作风险损失数据信息项结构，制定信息项合格性标准，明确各信息项数据获取来源与获取方式。完善操作风险损失数据验证机制，明确与信用风险/市场风险相关的操作风险损失数据的收集标准和机制，以满足操作风险新标准法要求。基于完善优化的操作风险损失数据收集标准，对 J 银行操作风险管理系统—事件收集模块字段的完整性、填报要求的准确性进行检视。提出的字段优化改造需求为后续常态化的损失数据识别、收集、处理程序奠定良好基础。损失数据收集字段信息项结构如表 5-15 所示。

表 5-15 损失数据收集字段信息项结构（部分）

字段	填写标准
事件编号	针对事件进行编号（原则上根据报送机构、填写日期以及填写顺序进行编号）
事件名称	应简明扼要，不超过 15 个汉字，例如："公务用车失窃"

续表

字段	填写标准
是否为损失事件	当风险事件发生财务损失时,选择"是";否则选"否"
初次填报日期	初次填报操作风险事件记录表并提交复核的日期,请以"YYYY-MM-DD"的格式填写,例如:"2011-07-01"
本次填报日期	本次填报损失事件记录表并提交复核的日期。请以"YYYY-MM-DD"的格式填写,例如:"2011-07-01"
第几次填报	本次填报损失事件为第几次填报。已设置公式自动计算,需手动将第5行公式下拉填充至最后一行
是否结束	区分操作风险事件是否符合结束条件,若选择"是"则本次填报的是该事件的最终信息 (注:若该操作风险事件未来不再发生新的损失,则该事件符合结束条件)
发生机构	损失事件发生的机构,例如:总行或北京分行或奥运村支行
发生部门	损失事件发生的部门,例如:资产管理部
事件描述	详细描述事件的事实信息,包括事件发生的时间、地点、发生机构和部门、涉及人员、事件过程和演变情况、事件发生原因、事件影响、为恢复事件影响所采取的措施、计划或已开展的整改措施等。事件描述的详细程度要与损失事件的复杂程度相适应

4.2.2 完善操作风险损失数据识别、收集程序

完善操作风险损失数据管理流程方案,明确操作风险损失数据识别、收集、处理的标准与流程(包括收集信息项构成、收集方法、标准、模板、流程与职责分工),健全操作风险损失数据主动识别和被动识别管理机制。通过主动识别机制,提高损失数据填报的准确性,剔除非操作风险损失数据;通过被动识别机制,丰富损失数据线索来源,提升损失数据填报的全面性与完整性。

4.2.3 搭建内部损失乘数计量模型

根据资本新规及附件18的要求,损失部分是过去10年操作风险损失算

术平均值的 15 倍。而对于过往已经披露的损失数据，在新的计量年度内可能因回收或进一步产生损失导致损失金额发生变化，这势必造成损失部分需要对过往年度已披露的数据进行追溯调整。

本文围绕上述内部损失数据的实施难点，重点设计损失部分的取数方案，并基于平均历史损失数据与业务指标部分，测算内部损失乘数；根据银行操作风险损失数据情况，搭建内部损失部分的合并规则，设计操作风险内部损失部分及内部损失乘数的计量模型。

根据操作风险损失数据情况，设计操作风险内部损失及内部损失乘数的计量模型。巴塞尔协议Ⅲ要求的损失计算模型的建设需建立在 10 年（至少 5 年）高质量损失数据的基础上。本文将对监管要求期间（10 年，至少 5 年）收集的历史损失数据进行回溯、补录、清洗，通过数据清洗获取巴塞尔协议Ⅲ要求的高质量数据，以及在未来常态化工作中根据巴塞尔协议Ⅲ的要求收集高质量数据。

4.3 操作风险 RWA 计量实施难点

为应对资本新规中操作风险计量方法的更新，结合上述分析，操作风险 RWA 实施的主要重难点分为以下三个部分。

1. 搭建新标准法操作风险 RWA 计量模型

（1）搭建业务指标部分与业务指标计量规则，明确取数逻辑。

首先，根据 J 银行的会计科目设置情况、会计科目核算内容，围绕业务指标典型子项目，逐个梳理业务指标取数口径、数据来源、取数规则。其次，根据会计科目的核算内容与记账规则，制定操作风险新标准法业务指标典型子项目的统计规则，设计可准确统计业务指标的计量模型，明确业务指标典型子项目与会计科目的映射关系。最后，完成业务指标部分计量模型的搭建。

此外，在模型建设过程中，存在部分业务指标项目无法直接根据会计科目进行取数（如租赁资产相关余额及损益），对操作风险 RWA 计量的数据接入造成了一定困难。实施过程中，应对该类数据来源进行梳理，明确其业务系统数据取数逻辑与数据链路，通过业务系统对接或手工补录的方式，将此部分数据准确、完整地纳入资本计量进行计算。

（2）损失部分与内部损失乘数模型建设。

根据资本新规及附件18的要求，损失部分是过去10年（至少5年）操作风险损失算术平均值的15倍。而对于过往已经披露的损失数据，在新的计量年度内可能因回收或进一步产生损失导致损失金额发生变化，这势必造成损失部分需要对过往年度已披露的数据进行追溯调整。在操作风险RWA实施过程中，应围绕上述内部损失数据的实施难点，搭建符合监管要求的损失部分的取数方案，并基于平均历史损失数据与业务指标部分，设计内部损失乘数计量模型。

2. 优化并完善操作风险损失数据库

相较于巴塞尔协议Ⅱ，本次资本新规的更新对操作风险损失数据库的建设提出了较高的要求。针对此困难，本次项目实施中的主要工作如下。

（1）建立操作风险损失数据收集与填报方案，明确收集标准与填报规范。

根据资本新规中有关操作风险损失数据认定及收集管理要求，完善并优化的操作风险损失数据收集标准，对J银行操作风险损失数据收集模块字段的完整性、填报要求的准确性进行检视。搭建标准化的操作风险损失数据收集模板，为后续常态化的损失数据识别、收集、处理程序奠定良好基础。

（2）操作风险事件损失数据的历史数据清洗、补录。

开展5年期历史损失数据的回溯、补录、清洗工作，识别数据合规性及质量性问题，通过清洗修正数据项缺失、数据错误、数据重复、核查追溯瞒报漏报数据等问题，提升损失数据的全面性与完整性。

3. 搭建操作风险RWA计量系统模块

搭建操作风险RWA计量系统模块应至少实现以下目标：一是准确、审慎地计量操作风险RWA结果，为此，实施过程中需厘清计量逻辑规则、外围数据交互接口与取数规则等内容；二是根据业务指标参数计算映射关系及规则，设计业务指标参数测算模块，实现与财务会计系统或相关业务系统的数据对接；三是实现操作风险资本计量结果的自动化计量以及监管报表的自动化出具。

5 J银行资本管理应用实施

5.1 资本管理体系架构

巴塞尔协议Ⅲ最终版为金融机构全面风险管理框架下的风险与资本计量提供了更详细的风险分类和管理方法框架。本文将根据国家金融监督管理总局和巴塞尔委员会对治理架构的监管要求，基于差距分析结果，对J银行及其子公司全面风险治理框架提出改进建议。

在建立健全资本管理架构体系的基础上，本文将根据相应银行政策、工作流程和管理方案，明确董事会、监事会、高级管理层、业务部门、风险管理部门和内审部门等各层级及相关机构在资本管理中的架构设置、职责分工、授权机制和汇报路线等，建立多层次、相互衔接、有效制衡的运行机制。

5.1.1 体系架构设计

组织体系架构设计是资本管理有效实施的基础保障。完整的资本管理治理架构应至少由牵头业务部门、中台管理部门、审计部门组成的风险管理三道防线构成，并且三道防线彼此互相独立。一套合理且有效的组织架构设置能够使高级管理层进行统一的资本管理，管理责任落实到部门和个人。管理职责划分应明确，保证管理机制灵活高效，各部门能够分工协作，管理责任覆盖全面并避免在不同部门间重复。

资本管理应遵循以下原则：第一，全面性原则，建立全面有效的资本管理体系，确保所持有的资本能充分抵御银行面临的所有主要风险；第二，协调性原则，资本管理应与银行战略规划、实际业务水平和风险管理能力相协调；第三，适应性原则，审慎推进资本管理，定期对资本规划、资本配置、资本考核等进行评估，确保资本管理与监管要求、行业发展形势和银行实际情况的变化相适应；第四，有效性原则，确保资本在各资产组合间得到有效配置，促进资本向高收益低风险的资产组合流动，使银行资产结构得到优化。

5.1.2 政策制度设计

在政策制度体系方面，本文将根据监管要求并基于J银行实际情况，建立一套既符合监管要求又满足内部管理需要的政策制度体系，包括最高层级的全面风险管理及内部资本充足评估程序管理的基本制度、涵盖项目各模块和关键领域的管理办法，以及相关模型、工具、方法等关键技术的操作细则、使用说明等（见表5-16）。

表5-16 内部管理政策制度设计项

制度	范围	内容
基本制度	覆盖各业务领域	《内部资本充足评估管理办法》（修订） 《风险偏好管理办法》（修订） 《资本管理办法》（修订）
一般性管理办法	适用于整体范围管理办法	《风险限额管理办法》 《主要风险识别与评估管理办法》 《ICAAP压力测试管理办法》 《行业组合限额管理办法》
具体性管理规定	基于一般性管理办法制定	《风险偏好考核实施细则》 《资本管理办法实施细则》 《经济资本计量、配置实施细则》 《资本监控和报告实施细则》
细化规范/操作指引	为各部门基于前述规章制度而制定	《宏观情景生成器操作指引》 《压力测试工具操作指引》

政策制度体系将结合J银行当前政策制度体系和实际管理，是涵盖ICAAP治理架构、风险偏好、主要风险识别与评估、资本管理与规划、压力测试、内部资本充足评估程序与报告等内容的一揽子政策制度方案。通常

情况下，内部资本充足评估相关的政策体系包括但不限于《资本管理制度》、《风险偏好管理办法》、《内部资本充足评估管理办法》、《主要风险评估、计量与管理办法》（包括《集中度风险管理办法》《银行账户利率风险管理办法》《流动性风险管理办法》《声誉风险管理办法》《战略风险管理办法》等）、《内部资本充足评估整合压力测试管理办法》以及《资本应急管理办法》等。

5.1.3 整体流程设计

内部资本充足评估程序是指银行在对各类主要风险进行识别、计量或评估、监测和报告的基础上，审慎评估资本充足水平和资本质量，制订资本规划和资本充足率管理计划，建立内部资本充足评估的方法和流程，确保银行持有足够资本抵御风险的过程。

内部资本充足评估程序应实现以下目标：一是确保主要风险得到识别、计量或评估、监测和报告；二是确保资本水平与风险偏好和风险管理水平相适应；三是确保资本规划与银行经营状况、风险变化趋势和长期发展战略相匹配。

内部资本充足评估工作应遵循以下原则：一是全面性。银行内部资本充足评估应覆盖本行面临的主要风险。二是审慎性。银行应审慎评估各类风险、资本充足水平和资本质量，确保资本水平与风险偏好及管理能力相适应；通过压力测试结果，评估压力情景下资本需求和资本供给的变化情况，确保银行具备足够资本应对市场环境的不利变化。三是前瞻性。银行内部资本充足评估程序应充分考虑资本规划对于银行经营状况、风险变化趋势及长期发展战略的匹配性。四是匹配性。银行应根据业务规模和复杂程度，采用适合自身特点的内部资本充足评估程序。

内部资本充足评估整体流程是指银行依据设定的宏观经济基础和压力情景，结合高阶经营目标，识别与评估其面临的主要风险，设置风险偏好，据此制订业务计划和基于风险的财务计划，开展整合压力测试和主要风险的计量，以确定在一般情景下的资本需求和资本来源，如图5-8所示。

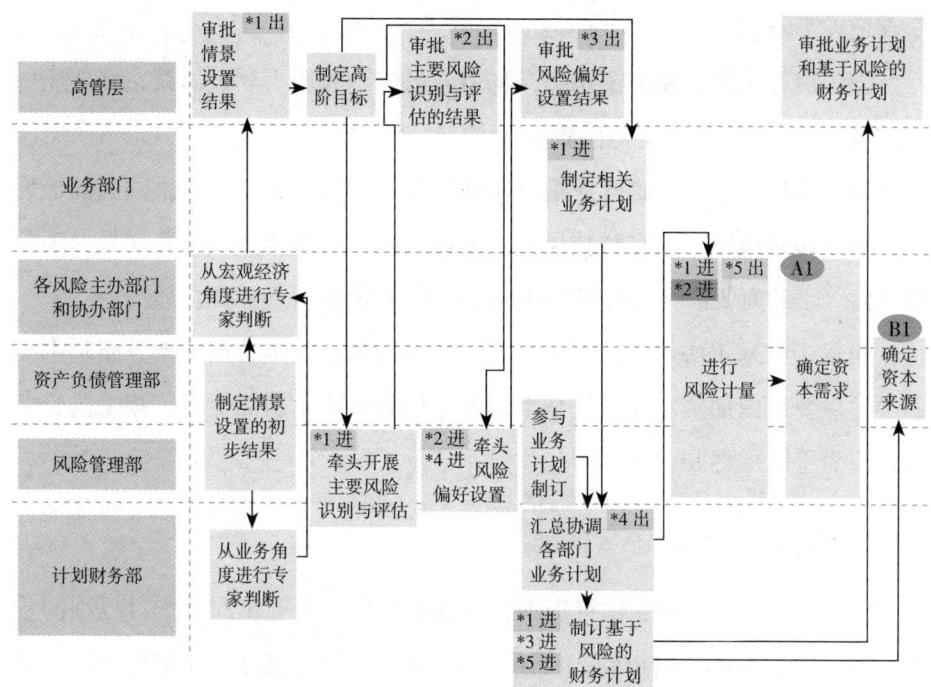

图 5-8 内部资本充足评估整体流程设计

5.2 资本管理现状诊断与目标

资本管理是指为了实现资本管理目标所进行的一系列管理活动，包括建立资本管理体系、制定资本管理制度、制定资本规划、开展资本计量、资本充足率压力测试、资本补充与应急预案、资本配置、资本考核、资本监测与预警、资本报告、资本并表管理和资本充足率信息披露等工作。

5.2.1 监管解读和影响分析

资本新规对其他风险和事项的评估进行了补充、调整，具体如下。

（1）银行账簿利率风险。新增了定义，重新定义了 IRRBB 的风险计量系统功能；参照最新《商业银行银行账簿利率风险管理指引》，重新梳理了计量规则、内部审计要求。

（2）流动性风险。新增了定义，根据《商业银行流动性风险管理指引》

重新梳理了流动性风险的管理策略。

（3）声誉风险。新增了定义，将声誉风险纳入压力测试体系，开展压力测试过程中充分考虑声誉风险影响。

（4）其他风险。明确商业银行应充分考虑对自身有实质性影响的其他风险，包括国别风险、信息科技风险、洗钱风险、气候相关风险及交易对手信用风险等。若商业银行认为相关风险没有实质性影响，可简化评估。

相较于巴塞尔协议Ⅱ，巴塞尔协议Ⅲ最终版在资本管理框架方面基本无差异，主要对内部资本充足评估下的各个模块提出了新的要求，相关监管要求普遍为总体性要求。

5.2.2 资本管理现状总结

全面、准确地了解J银行资本管理框架现状是研究工作开展过程中的重要基础。本文采用资料审阅、访谈、后续确认三种方式了解J银行当前在组织架构/职责分工、政策、管理流程、计量方法和模板、报告、数据/信息系统方面的管理方式，具体现状总结如表5-17所示。

表5-17　J银行资本管理工作内容和流程

工作模块	工作内容及流程
风险偏好	董事会是J银行风险偏好的最高决策机构，对风险偏好进行审批并承担最终责任；高级管理层负责风险偏好的具体推动和实施；监事会负责对董事会和高级管理层在风险偏好管理方面的履职情况进行监督评价
主要风险识别和评估	总行风险管理部负责组织J银行各风险牵头管理部门开展本年度主要风险的识别和评估工作。各风险牵头管理部门负责根据总行风险管理部提供的标准和依据，识别本部门归口管理风险是否为本年度的主要风险；总行风险管理部根据各部门提供的有关信息，制定和整理内部资本充足评估报告中与主要风险识别相关的内容
第二支柱资本附加	J银行的第二支柱资本附加是在得到主要风险评估结果之后，通过一定折算机制将评估结果转化为第二支柱资本附加要求，以针对当前风险状况和风险管理水平，设置适当的资本缓冲
资本规划	J银行资本规划的主要目的是通过建立前瞻性的规划机制，确保目标资本水平与业务发展战略、风险偏好、风险管理水平和外部经营环境相适应，并在兼顾短期和长期资本需求、考虑各种资本补充来源的长期可持续性的基础上，制订相应的资本补充计划

续表

工作模块	工作内容及流程
资本充足率压力测试	J银行资本充足率压力测试是涵盖监管要求的六大主要风险,以资本充足率为主要承压指标,并基于统一的宏观压力情景开展的压力测试,旨在评估银行在压力情景下资本供给和资本需求的情况,并制定个体风险层面的管理行动和全行层面的资本应急预案
监测和报告	J银行监测和报告体系包括年度内部资本充足评估报告以及日常风险管理与资本管理的监测和报告工作
独立审计	J银行总行审计部负责对内部资本充足评估程序进行独立审计,确保其完整性、准确性和合规性,并将审计结果向董事会汇报

5.2.3 资本管理未来目标

结合资本新规及J银行经营管理现状,J银行2024—2026年资本充足率目标如下:核心一级资本充足率不低于8.0%,一级资本充足率不低于9.5%,资本充足率不低于11.5%,确保未来三年保持较高的资本充足水平。

若出现宏观经济显著下行、资本监管标准提高等情况,预留一定百分点缓冲可有效保持J银行资本充足率水平相对稳健。如监管机构调整商业银行最低资本充足率要求,J银行的资本充足率目标应随监管机构的要求进行相应调整。

通过比照相关监管要求和同业领先实践,资本管理规划目标主要考虑的因素有以下几点。

(1)宏观经济环境。

近年来,我国经济步入新常态,金融市场化改革进程加快,银行业经营环境正在发生深刻变化。面对利率、汇率市场的逐步完善,资本市场的深刻变革,J银行需积极紧抓战略机遇,牢牢把握金融服务实体经济的本质要求,实现在宏观背景下各经营指标的均衡协调发展。

在创新发展和战略转型的关键时期,资本实力对J银行发展前景的重要性将日益凸显。因此,拓宽资本补充渠道,提升J银行的资本充足水平,进而满足各项业务持续稳健发展和资产规模适度扩张的资本需求,对J银行提升竞争力水平、提高盈利能力、实现业务发展目标具有重要意义。

（2）国内外监管环境。

国内外监管机构对商业银行资本充足率的要求日趋强化。资本新规及宏观审慎监管体系中对于资本充足水平的要求进一步提升，在银行的风险资产和资本定义的计算规则方面更加严格，因此，如何满足资本充足率要求已经成为商业银行必须考虑和解决的战略问题。同时，监管、货币及财政等一系列政策的出台，使商业银行在资本补充、资本运用方面需有更具前瞻性的规划，以获取业务经营主动性。

（3）J银行战略发展需要。

J银行作为一家港股上市银行，目前仍处于快速发展阶段。为了实施新一轮发展战略规划，以创新驱动发展、以变革引领转型，扎实做好实体经济金融服务，切实提升经营发展质效，实现业务的健康可持续发展，都将消耗资本金。所以及时补充资本，提高风险抵御能力，进而满足综合化、多元化经营及资产规模适度扩张的资本需求，对提升竞争力水平、提高服务实体经济能力、实现业务发展目标具有重要意义。

（4）支持实体经济发展。

J银行始终坚持服务实体经济、服务中小企业的定位，秉承绿色金融、普惠金融、科技金融的发展理念，回归本源，持续支持环保行业、先进制造业、战略性新兴产业、创新创业以及转型升级等优质企业的发展，更好地服务国家战略重点支持的行业和企业，积极引导资金流向实体经济。

5.3 资本充足率压力测试体系

5.3.1 压力测试方法

压力测试是一种以定量分析为主的风险分析方法。通过测算银行在遇到假定小概率事件等极端不利情况下可能发生的损失，分析这些损失对银行资产质量、盈利能力和资本带来的负面影响，进而对银行资产的安全性做出评估和判断,并采取必要措施,是银行在遭遇危机情景时反映情况的一种模拟技术。

J银行参照国内外监管机构提供的压力情景,并结合同业实践,通过专家判断的方法确定情景假设、基准情景和统一的宏观压力情景,根据影响程度将压力情景分为轻度、中度、重度压力情景,即"中国经济发生轻度衰退""中国经济发生中度衰退""中国经济发生重度衰退"三个情景,并进一步确定了各情景所对应的宏观压力因子;综合采用监管指定法、统计建模法、历史分位数法和指定冲击法确定宏观压力因子参数值,并通过专家判断的方法对宏观情景及参数值进行调整,最终确定压力测试宏观情景与参数值。

在确定统一宏观压力情景后,通过各风险自身的压力传导模型,将压力情景传导至各个体风险上,计算压力情景下各风险对资本供给及资本需求的影响。其中,信用风险(权重法)采用威尔森模型和多元回归压力传导模型、市场风险采用基于情景分析的估值法、操作风险则采用情景分析法、集中度风险采用风险集中效应系数调整法、流动性风险采用缺口分析法、银行账簿利率风险采用重定价分析法进行评估。

在获得各类风险的压力测试结果之后,根据各风险压力情景下对净利润的影响,基于其可加性的特征,可以对影响结果进行汇总,并与正常情景进行比较,将差异部分作为对资本供给的影响。

5.3.2 压力测试步骤

ICAAP框架下的资本充足率压力测试涵盖全行主要风险,并基于统一的压力情景开展,旨在评估银行资本供给、资本需求在压力情景下的变化,并针对压力情景下资本充足状况制订资本应急管理行动方案。

资本充足率压力测试是在压力情景下对全行资本充足整体情况进行评估,因此资本充足率压力测试对象是全行资产、所有业务种类,包含J银行面临的各主要风险,其中包括第一支柱下三大风险以及第二支柱下流动性风险、银行账簿利率风险和集中度风险。根据《商业银行资本管理办法》要求,商业银行资本充足率压力测试应覆盖全行范围内的实质性风险,包括但不限于信用风险、市场风险、操作风险、银行账簿利率风险、流动性风险、集中度风险等。对于识别出的其他两个重大风险（声誉风险、战略风险），由于当前压测技术不成熟，缺乏定量评估的方法，因此暂时不纳入资本充足率压力测试的范围。对于各类主要风险，基于银行已有个体风险压力测试的框架，资本充足率压力测试覆盖了各类型风险计量的资产及业务品种。

J银行建立了资本充足率压力测试实施步骤，具体包括设计压力测试情景、确定压力传导方式、实施主要风险压力测试、汇总压力测试结果、制定资本应急预案、形成资本充足率压力测试报告（见表5-18）。

表 5-18 压力测试实施步骤

实施模块	实施步骤
设计压力测试情景	结合统计模型、专家判断等方法确定轻度、中度、重度压力情景
确定压力传导方式	基于统一的压力测试宏观情景和压力因子，明确各风险所选用的承压指标及其与宏观压力因子之间的关系，构建宏观压力因子与承压指标之间的传导机制
实施主要风险压力测试	各类主要风险的压力测试实施部门根据统一宏观压力情景，选择其适用的压力指标，收集处理相关数据，构建压力指标与承压指标之间的传导机制，进行各单一风险的压力测试
汇总压力测试结果	将各压力测试结果汇总为资本充足率压力测试结果；各类风险的压力测试结果，表示为对资本供给和资本需求的影响
制定资本应急预案	制定全行层面的资本应急预案，明确压力情景下的全行层面战略管理行动，以满足计划外的资本需求
形成资本充足率压力测试报告	编写内部资本充足评估程序报告，涵盖资本充足率压力测试结果，高级管理层对资本充足率压力测试结果进行审阅，如认为有重大影响则提交董事会进行审阅

5.3.3 压力情景下资本充足评估结果

J银行于2017年下半年建立了全面、审慎的资本充足率压力测试治理结构和政策制度体系，明确了董事会、高级管理层及各职能部门在资本充足率压力测试中承担的职责，并建立了压力测试方法和实施流程，确保J银行资本充足率压力测试的全面性、适用性和前瞻性。

在建立资本充足率压力测试制度和流程的基础上，J银行由计划财务部牵头，与风险管理部等部门配合开展了2024年度集团层面的资本充足率压力测试工作。具体工作包括：总行风险管理部牵头设计统一宏观压力情景，通过专家判断、参考同业实践和国内外监管机构提供的压力情景，设计了资本充足率压力测试统一的宏观压力情景；结合压力测试情景，各单一风险压力测试实施部门确定了适当的压力传导方式，统筹实施了单一风险压力测试，并根据压力测试结果制定了个体风险层面管理行动，以减少压力情景导致的损失；计划财务部将压力测试结果进行有效汇总，并建立资本应急预案，以确保本行具备适当的应急管理行动的能力，及时应对不利的市场条件变化。具体来说，本次统一宏观压力情景具体介绍如下。

本年度资本充足率压力测试选定了"中国经济发生轻度衰退""中国经济发生中度衰退""中国经济发生重度衰退"分别作为轻度、中度、重度情景，并选择如下宏观压力因子（见表5-19）。

表5-19 压力因子情景设置

序号	宏观压力因子
1	GDP：不变价，累计同比
2	CPI：累计同比
3	M2：当季同比
4	PPI：全部工业品，累计同比
5	固定资产投资完成额：累计同比
6	工业增加值：累计同比
7	70个大中城市新建住宅价格指数：当季同比
8	定期存款利率变动
9	短期贷款利率变动
10	国债到期收益率：1年
11	美元兑人民币变动

轻度压力情景：随着中国出现经济轻度衰退的现象，GDP增速下降，总

需求疲软，持续的工业萧条开始向服务领域和消费领域蔓延；CPI 增长、PPI 下降；隐性失业日益显化；投资增速出现回落；局部地区房地产库存增加；工业企业资金周转率回落，银行信贷业务中，部分行业不良率升高；社会融资和银行贷款出现内生性收缩；中国经济在 2024 年、2025 年、2026 年出现轻微反弹。

中度压力情景：随着中国出现经济中度衰退的现象，GDP 增速下降幅度较大，总供给与总需求失衡较严重，经济出现局部塌陷，需求不足全面显化；CPI 增长停滞，PPI 下降幅度较大；隐性失业严重，局部地区社会失业人员增加；房地产投资和制造业投资加速回落；房地产市场的下滑对其上下游就业、消费水平和景气度产生巨大影响；部分重工业、制造业企业处于停产状态；局部地区房地产企业债务风险增加；银行信贷业务中，部分行业不良率显著升高；金融内生性收缩现象明显，社会融资规模持续回落；中国经济在 2024 年、2025 年、2026 年出现稳定反弹。

重度压力情景：随着中国出现经济严重衰退的现象，GDP 增速严重放缓，总供给与总需求严重失衡，工业、房地产、服务业等进入萧条状态；商品销售停滞，进出口大幅下滑；CPI 出现负增长，PPI 严重下跌；社会失业人员数量大幅提高；局部地区房地产产能过剩导致房地产崩溃；部分低附加值行业和传统制造业因经营困难而破产；产能过剩企业的偿付能力、可提供的信用下降；银行信贷业务中，部分行业不良率大幅升高；投资者失去信心，金融市场大幅萎缩，社会融资规模大幅回落；银行业不良资产明显增加，贷款严重收缩；中国经济在 2024 年、2025 年、2026 年出现反弹。

5.4 资本规划体系架构

5.4.1 资本规划方法

在资本规划目标制定方面，J 银行综合考虑国内外经济环境影响、监管政策变化及银行发展现状等内外部影响因素，审慎地设置资本管理目标。具体来说，以资本监管要求为基础，以年度风险偏好为指导，结合本行业务发展规划、利润目标等安排，设定审慎、合理的资本充足率目标，在确保风险覆盖全面、充分的前提下，使资本充足率和资本回报率保持平衡。

在设定初始资本规划目标后，J银行依托统一的财务逻辑，实现业务规模规划、利润规划、资本规划三位一体的联动规划方法。在资本供给预测方面，J银行根据历史数据、业务发展计划等要素预测资本需求，根据利润规划、融资假设得到全行资本供给预测。此外，通过业务规模规划和现有风险权重测算风险加权资产（资本需求）。在此基础上，综合对资本供给和资本需求的测算，并通过实施压力测试为可能发生的不利市场条件预留一定的缓冲区间，确定目标资本充足率。J银行根据资本规划结果制订年度资本使用计划、资本补充规划，经董事会审议通过后实施。同时，每年将资本规划实施情况报告董事会进行审议。

5.4.2 资本规划流程

资本规划不是一个孤立的计划，是需要银行内部战略计划部门、财务部门、风险管理部门和业务部门多方配合的较为复杂的工作。为了更好地协调和开展资本规划，建立恰当的流程就显得尤为重要。在设计资本规划的相关流程时，本文将充分考虑银行现有的业务计划、财务计划和资本规划流程，在资本管理治理框架下，更好地结合原有流程并进行改进；避免出现烦冗重复的程序或职责不清的情况；促进资本规划技术方案的落实，更好地在银行内部实现业务计划、财务计划、风险计划与资本规划的相互衔接。

良好的资本规划方案应具备以下几个条件。

（1）既有详细的未来一年资本年度预算，又有滚动的三年中长期资本规划。

（2）资本规划按照覆盖的时期应划分为年度资本预算和中长期资本规划。其中，年度资本预算工作是指基于年度业务计划和财务预算，对预算年度（T+1）的资本需求和资本供给开展预测，并据此制订相应的资本决策方案；

中长期资本规划是指对银行未来第二年和第三年（T+2、T+3）内的资本供需和资本充足状况进行预测和判断，并依据预测结果动态评估及分析资本结构，制定恰当的资本决策。

（3）在详细的年度预算中，以实现资本管理目标为最低要求，在基于管理需要设定的资产组合层面，对风险参数和财务参数进行预测，进而得出正常情景下的资本需求和可用资本水平。

（4）结合压力测试的结果，得出在正常情景和压力情景下的资本需求和供给的变化，最终为管理层制定资本决策提供依据。

需要特别说明的是，资本规划所需的数据包括科目对应表、机构表、基础数据表、G40和G4A报表。

表5-20 资本规划流程

步骤	流程	内容
1	确定资本管理目标	资本管理目标主要来自银行各类战略层面的管理政策，如战略规划、业务经营计划、风险偏好和财务预算
2	填入基础数据	使用历史财务数据建立业务规模预测模型，对基期情况进行预测
3	财务报表预测	建立一整套嵌合资本规划输入项与银行财务报表关联关系的模板，动态地展现资产结构变动对财务报表的影响
4	风险加权资产预测	基于财务报表预测的结果，对监管资本下的信用风险加权资产、市场风险加权资产及操作风险加权资产分别进行预测
5	资本供给方案	确定资本供给的类型，定义合格的资本工具，进而针对不同的资本供给来源设计预测方法
6	外生资本供给预测	资本性资本补充和资本应急计划带来的影响
7	内生资本供给预测	留存收益、超额贷款损失准备、贷款损失准备缺口

5.4.3 资本规划开展

资本规划开展主要有基本假设、资本规划目标、指标选择、目标值设定、资本供给、资本需求、资本规划调整行动等环节，具体如下。

1. 基本假设

资本规划与业务规模规划、利润规划一样,是 J 银行整体经营规划的一部分。资本规划的基本假设是 J 银行未来三年的风险未发生重大变化,业务发展情况和财务状况保持稳定增长。

2. 资本规划目标

资本管理目标是全行利益相关方(如股东和监管机构)对银行未来资本管理期望和要求的具体表达,是统筹股东和监管机构要求,以及内部业务发展计划、财务计划和风险管理计划的要求后所设定的。在制定资本规划目标时首先需要考虑监管机构对银行资本管理的基本要求,监管要求中的相关量化指标应纳入资本规划的目标,包括核心一级资本充足率、一级资本充足率和资本充足率。在此基础上,J 银行将业务类、收益类和资产质量类指标纳入资本规划的目标体系,以体现资本和业务发展相匹配、追求风险和收益平衡的资本管理理念;在设定资本充足率目标值时,考虑了内部资本充足评估程序涉及的第二支柱资本附加,以及资本充足率压力测试结果,体现资本覆盖风险原则。

3. 指标选择

遵循上述原则,设定的资本规划目标包括核心一级资本充足率、一级资本充足率及资本充足率,以及管理层关心的其他战略绩效指标,如资产利润率、资本利润率、总资产增速等。

4. 目标值设定

在设定各指标的具体目标值时,需参考监管要求、银行设定的风险偏好阈值和历史数值,以及第二支柱的资本附加值等。

5. 资本供给

J 银行在内部资本充足评估体系下将直接采用资本新规对资本的有关定义、扣除和计入规则进行可用资本测算,并根据监管机构最新要求进行更新。根据资本新规,资本组成包括核心一级资本、其他一级资本和二级资本。截至目前 J 银行的资本项目包括以下内容。

（1）核心一级资本。合格的实收资本或普通股、经调整的资本公积、盈余公积、一般风险准备、经调整的未分配利润、少数股东资本可计入部分和外币报表折算差额。

（2）其他一级资本。合格的其他一级资本工具及其溢价和少数股东资本可计入部分。

（3）二级资本。合格的二级资本工具及其溢价，超额贷款损失准备，少数股东资本可计入部分，可供出售金融资产中的股权类、债券类的公允价值变动形成的未实现净利得的50%，固定资产重估储备（不包括非自用不动产）的70%和交易性金融工具公允价值变动形成的未实现累计净利得（考虑税收影响后）。

此外，还应从上述资本组成中扣减相应的扣除项。

6. 资本需求

监管资本需求是J银行满足全行股东收益要求和业务发展的风险加权资产。总风险加权资产是资本充足率公式的分母，为信用风险加权资产、操作风险加权资产及市场风险加权资产的总和。目前J银行信用风险加权资产计量采用权重法，市场风险加权资产计量采用简化标准法，操作风险加权资产计量采用标准法，在资本规划中将基于当前的计算方法进行规划。

7. 资本规划调整行动

资本规划调整行动是为了满足资本管理目标和银行其他规划目标的统一而进行的活动。如果有未满足目标值的指标，则需要对规划进行调整。可能的调整方法包括：调整贷款/存款增速、投资增速、表外资产增速、中收增速、利率水平，调整业务结构，调整分红比例，补充外生资本等。在资本规划的整个流程中，资本规划测算调整行动主要为了统一各个规划结果，使规划结果满足J银行资本战略。

5.4.4 正常情景下的资本补充计划

根据资本规划的预测结果，J银行可以根据行内实际情况制订资本补充计划。资本补充计划具体的实施步骤和对应假设与过往经验保持一致，与同业实践具有可比性。

规划期内，J银行可以优化经营管理，提升盈利能力和利润转增资本的能力，增强资本内生机制；持续调整资产结构，提高资产质量，降低风险加权资产。与此同时，J银行还可以创新资本补充途径，充分利用资本市场多种资本补充工具，把握市场时机，合理安排外部资本补充方式。

（1）内部资本积累。J银行可以优先使用留存利润补充资本，提高内部资本积累能力。规划期内，坚持稳健经营，提高风险防御能力；科学制订发展计划，优化业务结构；提升风险定价能力、盈利能力；持续推进战略转型，提高中间业务占比；合理确定分红比例，根据资本补充要求制定合理的利润分配政策，合理确定现金分红比例，有效加大内源性资本的积累。

（2）外源资本补充。根据监管规定和资本市场情况，一是通过适时增发普通股、引入战略投资者等方式补充核心一级资本；二是根据相关法律法规及资本市场情况，通过发行无固定期限债券、境外优先股等符合监管规定的资本工具补充一级资本；三是在监管许可范围内，积极通过发行合格二级资本工具等方式补充二级资本，形成多元化的资本补充机制，在进一步提高资本充足水平的同时降低资本补充的融资成本，完善融资结构；四是根据监管规定和市场情况，合理选择其他创新融资方式对资本进行补充。

6 J银行实施资本新规的对策及价值

6.1 资本新规下同业实践对比分析

通过调研，建设银行、平安银行、江苏银行等先进同业已先后分阶段启动了风险加权资产计量与管理项目，并且成功落地应用，逐步搭建起符合资本新规要求的计量和管理体系，助力风险资产精细化计量，为建立完善的资本管理体系、提高资本管理精细化水平提供了有力支持。城商行（如北京银行、广西北部湾银行、桂林银行、泰隆银行等）在资本新规下发后，均聘请咨询公司进行全行的业务梳理、数据梳理、系统梳理、业务咨询、数据咨询、系统咨询、资本管理规划等，之后由咨询公司指导和监理实施厂商开发RWA系统进行落地，确保项目的整体实施效果。

J银行是城商行中较早开展资本新规实施咨询项目的银行之一，资本新规发布后两个月正式启动咨询项目。截至2023年底，项目进程已过半，主要改造点已梳理完成，正根据历史数据进行定量测算。

6.2 J银行实施资本新规的对策

J银行实施资本新规的对策是转变经营模式，走轻资产转型道路。轻资产发展模式是指银行将资源从资本收益率较低、资本需求量较大的产品和地区，转向资本收益率较高、资本需求量较小的产品和地区。该模式与过去依靠"资本补充—信贷扩充—再融资"的粗放型发展模式相对应，在通过调整优化存量贷款、投资业务结构的同时，创新发展路径，做大中收、提高资本收益并减少资本占用，从而实现低资本消耗下的可持续发展。

6.2.1 加强资本规划，确保资本充足

J银行将以资本规划为纲领，将资本充足率目标纳入年度预算体系、资产负债管理政策以及风险偏好，实现从资本规划到资本预算、资本配置的有效传导。同时按期滚动编制中长期资本规划，并根据宏观环境、监管要求、市场形势、业务发展等情况的变化，及时对资本规划进行动态调整，确保资本水平与未来业务发展和风险状况相适应。

不断完善内部资本充足评估程序，充分识别、计量、监测和报告主要风险状况，确保银行资本水平与其面临的主要风险及风险管理水平相适应。充分考虑市场和监管政策变动的可能性，完善资本压力测试情景，建立应急情境下的跨部门协调工作机制，提高资本管理的精细化水平。

6.2.2 提高资产质量，合理配置资源

做实不良资产分类，提高拨备覆盖率，加大不良贷款的处置力度。推动

内源性资本补充及外部市场资本补充，依托对资本的高效配置，提高轻资产、高资产收益业务的比例，摆脱资产及利润的增长高度依赖资本增长的粗放发展方式，将资本对资产和利润的支撑作用最大化。轻资产发展模式要求银行将人力、资金等要素，优先投向资本收益率较高、资本需求量小的产品和地区，通过优化配置银行各项资源实现资本效率最大化。

J银行将始终坚持服务实体经济的市场定位，适时调整和优化表内外资产结构，加强对风险资产的管理，在业务发展中适当提高风险缓释水平，减少资本占用，向资本耗用低、资本收益高的轻型资产倾斜，用好用足资本资源，通过资本配置引导业务部门和各级机构调整资产结构，以资本约束资产增长，提高资本运用效率。

6.2.3 提高盈利能力，实现可持续发展

对公业务投向可向中小微企业和满足投资级条件的公司倾斜，鼓励"投小、投好"。零售业务可考虑提高账单分期门槛要求，扩大满足合格交易者的信用卡业务规模，控制个人客户在银行贷款不超过1000万元。同业业务要做好交易对手名称标准化管理，核查其资本充足率的披露情况，缩短业务期限在三个月以内；要适度压降表外与承诺业务，避免大规模未使用额度带来的资本耗用。轻资产发展模式的最终目标是通过提高银行内部盈利能力，摆脱过去依靠频繁融资支撑发展的不可持续模式，维持资本、资产和利润的可持续增长，消除股东、市场、监管和社会等诸多层面对银行可持续发展的质疑和压力。

6.2.4 优化资本考核，增强节约意识

进一步加强全面风险管理，充分运用资本在各业务条线的合理配置，调整业务结构和客户结构，实现资本水平、收益水平、风险水平在各业务维度的合理匹配。将资本管理嵌入绩效考核中，引入风险资产占比、风险资产收益率等资本考核指标体系，引导各级机构树立资本约束意识，确保资本成本

概念和资本管理理念融入经营管理的各个环节。

着眼于长远的高质量可持续发展，综合考虑J银行实际经营情况、成长性、未来业务发展能力、资本补足能力、股东意愿以及对股东的合理回报等因素，建立对投资者持续、稳定、科学的回报规划与机制，从而对股利分配做出制度性安排，以保证股利分配政策的连续性和稳定性。利润分配政策需符合银行业监管部门对银行股利分配的相关要求。

6.3　J银行实施资本新规的价值

实施资本新规是银行业的必做题，首先要满足合规达标，但仅以合规达标为目的并不能反映实施资本新规的实质性价值。很多监管部门要求对商业银行的作用更多地体现在"负向"激励，银行做不好、不达标，将会遭到监管部门的处罚；但从商业银行的经营角度，更希望有"正向"激励作用，能在可预见的时间内给银行带来实实在在的"好处"。

资本新规的推出，除了具备合规达标的"负向"激励机制，更重要的是给很多具有一定规模的银行提供了"正向"激励机制。一定规模的商业银行，特别是第一档银行，实施资本新规标准法，能够获取更多资本节约的空间。正因如此，资本新规具备了监管驱动的"正向"激励功能，顺理成章地成为商业银行集约化、精细化资本管理的重要抓手。

J银行实施资本新规的价值主要体现在三大风险计量与资本管理模块。通过三大风险RWA计量的实施，按照监管要求实现了风险资本的准确计量，推动行内各类外围系统的改造与优化，提升J银行三大风险资本要求的准确性，满足了监管合规达标要求。具体包括各类资产业务数据字段链路探查，资金业务的账簿划分、投资组合归属和全量投资组合清单梳理，损失数据各项标准设计、模型设计以及不同场景下的迭代切换。

一是合规建设。按照资本新规要求，对J银行资本计量实施的各项计量规则进行数据映射，并进行不同场景下的多轮测算，确保J银行在可执行的基础上，满足监管对资本计量相关建设的合规要求。

二是持续达标。充分整合J银行业务数据，基于J银行RWA系统计量模块融入资本计量各项映射规则、计算逻辑与计量模型，从而实现三大风险RWA法人口径、集团口径的线上化计量。

三是管理能力提升。资本新规中对资本管理提出了更高的要求。本文通过设计完成了一套符合J银行内部管理需要的标准化资本管理报表，优化完善了资本监控、预测，情景模拟等流程和方法，建立了满足监管要求的资本计量体系，进一步推动J银行进行主动、有效的资本管理。

7 总结与展望

随着经济金融形势和商业银行业务模式的变化，老资本办法遇到了新的问题，有必要做出调整。我国资本新规的修订及出台，体现了两个最受商业银行瞩目的关注点：一是对三档银行实施差异化资本监管，在资本要求、风险加权资产计量、信息披露等方面对不同银行进行分类对待；二是全面修订了风险加权资产计量规则，包括信用风险权重法和内部评级法、市场风险标准法和内模法，以及操作风险标准法，提升资本计量的风险敏感性。

本文以J银行实施资本新规为例，对银行内部数据进行定量测算，整体而言对J银行各级资本充足率的影响是有限的，基本上可以平稳切换。从资本新规的内容来看，监管导向已经清晰：进一步加大对实体企业的支持力度，比如下调了中小企业客户的风险权重；抑制同业业务增长的趋势，比如对剩余期限在三个月以上的同业资产，上调风险权重系数；鼓励银行提高自主识别客户风险的能力，比如增设了投资级企业；银行信用评价也实现差异化管理。

从中长期来看，资本新规对J银行的经营管理是有利的。主要原因是，近年来，J银行在支持实体经济、服务实体客户方面加大了力度，着重从业务战略布局和业务结构转型方面进行了调整，正在走轻资本转型道路，尤其在普惠、中小客户、投资级企业以及零售和信用卡优质客户方面进行了有益探索，相信可以充分享受到资本优惠的红利。

参考文献

[1] 杨凯生，刘瑞霞，冯乾.《巴塞尔Ⅲ最终方案》的影响及应对[J]. 金融研究，2018（2）：30-44.

[2] 付英俊.《巴塞尔协议Ⅲ最终方案》对我国银行业的影响及应对思考[J]. 中国银行业，2023（2）：44-46.

[3] 陈忠阳. 巴塞尔协议Ⅲ改革、风险管理挑战和中国应对策略[J]. 国际金融研究，2018（8）：66-77.

[4] 叶思晖，樊明太，李凯. 我国宏观审慎政策有效性比较研究[J]. 金融发展研究，2020（3）：3-12.

[5] 吕艳霞. 中国商业银行资本工具创新研究[D]. 北京：中共中央党校，2016.

[6] 周光宇. 我国中小商业银行资本监管研究[D]. 重庆：重庆大学，2014.

[7] 王薇.《巴塞尔协议Ⅲ》框架下我国商业银行资本监管问题研究[D]. 北京：首都经济贸易大学，2014.

[8] 叶立新. 巴塞尔新协议下我国商业银行资本监管研究[D]. 南京：南京理工大学，2006.

[9] 徐翀，高硕，安娜，等. 巴塞尔协议Ⅲ的全球实施进展与启示[J]. 华北金融，2017（3）：40-45.

[10] 冯乾，游春. 操作风险计量框架最新修订及其对银行业的影响——基于《巴塞尔Ⅲ最终改革方案》的分析[J]. 财经理论与实践，2019，40（1）：2-9.

[11] 王刚，周一. 我国银行资本监管制度的系统优化——评《商业银行资本管理办法》（征求意见稿）[J]. 中国银行业，2023（4）：54-56.

[12] 王涵霖. 刍议《商业银行资本管理办法（征求意见稿）》对金融市场业务的影响[J]. 中国银行业，2023（4）：57-59.

[13]周林.商业银行资本管理高级法与初级法计量区别及其审计重点[J].现代审计与会计,2023(8):36-38.

[14]张超.商业银行资本管理能力提升的路径探析[J].时代金融,2023(4):31-32,38.

[15]袁园.商业银行资本管理新规公开征求意见[N].每日经济新闻,2023-02-21(002).

[16]杨克成.我国区域性商业银行资本结构管理研究[D].天津:天津财经大学,2020.

06

中小银行绩效考核数字化建设及应用

刘淑霞　祝春煜　刘　凯　等[①]

1　绩效管理概述

1.1　绩效管理相关概念

绩效一般是指工作的效果与效率，一方面体现了企业的利润目标，另一方面反映了员工的工作表现；是评价管理成功与否的重要因素，也是一种综合性评估。绩是企业用来衡量员工工作表现和实现利润目标的重要指标；效是一种行为，体现的是企业的管理成熟度目标，由纪律和品行组成。

基于研究对象的不同，不同的人对绩效概念的理解常常存在一定的差异，主要有以下三种：一是认为绩效是一种结果（结果观），二是认为绩效是一种行为（行为观），三是认为绩效是行为与结果的统一体（综合观）。随着管理

---

① 刘淑霞，九江银行（HK6190）计划财务部预算考核中心绩效考核岗，持有项目管理专业人士认证（PMP）资格证书，拥有多家城商行10余个项目管理及研发经验，目前从事绩效考核工作。

祝春煜，九江银行（HK6190）计划财务部预算考核中心总经理，本科学历，中级经济师，拥有七年分行及三年总行财务管理、绩效考核、经营分析工作经验。

刘凯，研究生学历，项目管理专业人士认证（PMP），十余年金融科技从业经验，曾为多家银行提供开发及数据应用服务，对业务架构、应用架构、数据架构具有深刻认识及丰富实践。

其他成员：汪春铃、刘小双、莫彦君、张成。

研究的开展，更多的学者认为个人绩效包括工作行为及结果。绩效成为衡量工作全貌的尺度，既要看过程的投入，也要考虑结果的产出，因此将其定义为"行为与结果的统一"。

1.1.1 绩效管理

"绩效管理"这一概念的首次提出是在20世纪70年代，强调多赢的过程管理，即组织和个人目的相同。管理者和员工一起参与绩效的目标制定、辅导交流、考查审核、成果运用、目标提升，以此达到组织目标的循环过程，即绩效管理。绩效管理旨在帮助企业提高实施决策的有效性，是企业发展战略的助推器，不仅可以串联个体的努力，也可以促进集群及企业整合。其包括有针对性、可操控性、可衡量性、可实施性等多个方面，原则是"以人为本"，是企业实现内外协调发展的桥梁。

1.1.2 数字化绩效管理

数字化绩效管理与传统绩效管理不同，其是指利用信息技术手段，对企业组织的绩效进行量化、分析和优化，提高企业的经营效益和竞争力。数字化绩效管理包括各个部门的绩效评估、员工的绩效考核、业务流程的优化等方面，其核心是数据采集、分析和应用。企业可以通过多信息系统和工具，收集多种数据，并进行数据分析，达到发现问题、改进业务流程、提高绩效的目的。

1.2 数字化绩效管理构建要素

1.2.1 加强绩效管理的数字化理念培训

中小银行数字化绩效管理体系的建设离不开领导层的支持；对于中小商业银行而言，实施有效的绩效管理是推动银行发展、提升竞争力的关键。同时，数字化管理将商业银行纷繁复杂的业务指标转化为可衡量、可分析的数据，与商业银行不断发展的业务范围相适应。领导层应当正确审视数字化浪潮，注重数字化在绩效管理中的关键作用，并将数字化绩效管理体系视为推动业务繁荣的强有力工具。绩效管理是提升员工工作效率和积极性的重要动力。当前推进绩效管理体系建设工作中，提高员工理念、按时推进员工绩效管理的数字化培训也是重要的一环。

1.2.2 加强数字化绩效管理制度建设

数字化绩效管理是现代企业管理的一个重要趋势，其通过将工作指标量化，并使用数字工具进行监控和分析，从而提高了绩效评价的客观性和准确性。对于中小商业银行而言，实施数字化绩效管理有诸多好处：数字化的指标减少了主观判断的干扰，使得绩效评价更加基于事实和数据，有利于提高评价的客观性；数字化的信息更容易共享和访问，员工可以清晰地了解自己的表现以及如何与银行的整体目标对齐，增强透明度；统一的数字化标准可以确保不同部门和员工的工作价值得到公正的评价和相应的薪酬回报，促进公平性；数字化平台可以自动收集和分析数据，减少人工操作，提高绩效管理的效率；数字化绩效管理为管理层提供了准确的数据支持，有助于作出更合理的人力资源和薪酬决策；员工可以通过数字化平台跟踪自己的进步和成长，激发积极性和自我提升的动力；通过对绩效数据进行分析，银行可以更有效地分配资源，优化业务流程，提高服务质量；数字化绩效管理鼓励基于成果的文化，强调目标导向和持续改进。

为了实现上述好处，中小商业银行需要采取以下措施：一是建立和完善绩效指标体系。根据银行的战略目标，制定具体、可衡量的数字化绩效指标。二是投资建设数字化平台，开发或采购适合自己需求的绩效管理软件，确保数据的准确收集和实时更新。三是培训员工。对员工进行绩效管理系统的使用培训，确保其理解系统的目的和操作方法。四是持续优化流程。根据反馈和数据分析结果，不断调整和优化绩效管理流程和指标。五是保障绩效管理部门的独立性。确保绩效管理部门能够独立运作，避免受到不当干预，保证评估的公正性。六是建立合理的薪酬体系。根据岗位的工作价值和市场标准，建立合理的薪酬分层制度，确保与绩效评估结果相匹配。中小商业银行通过这些措施可以构建一个更加科学、合理、高效的绩效管理体系，从而提升整体竞争力和市场适应能力。

1.2.3 加强数字化人才队伍建设

在商业银行数字化绩效管理体系这栋大楼的建造中，人才是地基。数字化绩效管理不仅是技术的变革，更是管理和文化的变革，因此，拥有一支既懂技术又懂管理的专业人才队伍对于成功实施数字化绩效管理至关重要。在数字化绩效管理团队的素质提升上，商业银行应双管齐下，既招贤纳士，也进行栽培。另外，为了将绩效管理的效率提高至新的高度，商业银行必须开展深入的数字化业绩理论培训，通过精心策划培训课程，将银行绩效管理者从传统的管理模式中解放出来，向数字化绩效管理方式转变。这不是单纯的知识更新，而是一场理念的革新。

1.3 理论基础

1.3.1 目标管理理论

彼得·德鲁克（Peter F. Drucker）于1954年在其著作《管理实践》中首次阐述了"目标管理"这一划时代的理论。他认为，目标的存在赋予人们无限动力，激发出满腔的工作热情，这股热情能将动力转化为具体而持久的行动，在这样的理念下，个体将全身心投入，为目标的实现竭尽全力。德鲁克的这一理念至今仍对现代管理实践产生深远影响。

目标管理的核心理念在于将组织的整体目标分解至每个成员，使之成为个人追求的目标。这种做法不仅明确了员工的工作方向，而且通过激励机制确保员工朝着既定目标努力，从而提高组织效率。对于银行业来说，建立一套与战略目标相契合的绩效考核体系至关重要。银行需要确保员工对这一体系的构建有所贡献，提高参与感和责任感。银行将长远发展目标细化为可操作的小目标，是实现有效目标管理的关键环节。

1.3.2 系统管理理论

在系统管理理论的框架下，企业被视为一个开放的系统，由人力、财务、设备及其他资源构成，其成长与发展受到内外部环境的共同作用。管理者的任务是在这个复杂的系统中识别和解决问题，实现各方面的动态平衡。管理人员不仅需要充分考虑经营中出现的各种问题，还需要关注并平衡内外部利益相关者的需求。银行在构建绩效考核指标体系时，应充分借鉴系统管理理论的观点和措施，以战略目标为导向，确保所有业务活动和员工行为都与银行的长期战略目标保持一致，进而构建一个全面和开放的评价系统，促进整个组织的健康发展。

1.3.3 战略地图管理理论

战略地图是一个由平衡计分卡的鼻祖罗伯特·卡普兰和戴维·诺顿提出的工具，诞生于其长期对企业实施平衡计分卡指导和研究的深厚实践中。他们洞察到，企业在描述和传达战略时往往面临障碍，这些障碍导致管理层之间以及管理层与员工之间沟通不畅，进而影响其对战略的共同理解与执行。战略地图的核心思想在于强调因果关系链的重要性。它帮助企业明晰战略目标之间的逻辑联系，确保每个环节都指向最终的愿景。同时，协调一致性原则确保了组织内部各个层级和部门在执行战略时能够步调一致，形成合力。这种视觉化的工具不仅促进了战略的沟通和理解，还加强了团队协作，使得整个组织能够更加高效地向共同的目标进发。战略地图作为一种高效的绩效管理工具，专门用于描绘企业战略目标与关键绩效指标之间的相互关系，基于平衡计分卡的四个核心层面，即财务、客户、内部流程、学习与成长，通过深入分析这些层面之间的相互作用，绘制出一幅企业战略的因果关系图谱。战略地图的特色在于其细节层次的添加，不仅揭示了战略的时间动态性，还展示了战略目标随时间的推移而演变的路径。战略地图通过增加颗粒层，提高了清晰度和焦点，使得复杂的战略变得简洁易懂，用以改善清晰性和重点。

战略地图为组织提供了一个统一的方法来描述和阐明其战略,使得目标和指标的建立与管理变得清晰可行。它不仅是一种规划工具,更在战略规划与执行之间架起了桥梁,缩小了二者之间的差距。战略地图确保了战略不是孤立的管理系统,而是将企业高层的使命陈述转化为一线员工和后勤人员可以具体执行的行动。在这个过程中,战略被视为一个逻辑连续统一体的一部分,将组织的愿景和员工的日常工作紧密相连,确保每个环节都为实现整体战略目标作出贡献。

绘制战略地图的六步流程为组织提供了一个清晰的路径,将战略目标转化为可执行的行动计划。第一步,确定股东及其他利益相关者的价值差距,明确需要追求的目标;第二步,调整客户价值主张,与市场需求保持一致;第三步,设定价值提升的时间表,为战略实施提供时间框架;第四步,明确战略主题,作为组织行动的指南;第五步,识别并协调无形资产;第六步,制订具体的行动方案,将战略地图转化为实际的操作步骤。通过这一过程,银行能够将其核心价值观和经营理念具体化,并融入绩效管理指标体系中;每个员工都能清晰地理解自己的角色,确保整个团队朝着共同的战略目标前进。

2 J 银行绩效管理现状分析

2.1 J 银行简介

J 银行股份有限公司,原名 J 市商业银行,成立于 2000 年 11 月 18 日,2018 年 7 月 10 日在香港联交所主板上市,为全国第二家、中部第一家联交所主板挂牌上市的地级城市商业银行。

截至 2022 年末,全行实现了从拥有几家小门脸到开设网点 280 余家,资产总额突破 4700 亿元的历史性跨越,连续四年纳税额超 15 亿元且逐年增长,2022 年入库税收突破 22 亿元,在 J 市本土企业排名第一。在全球权威杂志英国《银行家》"2022年全球银行1000强榜单"中，J银行居全球银行第265位，连续6年跻身全球银行500强。截至2022年12月31日，J银行下辖总行营业部、13家分行、267家支行，以及20家村镇银行。

2.2 J银行绩效管理现状

近年来，J银行坚持党建引领、紧跟国家发展形势，着眼于长远发展，深化绩效考核管理改革。为确保完成全行战略目标，J银行将经营策略从财务、客户、内部流程、学习与成长四个层面进行梳理，绘制战略地图，从而不断优化绩效考核体系；通过绩效计划制订、绩效考核评价、绩效过程跟踪、绩效结果反馈四个环节实现绩效闭环管理。

2.2.1 J银行战略地图实施现状

为科学分解落实战略目标，强化全面战略管理，J银行自2020年开始，引入"战略地图+平衡计分卡"工具方法，编制全行、全条线部门及分支机构全面预算。

该方法的主体思路：明确战略目标、选定评价指标、设定目标值、制订行动方案、实施资源配置、形成全面预算，通过一图（战略地图）、一卡（平衡计分卡）、一表（行动方案、预算关系及协同信息表），明确全行及各预算编制单位下一年度经营目标、采取哪些执行方案，以及如何进行资源配置，最终通过管理行为确保战略有效执行，支持战略目标和经营目标的实现，并增强各条线部室协同效应。

2.2.2 J银行绩效管理体系实施现状

J银行的绩效管理模式包括四个关键阶段，即制订绩效计划、绩效沟通、绩效评价、绩效结果应用与反馈，形成一个循环往复的过程（见图6-1）。每个阶段都在确保整个绩效管理体系的有效性和连贯性方面发挥着独特的作用。

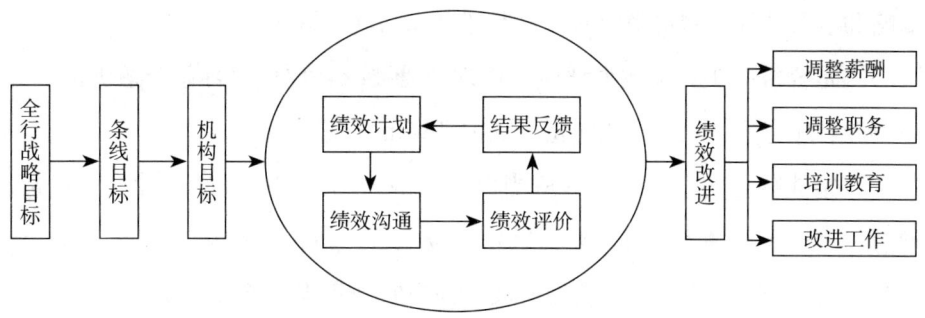

图 6-1　J 银行绩效管理流程

一是绩效计划。作为起点，绩效计划是根据银行的经营状况和战略目标制订的指导性计划。这一阶段涵盖了全行战略绩效计划、条线绩效计划和机构绩效计划等不同层面，为后续管理活动提供了科学的基础。

二是绩效沟通。绩效计划的成功实施依赖于良好的绩效沟通。这个阶段的关键在于建立起绩效计划和实际执行之间的桥梁。通过有效的沟通，管理者能够了解实施中的问题，并及时调整计划以保持其有效性。同时，被考核单位通过绩效沟通获得关键信息，有助于及时解决问题并完成任务。

三是绩效评价。绩效评价是整个过程的核心，通过科学的评估方法对被考核单位的工作成果进行分析。这包括对营销情况、业绩亮点、发展问题、风险管理和合规情况的全面评估，为后续改进提供了基础。

四是结果反馈。这是绩效管理的最后一个环节，管理者根据绩效评价的结果与被考核单位进行沟通，解决存在的问题，进一步完善整个绩效管理流程。有效且及时的反馈是确保绩效管理实际产生影响的关键，有助于员工进步，得到员工的支持，并改善商业银行自身的经营。

1. J 银行绩效考核制度制定现状

绩效计划是绩效管理体系起始的一环，是 J 银行绩效管理体系的开端。目前这一环节主要由绩效考核委员会成员深入研究全行的战略目标和发展计划，按照国家金融监督管理总局指定的《银行业金融机构绩效考评监管指引》的要求，主要遵循以下原则。

一是稳健经营。银行业金融机构应当树立稳健绩效观，确定稳健的发展战略和经营计划，制定稳健的绩效考评目标和具体指标。

二是合规引领。绩效考评应当体现监管要求，促进银行业金融机构合规经营和有序竞争，培养合规文化，维护良好市场秩序。

三是战略导向。绩效考评应当以发展战略为导向，以经营计划为目标，通过科学合理的绩效考评，坚持既定市场定位，执行既定发展战略，实现差异化发展、内涵式发展、均衡性发展，提高服务实体经济的能力。

四是综合平衡。银行业金融机构应当统筹业务发展与风险防控，建立兼顾效益与风险、财务因素与非财务因素、当期成果与可持续发展的绩效考评指标体系，全面客观地实施绩效考评。

五是统一执行。银行业金融机构应当建立有效的考评管理机制，注重绩效考评的过程和质量管理，强化绩效考评执行力和约束力，确保经营管理要求逐级传达的一致性。

2023年度J银行分支机构绩效考核主要指标设置如表6-1所示。

表6-1 2023年度J银行分支机构绩效考核指标

维度		一级指标	
分类	权重	指标名称	权重
经营效益类	160	EVA	80
		RAROC	40
		存款付息率	40
发展转型类	210	新增对公存款	20
		新增储蓄存款	20
		新增AUM资产	50
		转型业务投向	80
		授信集中度	40
社会责任类	160	新增对公价值客户	80
		新增财富客户	80
		消保投诉管理	扣分项

续表

维度		一级指标	
分类	权重	指标名称	权重
风险管理类	250	授信后管理	30
		不良管控	120
		关注类授信	40
		风险资产处置	60
		全面风险管理	扣分项
合规经营类	220	内控合规	90
		质效管理	50
		战略执行力	80
党建类	1000	两增两控	80
		制造业	80
		新增绿色信贷余额	80
		跨境人民币结算	40
		乡村振兴领域贷款	40
		调结构	40
		控不良	80
		业务争先	50
		党建共建	10
		党建定性考核	500

2. J银行绩效考核沟通现状

J银行绩效沟通采用由各条线负责、计财条线汇总的模式，具体分为计财条线、对公条线、零售条线、风险条线、内控合规条线。J银行每月由各条线对其负责的考核指标进行进度分析及监测管理，并由计财条线牵头对排名后10%的机构进行辅导，解决机构在发展中的痛点、堵点和难点，并建立问题台账，通过督办体系协调机关部门反馈及解决。

3. J银行绩效考核评价现状

J银行按照月度开展绩效考核工作，在每月3日绩效考核管理系统跑出初版结果后,由各条线指标负责人对负责的指标数据进行核算,再由牵头部门(计划财务部)确定考核结果(总行核算版),并下发至分支机构进行最终版复核,形成最终考核结果,再由计划财务部统一公布。

该环节流程如下:第一步,由计划财务部根据分支机构绩效考核整体计划,安排各部门数据反馈时间(一般在每月6日左右);第二步,由信息科技部负责全行考核相关指标、得分数据跑批,输出考核初稿(一般在每月3日);第三步,由计划财务部、企业金融管理部、零售银行管理部、风险管理部、内控合规部等部门对各自条线的指标数据进行系统结果核算,按时将结果报送给计划财务部;第四步,总行完成各项指标核算,由计划财务部开放绩效考核管理系统权限,将结果下发至分支机构复核(一般在每月8日左右);第五步,分支机构复核完成后,绩效考核管理系统对考核结果进行封版,形成分支机构正式考核结果;第六步,由计划财务部对考核结果进行公布。

4.J银行绩效结果反馈现状

每季度绩效考评结束后,总行计划财务部对绩效考核结果进行复盘分析,形成季度复盘分析报告并提交至管理层,以此作为决策依据。随后,总行开展经营管理工作会议,分析上一季度绩效管理中存在的问题,对不符合当前市场情况或行情的指标进行修改或调整,以提升绩效管理体系的有效性;要求各分支机构对自身业绩进行分析,总结经验教训,并制订或调整下一阶段的绩效计划,设置标杆行,分享优秀经验。

2.2.3　J银行绩效管理体系数字化基本现状

J银行已成功搭建了绩效考核系统,实现了对分行及九江直属支行的考核指标、得分的自动化统计,同时展示了报表和业绩点评。这一数字化管理系统的建设借助了ODS、大数据平台、核心系统、信贷系统、智能经营分析以及指标管理平台等多个系统,使得机构和个人的绩效考核数据能够自动抽取、加工和汇总统计,根据考核年度指标口径实现了系统自动化。

在分行及九江直属支行的数字化程度方面,指标结果及得分的自动化统计率已经达到了80%以上，实现了高度自动化的绩效管理。这使得分行和直属支行在考核指标、得分方面能够更加迅速和准确地获取信息，提高了考核的效率和透明度。然而，分行辖属支行绩效管理仍然存在手动下载相关数据报表、手工整合核算的问题。这使得数字化体系在这一层面的建设相对薄弱，距离数字化标准还有一定差距。

2.3 J银行绩效管理存在的问题

2.3.1 绩效计划问题分析

1. 绩效考核指标与全行战略脱节

通过对J银行的调研分析发现，其绩效计划侧重的是经营管理中的阶段性事件，与全行战略的关联性较小，导致绩效目标缺乏年度之间的连贯性。

例如，在2021—2023年的绩效指标体系中，2020—2022年均考核了对公存款和储蓄存款两项指标。2021年权重均为6%；2022年对公存款权重为9%，储蓄存款为5%；2023年权重均为2%。由此可见，2021年及2022年对公存款迅猛增长；2023年存款权重大幅下降，对公存款出现下滑。这种现象反映出绩效计划变成总行条线之间的竞争，总行条线部门因扩大自己的权责范围而争取更大的指标和权重分数。该种现象加大了分支机构执行和落实绩效计划的难度。

因此，绩效计划与战略目标的脱节成为J银行绩效管理面临的问题。为解决这一问题，J银行需要更好地协调战略规划和绩效计划，确保它们在各个层面上相互契合和支持。

2. 绩效考核指标在学习成长层面较为薄弱

从前文分析我们得知，J银行对绩效考核的指标分为财务、客户、内部流程和学习与成长四个层面。而在实际执行中，学习与成长层面的关注度相对较低。

以2023年的绩效指标体系为例，财务层面的指标权重占比为37.6%，客户层面为36.6%，内部流程层面为24.8%，而学习与成长层面仅占1%。这种权重分配使得学习与成长在整个绩效体系中显得相对较弱。

简言之，J银行在绩效考核中对学习与成长的关注度不足，权重较低，可能导致员工在个人和职业发展方面得不到充分的激励和支持。重新平衡各层面的权重，提高对学习与成长的关注度，将有助于全面促进员工的发展和提升绩效水平。

3. 绩效考核指标制定缺乏及时性

J银行在绩效考核指标的制定方面明显缺乏及时性。具体来说，绩效计划的目标文件通常在当年的2—4月下发。这使得机构和员工需要等待较长的时间才能收到明确的绩效计划目标。这种延迟可能导致员工在大部分时间内缺乏明确的方向和目标。

经深入分析发现，问题根源是管理机制的不健全。首先，绩效计划的制订缺乏科学性，总体目标更多地反映了各条线部门的意愿，而缺乏准确、合理的计算依据和数据支持。例如，在存款指标的设定上，各条线部门没有进行严谨的调研，直接按照人数、机构数量等方式划分所有分支机构的任务，而未充分考虑当地市场和机构自身情况的差异，导致一些机构很难完成存款任务。其次，绩效计划的制订在总分机构认知上存在不一致，缺乏数据支撑。各条线部门和分支机构之间存在对目标设定的认知差异。分支机构希望设定的目标能够较为轻松地完成；然而，总行条线部门需要更精准的模型和更全面的数据支撑，以便进行科学的绩效目标管理，并避免与分支机构之间的博弈。

总体而言，J银行在绩效计划的制订中需要加强科学性和及时性，建立更健全的管理机制，确保绩效目标的设定更具科学性、客观性，以更好地引导员工的工作方向。

4. 绩效计划未完全分解至员工

J银行的绩效计划在理论上要求分解至每位员工，实现"按劳分配，多劳多得"的目标，但实际执行中却存在一些问题。

调研发现，尽管各分行将对公存款任务下发至各支行，但大多数支行却将任务主要分配给支行行长或对公行助名下，而很少将任务具体落实到对公客户经理层面，导致对公客户经理无法清晰定义自己的责任和任务目标。

产生这一现象的原因在于支行行长面临一系列问题，阻碍了任务的有效分解。首先，一些支行行长认为绩效目标本身就不合理，无论是否分解任务，都难以完成；其次，缺乏相应的激励措施，即使分解任务，缺乏明确的激励可能使分解缺乏实际效果，而员工需要清晰的激励措施来维持积极性；最后，一些支行行长认为任务是由团队共同完成的，过于详细的分解可能影响团队的协作与配合。

总体而言，实际执行中绩效计划的目标分解到员工层面受到一系列问题的制约，包括绩效目标不合理、激励不足以及团队协作问题等。要解决这些问题，需要综合考虑目标的科学性、激励机制的完善以及团队合作的促进，以确保绩效计划的有效实施。

2.3.2 绩效沟通问题分析

1. 绩效辅导沟通方式单一

在J银行，绩效辅导的沟通方式较为单一，主要是总行计划财务部每季度组织的线下辅导。这种形式在讨论业绩完成情况、发展痛点和资源协调等方面有一定效果，但也存在一些问题。

首先，这种方式可能让员工感到过于正式和僵硬，增加了沟通的压力。员工可能难以在这种正式场合中真实地表达自己的想法和困难，从而影响了信息的充分传递；其次，由于缺乏其他多元化的沟通方式，员工无法在更轻松的环境中分享和了解绩效信息。

为了解决这些问题，J银行可以考虑引入更多元化的绩效辅导沟通方式，以满足员工不同的沟通偏好和工作风格，提升绩效辅导的实际效果。比如，定期的团队会议、在线即时沟通工具的应用，以及提供员工匿名反馈的途径，从而促进更加开放和积极的沟通氛围的形成。

2. 绩效辅导沟通缺乏改进措施

在J银行，尽管定期进行绩效辅导，却存在一个显著的问题，即缺乏明确的改进措施。每次绩效辅导都涉及员工与管理层的讨论，但在讨论关键指标和目标达成情况时，往往缺乏具体的行动计划和改进方案。

例如，当员工被告知在对公存款、价值客户数等关键指标上表现不如预期时，其并未得到详细的指导和支持，也没有制订具体的改进计划。员工可能会感到困惑，不清楚应该采取什么样的措施提高自己的绩效水平。

这一问题可能源于缺乏针对性的目标设定和具体的绩效改进计划。在绩效辅导中，管理层应更加注重制定明确的、可行的目标，并与员工一同探讨实际可行的改进措施，包括提供相关培训、分析成功案例、调整工作流程等，以确保员工明白如何在具体指标上改进，并取得更好的绩效成果。

2.3.3 绩效评价问题分析

在绩效考核管理中，绩效评价机制是关键的组成部分。然而，J银行在绩效评价中存在一些问题影响其有效性。

1. 考核指标的数据口径不统一

J银行在月度绩效考核中面临的问题聚焦在绩效数据方面。首先，数据提取过程的复杂性成为一个显著问题。绩效数据来源广泛，包括报表、手工统计以及从底层数据库手动提取的数据，因此，数据的收集和整合变得异常复杂和烦琐。其次，数据标准的不一致也是亟待解决的难题。不同系统对于相同指标数据的记录存在不一致或逻辑关联错误的情况。以对公存款为例，J银行对公存款有多处来源，其中101报表按照开户机构统计，而135报表则按照归属机构口径统计，造成数据的不准确性。最后，同一指标的统计标准存在不一致情况，比如新增贷款指标的基数确定、机构贷款基数和贷款增长目标的调整方式等，缺乏统一规范。

在人员调动和贷款维护等方面，缺乏一致性标准也为绩效考核带来挑战。例如，个人维护的贷款和机构共同维护的贷款之间的比例和转化关系，客户维护的处理方式等问题，都缺乏统一标准，导致不同时间和地区的考核存在差异，增加了考核者和被考核者的负担。

因此，J银行需要建立统一的数据提取和标准化的数据处理流程，确保数据的准确性和一致性，从而提高绩效考核的效率和公正性。

2.考核基础数据不全面

J银行在绩效考核中遇到的另一个问题是考核基础数据不全面。这主要表现在对关键指标的数据收集存在缺失或不完整的情况。以考核大零售贷款业绩为例，信用卡数据来自手工录入，而零售贷款数据来自报表，导致数据来源分散且不一致，使得对某些机构或员工的业绩评估缺乏全面性和准确性。

这种不全面的数据问题可能源自各分支机构采用不同的数据采集标准，或者在数据提取过程中发生的错误和遗漏。因此，某些机构或员工的实际业绩可能未能得到充分考虑，影响了绩效考核的公正性和准确性。

解决这一问题的关键在于建立统一的数据收集标准和完善的数据管理机制，确保从各个数据来源获取的数据是全面、准确且一致的。这将有助于提高绩效考核的公正性，确保每个机构和员工都能在评估中得到充分的体现。

3.绩效考核评价存在人为干预

在绩效考评环节，经过需求调研发现，J银行存在人为干预的情况。具体而言，机构在经营困难时更倾向于向总行申请调整考核，将大额不良、大额授信利率下行、客户提前偿还、财政存款流失、特大客户议价等问题作为调整考核的申请议题。在经济下行时，机构更希望总行提供政策支持。

然而，这种个别机构享受政策调整的情况可能对其他机构造成不公平的影响。因此，J银行应该设定明确的政策范围，例如，只在总行主导的政策推动或确实出现了重大经营变数的情况下进行调整，不应考虑其他机构在业务层级寻求责任免除的情况。这样的策略将有助于防止机构在面临困境时通过人为申请获取优惠政策，从而保证绩效考评的公平性和透明度。

2.3.4 绩效结果反馈问题分析

在J银行绩效考核管理中，绩效结果反馈是一个至关重要的环节。这一环节的主要问题体现在反馈渠道不畅通。当前的反馈机制更多的是单向传递信息，未能建立真正的双向沟通。例如，在绩效结果公布后，员工只能获得部分指标的整体评价和排名信息，却难以获得详细的评价标准和指标的表现细节。这导致员工对绩效结果的理解有一定的障碍，也限制了其更深入地参与绩效讨论的可能性。解决这一问题的关键在于建立更透明、更开放的沟通渠道，使员工能够更直接、更详细地了解自己的绩效状况。

2.4 J银行数字化绩效管理构建的必要性和可行性分析

2.4.1 J银行数字化管理构建的必要性分析

1. 传统绩效管理的困境

传统绩效管理在面临当今快速变化和复杂多变的商业环境时，常常陷入一系列困境。首先，传统的半年度或季度定期评估无法适应迅速变化的市场需求，导致评估结果滞后和不敏感。其次，主观性评价容易引入偏见，影响评估的公正性。单一指标导向可能无法全面反映员工的多方面贡献，激励机制不足则无法有效激发员工的动力。最后，传统绩效管理往往没有建立良好的双向沟通机制，降低员工对绩效管理的参与度。这些问题导致绩效评估的精准性和员工满意度下降，因此需要引入更灵活、客观、畅通的现代绩效管理方法。

2. 数字化时代的全新商业环境

数字化时代塑造了全新的商业环境，注重创新和高度互联。智能技术、大数据分析和云计算为企业提供了前所未有的机会，推动了商业运营模式的深刻变革。在线购物、社交媒体、移动支付等数字化工具已经成为日常生活的一部分，消费者期望更加个性化和便捷的体验。全球供应链的数字化和互联网的发展使企业能够更有效地管理和优化其生产和供应网络。数字化还推动了新型业务模式的涌现，如共享经济、区块链技术和人工智能的应用。企业必须适应数字经济时代，利用科技创新提高效率、降低成本，并灵活应对市场变化，以保持竞争力和创造持续增长。

3. 数字化时代的绩效管理

在数字化时代，绩效管理经历了革命性的变革。数字工具和技术使得绩效评估更加实时、客观、个性化。大数据分析帮助组织深入了解员工表现和趋势，促进数据驱动的决策。智能算法和机器学习提供了更准确的绩效预测，帮助制订更具前瞻性的发展计划。远程工作工具和在线协作平台提供了全球范围内的灵活性，使得跨地域团队的绩效管理更高效。数字化还加强了员工参与度，通过实时反馈和目标跟踪激发了员工的自主性。

总之，数字化绩效管理系统的建设不仅是一项技术工作，更是一种管理理念的转变。它有助于提高员工满意度、企业绩效和竞争力，为持续创新和成功奠定基础。

2.4.2 J银行数字化管理构建的可行性分析

科技的不断发展为绩效管理提供了一种创新模式，使企业能够加强信息的集成和共享，提高决策的质量和速度，也能够实现业务过程的优化和自动化，提高生产力，减少错误，并更迅速地适应市场需求的变化。2018年，J银行首次将数字化转型提上日程，不断地提升数字化意识及管理思想，同步创建了绩效目标数字化管理，主要内容如下。

一是强有力的领导支持。J银行的高层领导对数字化绩效管理给予了强有力的支持。他们的承诺和推动使项目得到了必要的资源和关注。

二是清晰的绩效管理目标。J银行具备明确的绩效管理目标和期望，有助于确保数字化系统的设计与组织目标一致。

三是适应性强的文化。J银行组织文化具备适应数字化变革的能力。员工愿意接受新技术和新方法，并参与和支持数字化绩效管理的实施。

四是良好的技术基础设施。J银行具备足够的技术基础设施支持数字化绩效管理系统的运行，包括稳定的网络、安全的存储系统和可靠的硬件设备。

五是数据的质量和一致性。J银行具备准确、一致的数据，可避免因为错误或不准确的数据而影响绩效分析和评估的准确性。

六是数据隐私与安全保障。在数字化绩效管理中，保护员工数据的隐私和安全是至关重要的。J银行已建立健全的数据安全政策和控制措施。

七是持续改进和反馈机制。J银行建立了持续改进的机制，收集用户反馈，不断优化数字化绩效管理系统，确保其能够适应组织的发展和变化。

3 J银行数字化绩效管理体系构建

3.1 数字化绩效管理体系总体思路和工作目标

3.1.1 总体思路

数字化绩效管理体系并不是一个孤立的举措，应形成一个全面的、有机整合的体系，与银行的战略规划紧密结合，以信息系统为载体，根据绩效管理全流程可能出现的问题，最大限度支持银行实现其战略目标，并在不断变化的市场环境中保持竞争优势。主体思路如下。

一是明确目标与愿景。明确数字化绩效管理建设的核心目标和长期愿景，包括但不限于提高盈利能力、提升客户满意度、降低成本、加强风险管理等方面的目标。

二是以数据为驱动。将数据视为核心资产，并贯穿整个数字化绩效管理体系，使其成为我们决策和行动的基础。通过建立高效的数据管理和应用机制，管理人员能够更好地了解银行的运营情况、客户需求和市场趋势，从而在数字化转型中取得成功。

三是打造关键绩效指标体系。建立一个全面的关键绩效指标体系是数字化绩效管理体系的核心。管理人员将根据银行的战略目标和长期愿景，确定一系列关键绩效指标，覆盖经营管理多个方面，包括但不限于财务、业务发展、客户满意度、风险管理等。

四是充分发挥数字化工具和技术的作用。建设一套数字化绩效管理系统，将其作为绩效管理的关键环节和重要载体，通过信息化的方式规范绩效管理全流程，对绩效管理的各项数据进行科学的分类、关联、计算、展示及储存，实现对银行运营情况的探索分析，发现潜在机会和风险管控，帮助各级管理层更好地作出决策。

五是建立绩效反馈及信息共享机制。建立各级绩效看板，以可视化方式共享关键绩效指标，实现各层级绩效考核透明化；建立持续改进的文化，通过定期审查绩效数据和反馈，不断改进数字化绩效管理体系；建立有效的沟通渠道，确保员工和管理层都理解绩效数据和报告的含义，并能够采取适当的行动。

3.1.2　工作目标

构建数字化绩效管理体系的核心目标是为经营管理服务，与J银行战略规划密切相连。从具体执行层面来说，主要有以下几个工作目标。

一是符合全行数字化架构规划，实现数据体系的整合统一，保证业务指标数据在基础质量与口径上的准确性和一致性。

二是打造一套数字化逻辑的高水平绩效管理信息系统，为考核工作的顺利开展及结果运用夯实基础设施建设。

三是建立及时高效的绩效监控机制及可视化绩效报告体系，为管理层提供决策支持，以便迅速作出战略性和可操作性决策。

四是建立持续改进的文化。绩效沟通与反馈评估能够借助信息系统形成闭环，通过定期审查绩效数据和反馈，不断优化数字化绩效管理体系，以适应市场变化。

五是实现数字化文化推广。鼓励员工积极参与数字化绩效管理，以促进创新。

3.2　数字化绩效管理系统建设方案

3.2.1　数字化绩效管理系统建设目标

数字化绩效管理系统的核心设计理念是"自动化、数字化、智能化"。它旨在满足多级架构的"总分支"绩效管理模式，以覆盖党建、经营效益、发展转型、社会责任、风险管理、内控合规等多方面的绩效管理需求，为管理决策提供坚实的支持。此外，该平台具备高度的灵活性和可配置性，以满足不同的绩效管理需求。它提供用户友好的交互界面，使用户能够轻松使用和定制。通过先进的大数据技术和金融科技手段，系统提升对数据的深层次分析和高智能应用，为银行的绩效管理提供全面的支持和指导。

3.2.2 数字化绩效管理系统架构设计

1. 总体架构

为应对银行多级考核及多样化考核方案的需求，系统须具备高弹性的架构支撑，包括绩效数据来源、绩效数据中心、绩效应用中心和配置管理中心四个主要部分。图6-2为数字化绩效管理系统架构示意。

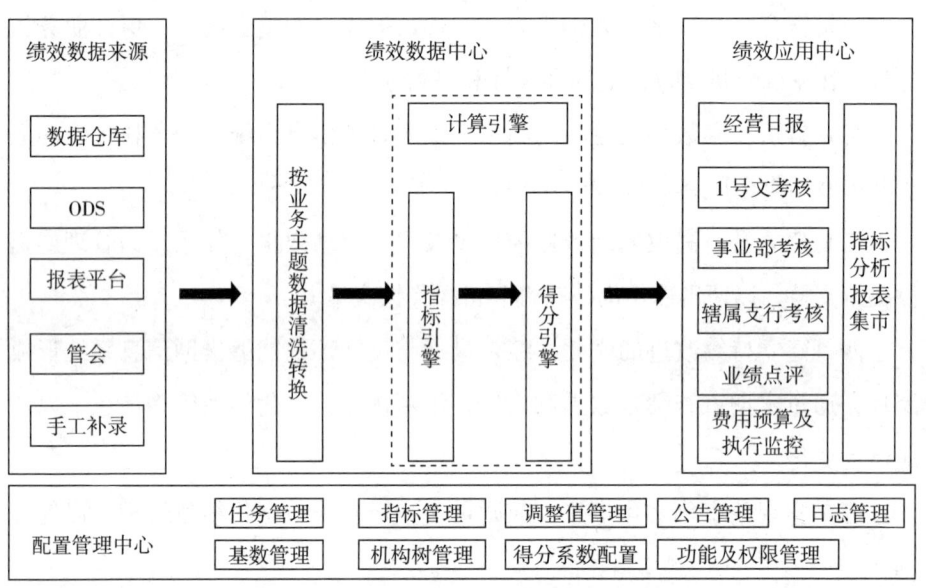

图6-2 数字化绩效管理系统总体架构

一是绩效数据来源。绩效数据来源主要分为五个部分：主要来源为数据仓库，数据仓库已完成信贷、核心、国结、理财基金等多业务系统数据的清洗转换及整合工作，以此为数据源可以很好地保证数据一致性和数据质量；报表平台主要提供一些特殊逻辑的业务处理数据，如快活存数据核算及重分解数据，以保证考核数据结果与业务报表输出结果的一致性；管会系统主要提供财务营收、费用等相关数据，缩短数据获取路径；手工补录主要用于特殊业务调整录入。

二是绩效数据中心。从数据源获取数据后，绩效考核系统会按照存款、贷款、财务、客户等多个主题域进行数据拆分，并按照机构、客户经理等进行不同程度的数据整合及汇总，形成模型层，为计算引擎工作奠定数据基础。

三是绩效应用中心。绩效应用中心主要用于考核结果发布及考核结果分析，考核内容包括1号文考核、事业部考核、县域机构考核、辖属支行考核、费用预算及执行认定等，同时提供一系列指标明细分析报表，形成指标分析报表集市，用于支撑考核结果原因分析，辅助业务决策调整。

四是配置管理中心。作为数据中心及应用中心的关键支撑，配置管理中心专注于协调各项管理数据导入和参数配置任务，为整个系统增强了灵活性与可控性。其功能板块涵盖了任务管理、基数管理、指标管理、机构树管理、功能及权限管理等。

2. 指标引擎

银行通过从管会系统、报表平台、数据仓库接入各业务数据，可以完成考核指标的加工数据准备，涉及主题模型包含客户主题、存款主题、投资主题、信用卡业务、投资业务、贷款业务、存款业务等。在指标加工的过程中，依照13家分行的考核办法将统计方案进行详细的拆分，支持按照考核机构、归属机构、落地机构、客户经理重分解、特殊机构（如考核机构+归属机构）等多种统计方案的汇总计算，如出现系统计算无法满足实际考核要求时，预留手工调整入口，实现自动化、半自动化、手工核算等多种方式的指标计算方案，以确保考核的准确性和灵活性。

3. 得分引擎

在完成各项指标预处理的基础上，银行依据各分行机构指标映射关系、各项指标任务值的配置情况、定性指标和得分导入等基础信息，结合13家分行的考核计分规则方案，通过配置化的方式，实现经营效益类、发展转型类、社会责任类、风险管理类、内控合规类等多个大类考核得分的计算。通过综合运用各分行的指标映射关系、任务值配置、定性指标以及得分导入等信息，以配置化的手段来计算不同大类考核的得分，能够适应不同分行和大类考核的需求，同时确保计算的准确性和一致性。

4. 报表开发方案

在各项指标和得分计算的基础上，考虑到不同机构的考核方案不同，银行采用了一套基础模板，并通过配置化的方式实现可视化报表的开发。这个方法的优势在于，其能够屏蔽同一指标不同统计口径对最终呈现的影响，同时将指标计算与报表开发进行解耦，使报表开发更具灵活性和可维护性。具体而言，我们将统一指标命名以"FMMAPA00"开头，以确保指标逻辑的透明化。这意味着不同统计口径的指标在报表中都具有相同的命名结构，无论口径如何变化，指标名称保持一致，从而使报表开发更简化和规范化。通过这种方式，不仅加强了报表的可维护性，还能够更轻松地适应不同机构的考核方案，确保最终的可视化报表能够准确呈现各机构的绩效数据，同时降低了系统维护的复杂性，提高了效率。

3.2.3 数字化绩效管理系统关键功能设计

1. 多数据源管理及数据校验

数据源管理是绩效管理系统的关键组成部分，其扮演着确保绩效考核数据的准确性、一致性和可用性的关键角色。绩效考核管理是一个涵盖广泛领域的复杂任务，包括存款、贷款、投资、风险、财务等多个方面，而这些数据来源于各个业务系统，包括核心银行系统、信贷管理系统、资产管理系统、经营分析系统、理财投资系统等，同时可能需要部分手工录入和调整数据以满足特定要求。为了确保数据的一致性和可用性，数据主要来源于数据仓库，手工补录数据则在绩效考核系统进行导入登记，建立数据追溯机制，记录数据的来源、变更和使用情况，从而确保数据的可追溯性，降低潜在的风险。

与此同时，系统建立了考核数据采集和处理机制，明确数据的来源、频率、质量和责任，建立数据校验和审核制度，确保数据的有效性和一致性。

2. 任务及基数的灵活支撑方案

为满足最终考核任务达成的认定，常常需要对考核指标进行任务及基数认定。任务管理也被称为目标值管理，是一个旨在实现银行的战略目标并评估绩效计划和方法完成情况的关键部分。这一过程主要以年度计划为基础，由各个指标主管部门负责拟定绩效指标的计划值。该计划值不仅是指标的定量目标，也是银行整体战略计划的具体体现，绩效考核系统支持设定、维护和管理各项绩效指标的计划值，以确保及时、准确地评估目标值的达成情况。

基数是绩效目标重要的底层数据，是业务单元主体在本期业务完成的存量基值，主要用于确定比较的基准期。基准期的选择应该与绩效目标的时间框架相一致，根据考核方案的具体要求进行逐一确认，可能是时点、日均或年度新发生值。考虑到各年度考核方案均在发生变化，系统支持系统计算和人工导入两种模式，最终确认各项基数值，为绩效结果及目标的达成核算提供基础数据。

3. 科学全面的考核指标体系及灵活可配置的指标映射方案

为满足不同分行的考核需求，系统需要建立一个科学、全面、灵活且高效的指标体系，以形成一个绩效指标库，涵盖从顶层到基层的各级指标；同时需对指标进行完整规范的定义，包括战略、目标、指标释义、公式、出数频度、计量单位、考核权重、数据来源、对接人等，以指导考核指标的运用，从而有助于实现组织的战略目标。该指标库将不同的指标类别拆分为财务、存款、贷款、客户和风险等类别，基于指标复杂度情况，进一步进行子指标项的拆分。为了实现这一目标，系统采用了统一的指标标准框架，将全行绩效管理中的指标统一划分到"财务—绩效考核"的类别下，所有指标以"FAMAPA"为前缀，再根据指标的内容进行基础指标和衍生指标的拆分，以形成依赖关系。

以"经济附加值"为例，根据其业务组成和指标计算规则进行了拆分，将其细化为资产收入、负债支出、FTP收入、FTP支出、中间业务收入等子指标,并进一步将资产收入拆分为贷款利息收入、投资收入和同业收入,直到所有指标都拆分为原子指标项,以构建完整的绩效考核指标树;区分了采用存量和增量的情况,明确了时点、日均、币种、机构归属方案等关键因素;支持对指标进行生命周期管理,包括设定有效期、禁用无效指标或下线操作,同时提供了指标血缘分析功能;在数据存储方面,将不同的数据类别拆分成财务、存款、理财、贷款、客户等不同的主题域存储,以确保数据流的清晰和可追溯性。

在处理不同机构的考核主体指标时,尽管它们均源自总行1号文指标,但因存在口径上的差异,在系统的实际开发中,系统将采取一种统一而灵活的方法,形成完备的指标映射方案,以确保不同机构能够根据其特定需求和考核要求来配置和管理这些指标。具体来说,在系统开发阶段,系统将为相同的指标采用相同的指标主题编号,但在不同统计口径下,将使用不同的指标序号来进行区分。这种设计旨在确保指标的标准性和一致性,同时能够灵活地适应不同口径的需求。在系统实际运行中,系统将根据各个机构的考核方案要求,从已有的指标库中筛选出符合机构需求的指标,实现机构与考核指标的灵活配置及调整。这种灵活性不仅有助于机构更好地适应不同口径下的考核要求,也能够快速响应机构指标变更的需求,同时可进行不同口径下的考核结果差异分析。

4. 指标得分自动化配置

不同层级机构的考核内容不同,通常针对同一指标得分方案的设计也会存在差异性。为有效应对同一指标得分计算的差异性,系统引入了绩效考核系统的得分计算引擎。这一引擎可根据不同得分规则进行灵活配置,从而满足各层级机构的个性化考核需求。通过得分配置化管理,系统能够清晰呈现得分生成路径,向用户展示直观的计算过程。这一创新设计不仅实现了得分计算的差异性,还使得绩效考核系统能够灵活支撑多样化的考核需求,为机构提供高效而个性化的绩效评估服务。

5.灵活可拓展的可视化考核结果

可视化框架旨在为不同机构提供一个高度灵活且个性化的绩效展示平台。在这个框架内，系统将提供多层次的信息展示，以满足各机构的需求。首页将用于展示各机构的分组考核最终结果，便于快速了解各机构的整体绩效，同时支持按板块进行指标下钻，逐步深入了解考核结果的构成原因、核心指标的表现情况以及任务完成情况等关键信息。

此外，系统还将提供明细报表集市，方便各层级的使用人员进行考核结果的核对和明细数据的追溯，有助于更详细地了解当前的经营情况，制订科学的经营决策和绩效计划。

6.自动化业绩点评

基于绩效考核结果，系统将提供自动化生成业绩点评报告功能，为不同机构提供深度洞察其绩效状况的工具，以满足不同机构和不同考核方案的需求。该报告将从考核大类角度剖析各机构在不同类别的考核指标中的表现，为每个机构生成绩效排名信息，帮助机构清晰地了解自己在各类考核指标中的相对位置，揭示其在不同方面的优势和劣势。

同时，报告还将突出各机构在各类考核指标中的优势项和劣势项，有助于机构识别其在绩效方面的亮点，以及可能需要改进的领域。报告还将提供详细的数据分析，以说明哪些指标对绩效排名具有重要影响，以及如何在这些关键领域实施改进，进而支持机构制定有效的绩效改进策略和决策。

4 J银行数字化绩效管理体系实施成效分析

4.1 基于数字化的绩效计划实施成效

4.1.1 建立了科学、全面的绩效指标库

J银行在构建绩效管理体系时，从战略愿景到战略目标，再到战略指标和阶段性战略任务，明确了整个逻辑链。这种逻辑链的建立有助于确保绩效管理与全行战略目标的紧密衔接，使绩效管理更具有针对性和战略导向。基

于数字化绩效管理体系将指标库按照类别分为财务层面、客户层面、合规层面、学习与成长层面等多项，J银行绩效考核指标总计1039项，其中基础指标586项、衍生指标453项。J银行建立了一套标准的绩效指标库管理体系，2023年初由计划财务部牵头各条线部门对当年度考核指标的分类、责任人、战略、目标、指标描述、报告频度、计量单位、权重、公式、数据来源、数据质量、数据收集人、目标值、目标值说明、标杆、行动方案等信息进行梳理，形成一套标准的绩效指标字典，再将指标录入指标管理平台中，实现指标动态化管理。

为了确保系统的透明性和可追溯性，引入了血缘关系查询功能，使得指标路径可追溯，帮助相关人员深入了解指标的来源和发展轨迹。

在创新性方面，提出了同一指标多口径计算配置方案，实现了考核方案的灵活快速切换。这一创新设计不仅提高了系统的智能性和适应性，也为绩效管理带来了更便捷和高效的操作体验，为银行业务效能的提升和战略目标的实现提供了强大的技术支持。

4.1.2 实现了绩效计划的差异化配置

绩效计划的制订是将全行战略目标按照条线、机构、业务属性等进行分解。不同条线或机构，设计的指标及目标不同；同类机构也可以根据差异化情况设置不同的目标。

J银行对于不同特点的分行配套了不同的指标及权重。比如针对赣州分行，J银行主要引导其拓展普惠服务站业务，故与其他分行相比减少其转型业务投向考核，增加特色普惠金融服务站指标。

绩效考核系统通过参数配置化及目标灵活导入的形式满足了绩效目标的差异化需求。一是在数据库中定制了参数配置表，按照机构、考核指标、指标权重等维度区分考核指标及权重的差异化。二是通过界面化功能实现机构指标目标的灵活配置，系统支持手工界面调整及按照Excel模板批量导入的方式维护。

4.2 基于数字化的绩效辅导沟通实施成效

4.2.1 建立了挂点沟通机制

面对国内外经济新环境、新形势和新变化，J银行为破解发展"五忧"难题，建立了《总行党委、在浔行领导及机关部室负责人挂点联系工作机制》，广泛汲取群众智慧，把突出问题摸清楚、把原因矛盾弄明白、把对策措施定具体，在深入调研的基础上提出方案，形成有确切目标、有科学方法、有管用对策、有效果反馈的"闭环"。对挂点联系工作的要求如下。

一是加强工作指导。挂点联系人员每季度要深入联系点1次以上，每年讲主题党课不少于1次，推动联系点基层党建质量、经营发展质量双提升。

二是明确联系事项。为进一步提高挂点联系工作效率，确保各项工作紧紧围绕党中央和省委、市委工作要求不走样、全行经营发展大局不跑偏，J银行将党建工作、业务发展及内控管理三个方面作为挂点重点事项，要求挂点领导在走访时重点督办、推动落实。

三是落实其他责任。挂点联系人员要落实走访调研、促进经营发展、开展谈心谈话等挂点联系任务。

4.2.2 建立了提质增效工作督办小组

为提高跨部门沟通协作的质量和效率，J银行成立了提质增效工作督办小组，负责总体目标制定、跨部门会议组织、专题沟通与进度跟进、问题协调与风险控制等。

J银行通过提质增效专题督办系统建立了自上而下的沟通协作机制，实现了对所有沟通过程、沟通结果的数字化管理，对管理者与员工形成双向约束。

督办事项分为一级事项、二级事项、三级事项和四级事项。一级事项是由党委会、行办会、董事会确定需督办的事项，及国家金融监督管理总局、人民银行、各级政府等外部监管部门需银行落实的事项；二级事项是由资负会等专业委员会决议开展督办的事项；三级事项包含行领导督办事项及由四级督办上升至三级督办的事项；四级事项包含但不限于分支机构反馈的需总行部门解决的事项。

一至三级事项采用过程管理的方式予以督办，四级事项采用到时间节点检核的方式予以督办。若四级督办事项未在计划时间内按时完成，则该事项上升为三级督办事项，采用过程管理的方式予以督办。

部门督办人员按周巡检对比系统中过程管理督办总表，将14天内到期的事项录入工作台账，并在到期前10天提醒。若到期时被督办部门未发起认定，则进行延期预警；若到期后未发起认定或被认定未完成，则将事项设置为"延期"；若被督办部门在计划时间内提交的材料被认可通过，则将事项设置为"已完成"。这一流程细致而有序，有助于提高工作效率，及时解决潜在问题，确保事项按计划完成。部门督办人员每年度统一对督办事项完成情况进行分析，对于未完成的督办事项，按照相关的考核办法对被督办部门进行考核扣分。

4.3 基于数字化的绩效考核实施成效

4.3.1 解决了考核数据问题

通过数字治理工作和数字化绩效考核系统的搭建，J银行成功解决了绩效考核中存在的数据指标多口径、数据标签不一致等问题。数字化绩效考核系统的建设为绩效考核提供了更科学、更高效、更准确的评估手段。

4.3.2 建立了实时考核机制

建立实时考核机制是J银行在数字化绩效管理方面的一项重要创新。通过数字化绩效考核系统，员工可以实现逐日、逐笔考核，使得绩效考核变得更加及时和精准。这种实时考核机制为员工激励提供了更加直观和有效的手段，尤其对外拓营销人员的激励效果更为显著。主要表现及效果如下。

一是业务即时反馈。数字化绩效考核系统记录并反馈了员工的业务成果，使得员工能够实时了解自己的绩效情况。这种及时性的反馈有助于员工更好地调整工作策略，提高工作效率。

二是日常考核总结。每日进行考核总结，帮助员工及时发现问题、总结经验，对个体工商户的拓展营销、小微企业的拓展营销、个人存款客户等任务完成情况有了清晰的记录，使得员工对自身的业务目标有了明确认识。

三是激发积极性。实时考核机制激发了员工的积极性，特别是对于外拓营销人员。员工能够清楚地看到自己的努力立刻转化为绩效结果，从而更加积极地投入业务工作中。

四是精准监测与考核。数字化绩效考核系统允许管理者对员工的业绩指标进行精准监测，将考核精准到以日为单位进行。这有助于管理者更及时地发现问题、指导员工，实现对绩效的精细化管理。

通过实时考核机制，J银行提高了绩效考核的灵活性和精准度，为员工提供了更好的激励和管理手段。

4.4 基于数字化的绩效反馈实施成效

为提升全员绩效服务响应速度，规范考核调整申请流程，J银行在数字化绩效考核系统内嵌了"绩效考核论坛"及"总行经营绩效考核申请报送"功能模块。

4.4.1 绩效考核论坛

绩效考核论坛支持全行员工发表对考核相关内容的意见、疑问或心得，其他人员可以对发帖进行回复，总行计划财务部定期对相关问题进行总结、分析、答疑，实现由"一对一"转向"多对多"的沟通模式。

4.4.2 经营绩效考核申请报送

为更好地解决被考核单位在绩效考核中遇到的不公平或不合理情况，提高绩效考核的公正性和有效性，促进绩效管理体系的完善和优化，J银行通过数字化手段提供申请渠道。

4.5 基于数字化的绩效结果应用实施成效

4.5.1 科学多元运用绩效结果

科学多元运用绩效结果是数字化绩效管理体系中的一项关键举措。通过对数字标准的统一和数字口径的规范，J银行在不同方面能够更灵活地实现绩效数据的多元应用。

（1）应用于员工岗位能力胜任评估。

J银行通过综合绩效考评的得分率或排名，将员工分为优秀奋斗者、扎实贡献者和较低贡献者三类，采用了"271"的评价标准，绩效分布前20%为优秀奋斗者，后10%为较低贡献者，其余70%为扎实贡献者。这种分级方式有助于更准确地辨识和区分高绩效人才和高潜力人才，使公司能更有针对性地制订激励和发展计划，提高组织的整体绩效水平；同时能够为员工提供清晰的职业发展方向和动力，激发其更高的工作积极性和创造力。

（2）应用于机构发展及绩效费用的核定。

J银行机构费用分为人员费用、固定费用、运营费用、发展及绩效费用四部分。其中，发展及绩效费用与机构业绩及考核结果息息相关。

J银行机构的发展费用涵盖了营销费用、中收费用、条线费用和专项营销费用。其计算公式为：$\sum$挂钩指标完成数 × 费率 = 存量对公存款营业净收入 × 费率 + 增量对公存款营业净收入 × 费率 + 对公授信营业净收入 × 费率 + 零售活期存款营业净收入 × 费率 + 零售及小微贷款营业净收入 × 费率 + 中收费用配置。其中，挂钩指标包括存量对公存款营业净收入、增量对公存款营业净收入、对公授信营业净收入、零售活期存款营业净收入、零售及小微贷款营业净收入等。这一费用旨在通过对业务绩效的具体指标进行挂钩，实现对机构发展的激励和奖励。

J银行机构绩效费用由管理岗绩效包、员工绩效包、超额绩效、中收绩效、专项绩效及年终奖组成。其中，管理岗绩效包 = 岗位绩效总额 × 30% × 党建合规指标系数 + 岗位绩效总额 × 70% × 经营考核指标系数；员工绩效

包 = 岗位绩效总额 ×70%× 党建合规指标系数 + 岗位绩效总额 ×30%× 经营考核指标系数；超额绩效 =（机构人均 EVA− 核定标准）× 人均数 ×4%+（机构 EVA 完成值 −EVA 任务值）×6%+ 超过封定分任务值 ×10%；中收绩效分科目设置费率；专项绩效由总行为完成重要战略目标设计各类竞赛奖励的形式拨付至各机构；年终奖是用于激励连续在岗人员持续创造价值的绩效。这一费用旨在激励各级员工和管理岗位创造业绩，促进整体业务和绩效的提升。

4.5.2 对绩效结果进行综合分析

数字化绩效考核系统每月基于机构考核结果，使用业绩点评标准化模板，自动产生业绩点评报告。该报告涵盖了机构当期的整体排名、得分率，各项指标的业绩情况和存在的痛点。系统通过深度分析，为每家考核机构提供详尽的绩效评估，旨在为机构提供全面的绩效结果，强调优势和指出改进的空间。

此外，业绩点评报告还会对机构下一步工作计划提供专业建议，指出具体的改进方向和实施策略。数字化系统的自动生成和标准化模板的应用，提高了报告的效率和一致性，确保了对机构业绩的客观评估，同时为业务团队提供了有针对性的指导，有助于推动机构整体业务水平的提升。

5 结论与展望

5.1 结论

本文通过对中小银行绩效考核数字化建设及应用的深入研究，得出一系列结论。首先，数字化建设显著提高了中小银行的绩效考核效率。银行引入数字化技术，可以自动收集、处理和分析各项数据，减少手动操作，缩短考核周期，提高数据准确性，进而帮助管理层更迅速、全面地了解机构和员工的绩效，及时调整业务战略、优化资源配置。

其次，数字化绩效考核系统加强了员工的参与感与激励效果。透明度和可视化呈现使员工清晰地了解自己的工作表现和绩效排名。系统提供的个性化培训和发展计划有助于员工职业成长，激发工作动力。数字化建设不仅改变了考核方式，还为员工提供了参与和发展的机会，提高了员工满意度。

最后，数字化绩效考核系统促进了中小银行的业务创新。通过数据分析和业绩评估，银行可以更好地识别业务亮点和薄弱环节，为产品和服务的创新提供有力支持。系统的数据分析功能有望帮助银行更灵活地调整考核指标，更精准地反映业务实际，推动银行业务的可持续发展。

总的来说，中小银行绩效考核数字化建设及应用将成为推动银行业务发展和提升绩效水平的重要工具。通过不断改进和创新，数字化建设有望为中小银行打造更智能、高效的绩效管理体系，推动银行业务不断迈上新的台阶。

5.2 不足与展望

首先，研究范围相对狭窄，建议未来拓展至整个金融行业，以更全面地探讨数字化对绩效管理的影响；其次，对数字化系统应用效果评估的深度略显不足，未来研究应更强调实证分析，深入挖掘数字化系统在业务创新和员工激励方面的具体效果；再次，对数字化建设中面临的挑战缺乏分析，建议结合实例提出更具体、可操作性的建议，以帮助中小银行更好地解决困难；最后，未来的研究应更专注于前沿技术如人工智能、区块链等在数字化绩效考核中的应用，以及这些新技术对绩效考核模型的影响。

总体而言，未来的研究可以拓展研究范围、加强实证研究深度，深入挖掘数字化建设的具体效果和解决方案，并关注前沿技术在绩效考核领域的创新应用，促进中小银行绩效管理数字化升级，提高银行的竞争力。

关于新时期下中小商业银行会计人才队伍建设及能力提升的思考

邓非愚　熊文葵[①]

1　会计人才队伍建设的理论基础

1.1　岗位胜任力

"胜任力"的概念最早由哈佛大学教授戴维·麦克利兰提出，当时的社会仍然以智力因素作为人才选拔的主要方式。但其弊端也逐渐显露出来，许多智力条件优越的人才在实际工作中的表现往往不尽如人意。麦克利兰认为，岗位胜任力是指一个人能胜任工作岗位的职责和要求且能实现理想的工作绩效，所具备的知识、技能和思维模式等。岗位胜任力的典型特征是可衡量、可培养和标准差异化，因此是否真正具备岗位胜任力需要运用可量化的指标去评判，通过后期学习和培训也可以不断获取和提高胜任能力，以实现不同企业的战略目标。具备相应岗位胜任能力的人才能够快速适应工作的要求，

[①] 邓非愚，九江银行（HK6190）南昌分行计划财务部负责人，高级会计师、高级管理会计师（金融方向）、注册管理会计师（CMA）、中级审计师，九江市第二期会计领军（后备）人才。拥有农商行、城商行网点，分行财务管理及其他岗位从业经验。

熊文葵，九江银行（HK6190）南昌分行计划财务部会计主管，注册会计师（CPA）、中级会计师，拥有城商行风险管理、信贷业务及分行财务管理等岗位从业经验。

减少学习和适应期，高效地完成任务，提高工作效率，提升工作质量。同时，个人通过不断提升岗位胜任力，能够取得更好的成绩，获得更多的机会和晋升空间，实现个人职业发展和成长。

商业银行财会类岗位的胜任力主要分为职业技能和个人素质两方面。其中职业技能侧重于专业技能、统筹协调和职场问题应对能力等，而个人素养则侧重于员工的沟通能力、责任意识和思想道德等。不同职位对会计人才的要求有所侧重，但作为会计工作者仍需要具备一些基础的核心技能，如扎实的专业知识、数据处理和分析能力、沟通能力和团队协作能力、分析和解决问题的能力等，使其能从财务数据中发现问题并提出解决方案，在复杂环境下作出明智、有效的决策。

1.2 业财融合理念

业财融合将企业的业务和财务结合起来，实现两者的高度协同和互动，让业务部门更好地理解财务数据，让财务部门更好地参与业务决策，业务与财务相互支撑，为企业发展提供有力保障。业财融合理念不仅强调财务信息对业务决策的重要性，通过将财务数据与业务数据相结合，提供科学的决策支持；还要求会计人才具备综合素质和跨学科能力，在熟悉财务管理知识的同时也要了解业务运营和市场环境，从全局思考问题，为业务发展提供方案。业财融合理念将会计人才视为战略规划和价值创造的重要参与者，能够为组织提供全面的财务视角和战略建议。

那么商业银行中的会计人才应具备哪些综合素质和跨学科能力才能真正实现业务融合呢？一是具有商业意识，了解企业的业务模式和商业运作，理解市场竞争环境，将财务数据与业务目标相结合，为业务决策提供支持；二是具备数据分析和处理能力，从大量数据中提取有价值的信息，进行趋势分析、业绩评估和风险识别；三是具备优秀的沟通技巧和协调能力，在与不同部门和团队的合作中精准理解各方需求，有效传递财务信息和建议；四是具备创新和开拓的思维能力，能够寻找新的解决方案和改进机会，推动企业财务管理的创新和改进。

1.3 价值规律

价值规律强调了商品的等价交换,认为社会必要劳动时间是商品价值的主要衡量指标,是商品市场的基本经济规律,并驱使着市场中的生产者们不断改进生产技术和提高生产效率。比如,在同一个生产车间,由于工人们使用的生产工具和生产对象都是相同的,影响生产效率的只会是工人自身的生产效率。个别工人如果为了使自己在此岗位中有竞争力,便会思考如何提高自己的生产熟练程度或改进工作方式,甚至是创新生产工具,以减少商品的个别劳动时间。因为商品的价值取决于社会必要劳动时间,所以个别劳动时间低于社会必要劳动时间的商品生产者,可以获得更大的收益。

价值规律正是通过这种生产者之间的劳动竞争,刺激着整个社会生产力的创新和发展。因此,会计人才作为企业的生产者之一,在价值规律的指导下,也会试图提升自身的劳动技能,以提高工作效率和岗位竞争力;若企业对会计人才的会计职称取得或专业能力提升采取相应的激励政策,那他们将会更有动力提升自己的能力,也将提升企业的财务管理水平。

1.4 竞争规律

竞争规律是指在市场经济下,社会中不同的利益主体为了获得更高的回报而努力获取更有利于提升自身价值的投资方式、生产模式和销售条件等。因为在良性的竞争环境下,能够快速地实现生产的优胜劣汰和资源的合理配置,加速市场的更新换代,推动社会的技术进步和企业创新。

企业与员工的关系实质就是竞争规律下的产物。员工为了能够销售自己的劳动力,必须达到甚至超过其他竞聘者的销售条件才会吸引招聘者,而企业只有提供更有优势的报酬才能吸引竞聘者加入;除此之外,进入企业之后的竞争也无处不在,只有不断提升个人能力的员工才会更具竞争力,才会更容易在竞争中取得优势。因此,在会计人才队伍建设中,竞争会驱动会计人才不断提升自身能力和素质,通过竞争激发个人的潜力,并推动整个会计人才队伍的进步和发展。

2 中小商业银行会计人才队伍建设的现状

2.1 中小商业银行会计人才队伍建设的必要性

在市场竞争日益激烈的时期，中小商业银行为了提高自身竞争力，不断推出新业务模式；在这一过程中，也会碰到很多新问题，传统简单的会计职能已无法适应银行的创新需要。因此，打造高水平的管理会计人才队伍是当前的重要任务，是支撑和辅助企业稳步发展的重要保障。

2.1.1 外部经济环境的变化

首先，随着会计改革的不断深入，经济发展对会计职能提出了新要求和新挑战，中小商业银行面临复杂多变的市场竞争，金融监管机构对其的监督和要求也日益严格，传统的财务会计职能已经不能适应市场经济发展的趋势。中小商业银行要想在我国多层次的银行体系中不断壮大，只有不断深化管理会计人才转型工作，建设高质量的管理会计人才队伍。

其次，智能化、数字化和金融创新等因素在改变银行业务模式的同时也对银行业务的发展产生了深远的影响。新技术的应用，如人工智能、区块链和大数据分析，改变了传统会计工作方式和流程，基础财务工作在不久的将来会逐渐被人工智能所取代，只有具备战略思维和数据信息分析能力且能为企业提供高附加值的高质量管理会计人才，才是会计职业未来发展的方向。

综上所述，加强会计人才队伍建设势在必行，而关键是要培养管理型会计人才。管理型会计人才不仅要具备企业发展要求的专业知识和技能，还要灵活应对新时期下的市场变化、监管要求和技术创新，有效管理风险。

2.1.2 内在履职效能的提升

会计作为银行资源优化配置的基础，在运用企业财务资源维护企业稳定运行的过程中发挥着关键作用。随着金融业务的不断拓展和复杂化，会计人才在风险防控、内部审计、合规经营等管理工作中的责任和作用日益凸显。

首先，与大型商业银行相比，中小商业银行的整体层级架构相对简单，扁平化的组织架构也为其能迅速响应市场变化提供了便捷。中小商业银行面向的客户大多是具有地域性和个性化需求的群体，提高服务质量、满足客户需求是其提升市场竞争力的关键。会计人才是负责银行财务管理的核心力量。在业财融合理念的指导下，建设高质量的管理会计人才队伍，可以为中小商业银行的战略决策和业务发展提供有效建议。

其次，合规经营是中小商业银行不断存续的重要前提。会计人才应不断深入学习法律法规和监管要求，增强合规意识，确保银行的财务工作合规、透明，减少合规风险；在风险管理和内部控制等方面，应注重培养和建设具备财务数据分析和风险识别评估能力的管理会计人才队伍，为银行的风险决策提供支持，通过与相关部门建立有效的应对措施和内控制度，确保银行的运营和业务活动符合法规要求。

综上所述，加强会计人才队伍建设对于中小商业银行内在履职效能的提升至关重要。培养具有专业素养、风险管理能力、合规意识和团队协作能力的高质量管理会计人才队伍，有助于提高中小商业银行的风险管理和内控能力，为银行的稳健发展奠定坚实的基础。

2.2 J商业银行的会计人才队伍现状

2.2.1 J商业银行的会计人才队伍概况

J商业银行作为J省地级城市商业银行，截至2022年末，共开设网点280余家，在岗员工人数4100余人，其下辖总行营业部、13家分行、267家支行。J商业银行财务条线的员工数量合计103人，其中总行34人、外派财务经理8人、外派财务负责人13人、13家分行48人，仅占总人数的2.5%。

1. 会计人才学历及专业结构

J商业银行现有的总、分行财务队伍中,总行财务部学历为硕士研究生的共13名,本科21名;外派分行财务负责人中学历为硕士研究生的共5名,本科8名;8名外派财务经理中学历为硕士研究生的1名,本科6名,大专1名;48名分行财务部员工中,7人为硕士研究生,41人为本科。上述财务条线员工学历专业分布情况如图7-1所示,会计学专业占比为34.95%,其次是金融学15.53%、财务管理学9.71%、经济学5.83%和审计学2.91%。总体来看,财会相关专业的员工占比较大,但也存在近三成的员工所学专业与财会知识的关联不大,需要制订更加系统的培训和技能学习计划。

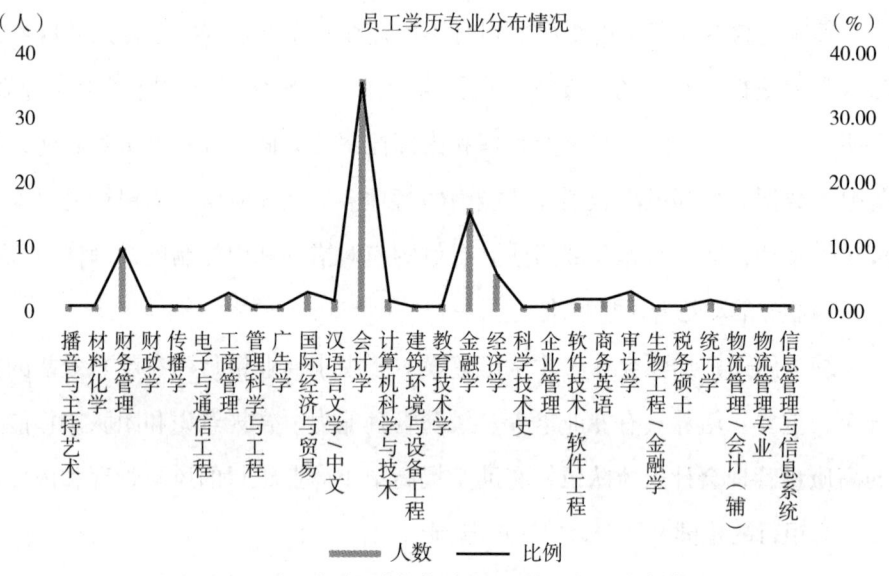

图7-1 J商业银行财务条线员工学历专业分布情况

2. 会计人才职称资格

截至2023年6月,J商业银行财务条线共有13人取得高级会计师职称(其中11人为近三年取得),42人取得中级会计师职称,59人取得初级会计师资格,较2018年底分别增长11人、24人、42人;2020年和2022年各有4名员工通过高级会计师资格考试;共有10人取得注册会计师、2人取得税务师、6人取得美国注册管理会计师、7人取得中国高级管理会计师(金融方向)、

11人取得其他财税审计等经济类资格证书。

3. 会计人才学习培训

本文针对J商业银行财务条线员工近五年的其他学习培训情况进行了统计，具体情况详见图7-2。从2022年开始，J商业银行由总行计财部牵头组织开展每月一次的"计财大讲堂"专题培训，针对财会领域的不同模块（包括预算管理、资本成本、存贷款定价、税务风险等）和最新财会政策进行宣讲和解读。但因整体培训偏理论化，且员工自主学习的意识不足，培训效果不够显著。

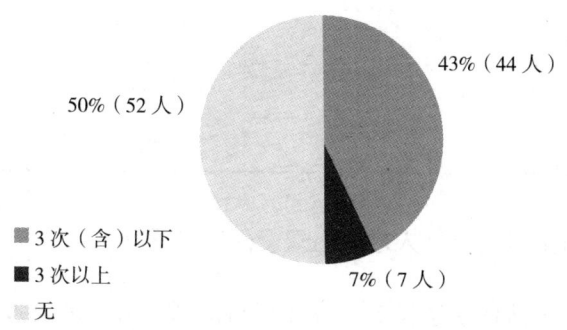

图7-2 J商业银行财务条线员工近五年学习培训情况

4. 会计人员的银行工作经验

J商业银行总、分机构的财务队伍（不含村镇银行）员工平均年龄为31.72岁，对于需要经验和阅历的财务岗位来说，还是相对年轻化的。这些人员在J银行各财务部门相关岗位的工作年限情况如表7-1所示，财务岗位工作年限小于1年的员工比例达到18.45%，3年以下工作年限的比例超40%。

表7-1 J商业银行财务部门相关岗位工作年限

工作年限	人数（人）	比例（%）
小于1年	19	18.45
1年（含）至3年	24	23.30
3年（含）至5年	29	28.16
5年（含）至10年	20	19.42
大于10年（含）	11	10.68

注：员工比例经四舍五入计算得出。

另外，本文通过调查，统计了J商业银行财务部员工在任职现岗位之前的工作和岗位经历，具体情况如表7-2所示。通过调查发现，其中近八成的总、分行财务人员不具备业务条线工作或轮岗的经历，仅有4名员工具备3年及以上的业务条线工作经历。

表7-2 具备银行业务条线工作经验的人员分布

工作经验年限	人数（人）	比例（%）
3（含）至5年	4	3.88
1（含）至3年	9	8.74
小于1年	8	7.77
无	82	79.61

2.2.2 J商业银行会计人才队伍建设存在的问题

随着新时期经济的快速发展，商业银行的财会人员需要涉及的领域包括费用、税务、预算、监管统计、绩效考核、资产负债和流动性管理等，仅了解简单的会计核算早已不能满足企业的发展。故本文以小微型J商业银行为案例，研究分析其在实现自身发展的同时，会计人才队伍建设存在的问题和不足。

1. 管理会计人才配置不足

以J商业银行2022年末的人员配置为例，在管理会计、中收管理、资本管理和资产负债管理等方面，J商业银行较2020年的人员配置情况有所改善，相应地配置了专职人员，但人员配置仍然偏少，且人员变动较为频繁，导致员工的岗位任职年限偏短；税务管理岗人员配置不足，难以推动J商业银行的税务统筹管理工作；总行费用报销岗仅设2名在编员工及6名外包人员，需统筹总行、直属支行及各分行的费用使用情况，各分行则以1名费用管理岗的员工作为主导。整体人员配置仍显不足，管理会计人员匮乏，管理会计理念尚未深入推行，难以充分发挥会计的管理职能。

2. 部分会计人员专业基础薄弱

在我国从事会计工作的人员数量庞大，但并不是所有人都具备会计专业知识，这给会计人才队伍的建设增加了难度。由英国特许管理会计师公会主导发布的《注册全球管理会计师能力框架》表明了会计专业水平是充分发挥管理会计职能的重要基础。然而，J商业银行近三成会计岗位从业人员并没有经过系统的会计专业知识学习，不仅会阻碍J商业银行管理型会计人才队伍的建设，还会制约J商业银行财务管理转型的步伐。

3. 管理会计水平有待提高

J商业银行聘请K会计师事务所对自身进行财务诊断，通过把财务管理各要素的成熟度划分为五个层级，即初始阶段、发展阶段、规范级、优化级、领先级，对J商业银行当前相关工作进行成熟度打分，寻找差距与不足。针对J商业银行人员与技能方面的成熟程度，在费用报销及管理、监管统计、预算管理、绩效考核、管理会计、资产负债、资本管理和流动性管理等方面，与行业领先实践进行对比。经分析得出：J商业银行整体的人员与技能虽然较初期有所提升，但是与行业领先相比还有一定差距，特别是在费用管理、管理会计和资本管理等方面，人员与技能的差距较为明显。主要原因是J商业银行管理会计人才储备力度较弱，整体缺乏管理会计专业能力，大部分财会人员还停留在财务核算阶段，缺乏独立性思考和创造性思维，不能积极有效地参与企业经营决策。

4. 业财融合推进力度较弱

J商业银行的财会人员对于业务知识的了解不够充分，也未制定完善的财会人员轮岗学习、外派制度，近八成的财会人员完全没有业务条线工作经验，缺乏对业务的了解和同理心，具有3年以上业务条线工作经验的中坚力量占比不足10%，阻碍了业财融合的推进和管理会计人才梯队的搭建，不利于建立管理会计服务的长效机制，对管理会计的实践产生了一定的阻碍。

J商业银行于2023年上线了新版智能财务管理系统，该系统包括全面预算、费用报销等模块。至此，预算从电子版转至线上编制，费用报销也采用了更加智能的审核方式。但在 J 商业银行整体重业务、轻管理的模式下，业务部门还是更专注于任务指标的完成，忽视了对财务风险的控制。主要原因是 J 商业银行尚未制定规范的业财融合管理制度，未积极推进财务部门与业务部门的沟通与交流，财务工作与业务流程的融合不够紧密。

5. 职业判断能力不够

我国长期遵循的会计制度对会计行为作出了详细的规范，控制了会计人员的业务行为，但同时也使其形成了被动接受思维，在工作中缺乏思考和变通。随着会计改革的逐步深入，不断更新的会计制度和准则要求财会人员具备一定的职业判断能力，但在现实工作中，财会人员往往会因为缺乏实践经验而无法发挥制度和准则的预想效果。J 商业银行在近三年外部审计、税务稽查、巡视、会计师事务所年度审计及行内各种合规内控检查和审计中，暴露出一系列不足，侧面反映出 J 商业银行的财会人员缺乏综合性的职业判断能力。

2.2.3　J 商业银行会计人才队伍建设存在不足的原因

1. 会计人才培养模式落后

目前，J 商业银行的会计人才培养模式在适应新时期下商业银行需求方面存在滞后，缺乏完善的管理会计人才培养体系。首先，培养模式偏理论化，缺乏与业务实际紧密结合的培养内容，导致新任职的会计人员需要一段时间来适应和学习实际工作中的技能及知识。其次，面对技术的快速发展和数字化转型，J 商业银行仍采用的是传统财务会计的培养方式，未及时组织对新技术和管理会计工具应用的相关培训，使会计人才在应对新技术和数字化转型方面能力较弱。

2. 会计人才继续教育水平不够

首先，J 商业银行内部缺乏明确的职业发展路径和晋升机制，使会计人才参加继续教育的动力不足。其次，会计人员在日常工作中可能面临较大的压力和时间限制，导致其很难抽出时间和精力参加继续教育。员工普遍存在工作负荷重且频繁加班的情况，长此以往，会计人员无法平衡工作、家庭和学习的需求，从而降低了其参与继续教育的动力。

3. 会计人员缺乏自主学习意识

首先，部分会计人员认为会计岗位的主要工作内容就是基础账务处理，把会计工作当作一种机械的被动服务，缺乏服务业务和战略执行的综合素养和自主意识，导致自身的业务知识和能力更新缓慢。其次，会计人员对于再学习的重视程度不够，缺乏自主学习的意识，对专业培训的参与度较低。被动应付、敷衍了事，以走形式、走过场的心态完成任务，不能真正达到学习培训的效果，导致专业知识和综合素养跟不上时代发展的步伐。

3 中小商业银行会计人才队伍建设及能力提升策略

当前，中小银行作为金融经济发展的活力来源，更应该加强会计人才队伍的建设，而高质量的管理会计人才队伍是促进会计转型升级的关键。本文从会计人才的引入、培训、安置到考核，提出了会计人才队伍能力提升的策略，实现对管理会计人才全方位、全生命周期的管理和培养。

3.1 完善中小商业银行会计人才的准入机制

3.1.1 提高中小商业银行会计人才准入门槛

为更好地发挥会计职能对中小商业银行业务的管理支撑作用，保证员工具备岗位胜任能力至关重要，因此J商业银行可以通过提高会计人才的准入门槛，确保会计人才具备必要的知识和技能，适应中小商业银行的发展需求。

具体方式包括：第一，提高学历和专业背景的要求，筛选具备较高学术背景、专业知识和职业技能的候选人，侧重于对管理会计人才的选拔；第二，通过严格的从业质量考核和能力测试引进高质量管理会计人才，全面考虑会计人才的综合管理能力；第三，加强复合型技术人才的引进，在招聘中除了考虑学历和专业背景外，还应该综合考虑候选人的综合素质，如沟通能力、团队合作能力、解决问题的能力等。

3.1.2 拓宽中小商业银行会计人才引进渠道

除了对会计人才准入门槛进行设置外，J商业银行还应在年初做好规划，以自身发展需求为出发点，同时通过校园招聘、引进外部专业人才、与相关机构合作等方式，明确不同招聘渠道会计人才的定位，分配不同渠道会计人才需求，增加多元化的人才供给。

主要方式有：第一，校园招聘是企业招聘的主要渠道，J商业银行应加强与高校的合作，通过开展实习计划和校园招聘，与高校紧密合作，建立管理会计人才培养基地等，吸引更多优秀的管理会计专业毕业生加入；第二，通过引入社会资源获得更广泛的人才资源，吸收各类复合型管理会计人才；第三，积极探索其他招聘渠道，如与人才中介机构、招聘网站和专业社交平台合作，发布招聘信息，吸引更多的会计人才。

3.2 加大中小商业银行会计人才继续教育力度

3.2.1 丰富会计人才培训方式

中小商业银行应改变传统的会计人才培养方式，创新和改进继续教育手段，全面提高会计人才在科学思维、创新提效、风险管控、统筹协调等方面的综合管理能力。首先，采取"互联网+会计继续教育"的模式，利用互联网和在线学习平台，提供丰富的线上培训学习课程，方便会计人员根据自己的时间和地点进行学习；其次，提供充足的自主学习资源，如各类专业电子书籍、学术论文、案例分析和实践指南等，以供会计人才按需选择、自主学习；再次，积极组织银行内部培训班和外部研讨会，获取与同行专家进行交流的机会，进行面对面的培训指导，以提供更具互动性和实践性的学习体验，了解最新的会计政策、法规和实践，拓宽专业视野；最后，鼓励会计人才积极参与跨部门业务培训，促进财会人员充分了解银行业务的全貌，注重学用结合、培训实效，使继续教育多样化，提高会计人才的综合素质和职业竞争力，培养具备业财融合理念的管理型会计人才，从而提升会计人才队伍的整体水平。

3.2.2 强化会计人才职称考试管理

管理会计职能的发挥需要以会计知识和财务技能为基础，具有会计职称的人员更有利于夯实管理会计基础。专业技术资格考试是选拔评价会计专业技术人才的重要手段，为了加大对会计人才的继续教育力度，中小商业银行可通过建立健全职称考试制度，鼓励会计人员参加注册会计师、会计职称等具有较高水平的培训教育，促进基层会计人员提高专业技能和综合素质，逐步改善基层会计人员职称较低的现状。

具体可通过以下方式进行：一是针对不同层级的会计人才提供会计人才职称考试规划指导，帮助员工在自我发展规划的基础上做好职称考试的计划，确保其与银行的发展战略和人才需求相一致；二是为会计人才提供备考指导，节约会计人才的备考时间，提高备考效率，组织培训班和辅导课程，针对职称考试的科目进行系统培训；三是针对参加职称考试并取得优异成绩的会计人才提供奖励和激励措施，如奖金、晋升机会或特殊岗位待遇，激励会计人才积极参与继续教育和职称考试，提高整体素质和业务水平。

3.3 建立健全中小商业银行管理会计人才培养机制

建立完善的管理会计人才培养体系，强化管理会计人才的梯队管理，针对初级、中级和高级管理会计人才建立培养和管理机制；针对不同层级的管理会计人才开展合理的岗位能力评价，通过组织开展相应岗位能力的学习培训，提高各层级会计人才的胜任能力，不断加强会计人才队伍建设。

3.3.1 储备中小商业银行管理会计人才

首先，会计专业知识是发挥管理会计职能的前提条件，因此商业银行可通过提供系统的会计知识学习、实践课程和轮岗学习机会，不断提升会计人员的会计专业水平，为培养优秀的管理会计人才蓄力，加速传统财务人员向管理会计人才转型。具体可采取以下措施：一是设立管理会计学习和培训计划，与高校或外部培训机构合作，为零基础的会计人才提供系统的管理会计学习计划；二是充分发挥高端管理会计人才的"领头羊"作用，为新入职的会计人员指派有经验的管理会计导师，帮助新人熟悉商业银行财务工作流程、软件系统和内部规章制度。

其次，商业银行应以业财融合理念作为指导思想，通过在企业内各层级选拔优秀的业务骨干，提供会计岗位学习机会，针对员工表现进行分析和评价，以将其培养为业财专家为目标，定期为其提供系统的财务知识培训，逐渐将管理会计理念融入银行业务，为后续业务发展提供强有力的财务支撑。

3.3.2　优化中小商业银行各阶层管理会计人才

加强对各阶层管理会计人才的业务培训，使其充分了解中小商业银行的业务特点、产品知识和风险管理，更好地为业务发展提供财务支持。具体措施包括：一是提供全面且有针对性的业务培训，使初级管理会计人才熟悉中小商业银行的各项业务，包括贷款、存款、票据及外汇业务等；二是制定跨部门轮岗机制，安排管理会计人才参与不同部门的工作，体验银行业务流程和操作规程，加深其对业务的实践认知，更好地推动业财融合；三是强调管理会计人才的数据分析能力，引入数据分析工具和技术，加强对管理会计工具的应用，提高会计人才业务分析和风险评估的能力；四是为管理会计人才提供持续学习和专业发展的机会，帮助其了解行业最新发展趋势，更新知识和技能，提升个人职业素养。

3.3.3　重视培养中小商业银行高级管理会计人才

培养具备战略思维和决策能力的高级管理会计人才，使其能够真正参与商业决策、战略规划和风险管理等工作，为中小商业银行的发展提供战略性的财务支持。主要培养手段有：第一，提供战略规划和管理知识的培训，提升管理会计人才的战略思维和分析能力，以便为制定战略决策提供财务建议和支持；第二，安排管理会计人才积极参与跨部门的战略规划和决策过程，与业务部门紧密合作，深入了解银行的业务运作和市场环境，为制定战略决策提供更加准确的财务数据和科学分析；第三，培养管理会计人才的领导力和管理能力，鼓励其进行行业和市场研究，帮助银行制定更具竞争力和前瞻性的战略计划，以应对银行在发展中面临的机遇和挑战。

3.4 制定科学有效的会计人才考核制度

建立科学合理的绩效目标考核机制和奖惩制度，将会计人才的工作表现、业绩贡献、战略执行、业务协同等多方因素纳入考核指标，强调会计人才的全面综合发展，引入竞争机制，持续监测和评估员工表现，激励会计人员不断提升专业素养和工作能力，积极向管理型会计人才转型，推动会计人才队伍建设。

3.4.1 引进竞争机制，完善考核机制

中小商业银行通过引进竞争机制和完善会计人才考核制度，可以激发会计人才的积极性和创造力，进而提升银行会计职能的管理水平。具体可采用以下方式：第一，引入公平公正的职业竞争机制，通过内部竞聘或公开招聘方式选拔和提拔优秀的管理型会计人才，激发会计人才的竞争意识和进取心，提高会计人才队伍整体素质。第二，明晰奖惩机制，对表现优秀的会计人才给予奖励，如奖金、晋升机会或特殊待遇；对工作不达标或存在严重失误的人员采取相应的惩罚或退出机制，激发会计人才的积极性和责任意识。第三，建立科学有效的绩效考核体系以及有效的监测和评估机制，对会计人员的工作情况进行定期评估；针对不同岗位制定相应的绩效考核关键指标，提高管理型会计人才专业素养的考核指标占比；通过监测和评估，全面了解会计人才的工作表现和能力，不断完善考核机制，推动管理型会计人才的培养，促

进会计人才不断提升综合能力。

3.4.2 采用多种激励方式，加速会计人才转型

商业银行应通过薪酬激励、晋升机会、岗位轮换等方式，激励会计人才不断向管理型会计人才转型，提高工作效率和质量。第一，建立激励性的薪酬制度和绩效奖励制度，将会计人才的薪酬绩效与工作产出效益挂钩，评估会计人才的工作完成质量和能力，给予适当的薪资调整、绩效奖励或晋升机会，激发会计人才的创新能力和工作主动性，保证工作质量和效率；第二，鼓励会计人才积极参与项目建设和学习培训，并为他们提供专业发展计划、跨部门轮岗、岗位晋升等机会，鼓励会计人才由传统会计人员向管理型会计人才转变，掌握财务管理、业务分析和战略规划等方面的知识和能力，为组织提供全面的财务视角和战略建议，积极参与组织战略规划和价值创造，助力企业财务转型。

3.4.3 制定会计人才的职业晋升机制

商业银行应为会计人才制定清晰的职业发展路径和晋升机制，提供晋升机会和平台，激发其职业发展动力。引进会计人才后，企业应该思考如何让其不断进步，在企业找到归属感，从而充分发挥作用。主要包括以下几个方面：第一，制定个人职业发展规划，明确员工个人的发展目标和发展路径，包括不同级别的会计职位以及相应的岗位晋升条件和要求等，同时安排经验丰富的职业导师，为会计人员提供指导、支持和职业发展建议；第二，为会计人才提供内部培训、外部培训、专业认证考试等多种提升路径，鼓励会计人才进行职责拓展和岗位轮岗，培养其成为具备业务融合能力的复合型人才，提升其综合能力和专业素养；第三，将会计人员的工作表现和能力提升作为晋升的重要考量因素，并基于定期的绩效评估结果确定晋升机会。

中小商业银行通过建立科学有效的会计人才考核制度和职业晋升机制，可以激励会计人才不断提升自身能力和贡献值，加快商业银行会计人才队伍

建设的步伐，提高银行会计管理水平，实现银行长期发展目标。

3.5 重视会计人才队伍的职业道德和思想建设工作

3.5.1 重视会计人才的职业道德和操守

商业银行应强调会计人员的职业责任和道德准则，引导其树立正确的价值观，保持积极的思想状态。首先，为会计人才提供职业道德培训，加强诚信教育，要求会计人才在职业生涯中始终遵守职业道德准则和行为规范，培养会计人才树立正面的职业形象和声誉。其次，除了自我教育，还应该在国家相关规范的指引下，制定适合银行自身的道德规范评价标准，强化财会领域的职业道德约束，督促会计人才时刻以客观、公正的态度处理财务信息，确保财务数据的准确性和真实性，防止弄虚作假。再次，加强会计人员信用档案建设，建立会计人员信用信息管理制度，实行职业道德计分制，并按道德分值划分会计人员道德水准，对在遵守职业道德中作出贡献的会计人才加分，对违反者扣分。最后，建设银行内部优良的文化环境，营造风清气正的团队氛围，培养健康向上的财会文化，推动会计人才不断提高职业修养和综合素质，坚守职业操守和道德底线。

3.5.2 提高会计人才政治觉悟，增强法治观念

商业银行应加强对会计人才政治理论和法律法规的培训，提高其政治觉悟和法律合规意识，确保其在工作中秉持正确的态度和行为。第一，强化党组织领导，突出会计人才队伍的政治能力建设，组织政治教育和培训活动，认真落实八项规定精神，严格执行财务制度有关内容，始终保持清醒头脑，牢记党纪国法和财经纪律。第二，建立健全银行内部监督机制，有效预防和发现会计人员可能存在的违法违规行为，提高其合规意识和法治观念。第三，定期组织开展法律法规培训，向会计人才传授国家法律法规、政策法规以及企业文化知识，提高员工法治观念和政治觉悟。第四，建立合理的激励与约

束机制，鼓励合规行为，通过表扬、晋升、薪酬激励等措施激励会计人员自觉遵守法律法规和道德规范；同时，建立相应的惩罚机制，对违法违规行为进行制裁，强化会计人员的法治观念和责任意识。

通过提高会计人才的政治觉悟和法治观念，中小商业银行可以确保会计人员遵守法律法规，增强合规意识，提升整个会计人才队伍的职业能力和素质，也将有助于维护银行的声誉和形象，为可持续发展打下良好的基础。

4 总结

在信息化、智能化、强监管的经济环境下，中小商业银行面对市场中的一系列挑战，需要加速业务赋能和职能转型，寻求个性化的发展道路。会计职能是企业发展的重要工具，而会计人才在推进会计改革发展中具有举足轻重的作用，传统财务人员向管理型会计人才转型是必然的趋势。本文通过分析 J 商业银行会计人才队伍的现状，总结 J 商业银行会计队伍目前存在的问题和不足，并深入剖析原因，更多地从培养管理型会计人才的角度提出相应的思路和策略，希望可以为推动管理型会计人才的综合素养提升、优化会计人才结构和建设新时期下的商业银行会计人才队伍提供思考；希望本文的分析和论述能对国内会计人才队伍建设相关领域的理论进行丰富和完善，为同行业或相似行业的会计人才的培养提供借鉴和参考。

参考文献

［1］关于印发《会计行业人才发展规划（2021—2025 年）》的通知［EB/OL］. https://www.gov.cn/zhengce/zhengceku/2021-12/28/content_5664923.htm.

［2］关于印发《会计改革与发展"十四五"规划纲要》的通知［EB/OL］. https://www.gov.cn/zhengce/zhengceku/2021-11/30/content_5654912.htm.

［3］加强新时代会计人才队伍建设为高质量发展提供有力支撑——《会计改革与发展"十四五"规划纲要》系列解读之五［EB/OL］. http://kjs.mof.gov.cn/zhengcejiedu/202201/t20220127_3785471.htm.

[4]郭喜华.中小商业银行会计运营发展转型思考[J].纳税,2019(33):64-65.

[5]李晶晶.大数据推动商业银行会计职能转型路径[J].中国外资,2021(14):68.

[6]闻馨.互联网时代下商业银行会计优化问题研究[J].商场现代化,2020(11):176.

[7]王玉翠,高蕊.会计专业应用型人才的岗位胜任力培养研究[J].经济研究导刊,2020(6):119.

[8]李洪.浅谈企业管理会计人才队伍建设的相关策略[J].纳税,2019(15):2.

[9]温素彬,温皓然,张兴亮,等.兼听则明:智能会计人才培养的调查研究与方案设计[J].财会月刊,2023(1):81-86.

[10]闫明杰,马逸欣,张靖.数字经济背景下产学研创全链条融合会计人才培养模式优化研究[J].理财(审计版),2023(1):86-88.

[11]何佳.新时期财务人才队伍建设[J].大众投资指南,2020(22):138-139.

[12]高晓芸,刘强.业财融合背景下事业单位管理会计团队建设研究——基于问卷调查的分析[J].商业会计,2023(1):108-112.

[13]晁江锋,张靖.智能化背景下财会专业人才培养模式研究与实践[J].科技风,2023(6):35-37.

[14]刘红.浅议基层央行会计人才队伍建设[J].时代金融,2020(27):3.

[15]陈媛.大数据时代会计人才培养思考[J].合作经济与科技,2023(6):100-101.

[16]陈志飞.新时期加强财务人才队伍建设的实践与思考[J].中国总会计师,2023(1):169-171.

[17]王金月.智能化时代管理会计人才培养路径研究[J].信息系统工程,

2022（4）：4.

［18］刘潇亭．业财融合背景下管理会计人才培养研究［J］．中国市场，2022（12）：99-101.

［19］ANLIN CH. Research on training mode of excellent accounting talents［J］. Finance and Accounting Monthly，2011（11）：91-93.

［20］SONGQIN Y，JIN H. How to build the management accounting talents training model based on diversified needs［C/OL］//Proceedings of the 2019 4th International Conference on Social Sciences and Economic Development（ICSSED 2019）. 2019.DOI:10.2991/icssed-19.2019.98.

08

基于平衡计分卡的绩效评价体系构建与应用研究
——以 J 银行为例

邹 阳 张 成 邹碧琴 等[①]

1 商业银行使用平衡计分卡的必要性

1.1 相关理论基础

1.1.1 平衡计分卡的基本理论

1. 平衡计分卡的四个维度

（1）财务维度。公司运营的主要焦点在于满足股东的需求，以他们的视角评估公司的业绩。作为决策者的企业家首先需要思考的是怎样才能满足所有权人的期望。在四个维度中，财务维度最直接且易于测量，是平衡计分卡

[①] 邹阳，九江银行（HK6190）一级分行计划财务部负责人，硕士研究生学历，具备注册会计师、注册管理会计师、法律职业资格等专业技能，拥有上市银行财务管理、绩效考核、费用管理、税务等工作经验，九江市第三期高端会计人才。

张成，九江银行（HK6190）计划财务部预算考核中心预算管理岗，初级会计师，拥有商业银行支行基层及会计主管从业经验，目前从事绩效考核相关工作。

邹碧琴，九江银行（HK6190）计划财务部计财经理，注册会计师、中级会计师，拥有经营预算、财务预算、绩效考核、费用管理等工作经验，九江市第三期会计领军人才。

其他成员：胡敏姿、陈芳芳。

评价系统的关键元素。商业活动的终极目的是实现股东利益的最大化，而财务数据能够清晰地展示出公司的策略和实施方案是否有助于达成这一目的。无论公司做出何种改进，其结果都会体现在财务报表上。

（2）客户维度。对于公司而言，其业绩评估应基于顾客视角而非自身视角来衡量。这便是"平衡计分卡"强调的企业与消费者之间的关系，即通过观察消费者的观点评判公司的表现。随着市场的激烈角逐日益加剧，许多组织开始认识到，只有高质量的客群才是其盈利的关键所在；同时不同类型的客人也有不同的期望值，唯有充分理解并响应他们的要求，才有可能实现持续性的经济效益增长。因此我们必须重视那些能够反映产品或者服务的质量及效用的关键数据，如用户体验评分、新增销售额占比等都是重要的参考依据之一。

（3）内部流程维度。从组织的架构与运作模式来看，评估公司的内部流程是一个重要的环节。实际上，有效且高效率的内部流程管理能够提升公司的基础实力，驱动公司业绩增长。完备的运营程序不但有助于实现财务目标，还能吸引更多的客户，进而使所有者的利益得到最大的保护，以满足其对回报率的要求。通常来说，优化后的企业内部流程可分为三大部分，即创新、营运及售后服务，这三者共同构筑了整个价值网络，并且每个部分都有不同的评判标准。具体到创新方面，关键指标可能包含新产品的市场占有份额、开发时间、修订次数等；而在营运方面，我们需要关注的是产品质量达标率、接单频次、废弃物产生情况以及客户流失等问题；至于售后服务方面，则需重点考虑服务用户满意程度、服务完成比例等相关问题。

（4）学习与成长维度。这一维度主要评估公司的创新能力和持续发展能力，是其他三个维度的关键推动因素。此维度的目标主要是以组织文化和员工技巧为核心设定的。而该维度的评判标准主要结合定性和定量指标来确定，其中包含了诸如员工的能力水平、员工对公司的忠诚度等方面的问题。

2. 平衡计分卡的实施步骤

（1）设定公司的主要目标。公司可以通过使用平衡计分卡构建一套有效的绩效评估系统。为了达到这一目的，公司需要深入了解并掌握其运营环境，确定其市场地位和核心竞争力，然后根据这些关键因素建立相应的评测标准。

（2）创建明晰的战略图表。公司的策略通常较为模糊且难以形象地表达公司在产生价值的过程中各个阶段间的因果联系，也无法直接被用作平衡计分卡中的业绩评价标准。为了使策略更加具象化、清晰易懂并且便于执行，公司需要利用战略图表将策略转化为具体的视觉形式。这既有助于对公司资源情况做出公正评判，也能清晰地展现财务、客户、内部流程、学习与成长四项指标间的关系，并持续引导公司进行流程优化、机构调整和客户服务提升等，以此推动公司达成其战略目标。

（3）创建公司全面的平衡计分卡业绩评估系统。在创建了战略图表后，公司可以从宏观角度出发，建立全方位的平衡计分卡模型，以此作为评定附属部门及员工的基本标准。

（4）逐步细分公司策略目标。当公司的总体层面业绩评估标准建立之后，公司必须逐级细化这些标准，直至每一个部门和个人都能理解并执行。值得注意的是，对战略目标的拆解应确保其能维持总体水平的目标，并与各部门的具体任务相匹配。这样可以使所有员工积极地投入其中，并且清楚其职责所在及前进路径。

（5）构建合理的评估系统。为了使平衡计分卡的绩效管理充分发挥作用，公司必须建立合理且科学的评估方法。公司应依据自身的实际状况和组织架构，创建职责界定清楚、层级联系明晰的评估制度。这种制度应确保各级别之间的一致性和责任划分，并且把奖励和处罚措施与平衡计分卡的结果紧密相连。

（6）上级下级间需保持连续性的交流。沟通及共识是整个绩效评估过程中的核心元素。公司策略的制定需要对话，唯有如此，员工才能够理解并且支持公司的策略；公司指标系统的设计同样依赖于对话，这样可以确保上司和下属对具体的标杆数值形成统一意见；绩效评估指标的统计也必须依靠对话,这有助于受测者接受评分架构;工作成果的评估也需要对话,这样可以向员工传达实际表现与预设目标间的差异,从而指导公司高层和员工调整他们的行动路径。

(7) 对公司的策略进行检查和调整。公司的外部运营状况会持续变动,高层管理人员需要密切关注这些变动的趋势,并在必要时修改公司的战略目标及业绩评估系统,以确保其能随着环境的变化而做出相应的调整,从而促进公司核心竞争力的提升、战略规划的完善和业绩评估系统的改进。

1.1.2 绩效棱柱理论

绩效棱柱理论包含三项基础假设及五项关键因素。其核心观点如下:首先,若要实现企业的长期发展,必须关注多个利益相关方的需求;其次,公司需要有效地融合策略、流程、能力和资源,以确保向股东传递出真实的价值;最后,所有利益相关方都应明确彼此间的互利关系,即只有支持公司才能够获得回报。这三大原则构成了绩效棱柱理论的基础框架。

绩效棱柱模型由五大因素即利益相关主体的需求、组织的策略、商业流程、组织实力及利益相关方的贡献构成。这五种因素之间存在紧密联系并互相促进。公司若想取得长远的成功,首先需明晰利益相关方的需求是什么,其次确定如何获取所需资源以满足他们的需求。此过程涉及投资者提供的资本和信贷、消费者带来的忠实度和收益、雇员的技术支持,以及供应商提供的产品和服务。此外,公司还需要制定为达到利益相关方的期望而必须实施的策略,并且确保执行该策略时有高效且有效的商务流程。这种商务流程是由公司的适配能力、合适的人力、优秀的做法、先进的技术和物质条件共同塑造出来的。

绩效棱柱理论是基于绩效测量的框架和方法。它补充了这些框架和方法的不足,构成了一个全面的绩效评估结构,为我们深入探究企业绩效评价中遇到的困难和挑战提供了一个有力且全面的框架。

1.2 平衡计分卡在商业银行应用的必要性

作为中国特定历史环境下的关键金融机构组件之一，商业银行具有一些显著特征：第一，它们通常受到地理位置的影响，因此它们的总资产并不庞大，被归类为小型银行；第二，它们的发展与所在地区的经济发展紧密相关，这使得其对本地企业的数量及运营情况、政府税收充足度、民众收入和信贷条件等因素非常敏感；第三，因为面临资源紧张且创新能力不足的问题，许多商业银行的产品和服务模式高度相似。鉴于此，建立适合商业银行的绩效评估系统，不能简单复制其他类型银行（如国有银行、股份制银行或外国银行）的绩效评估方法，需要采用平衡计分卡设计合适的评估方式。

1.2.1 有助于商业银行防范风险

尽管大部分的商业银行拥有微小的财产体积且增长速度迅速，但在它们的成长历程中也显露出一些亟待关注和解决的关键问题，如低下的资金充裕比率及较高的风险债务比例等；与此同时，商业银行既要维持金融资源的高效流转，又要保障经济安全。而仅凭财会数据无法完全体现这类企业的发展水准，因此公司应把顾客对服务的认可情况、公司运营过程中的优化效果及雇员的工作态度等纳入考核标准，以期通过综合运用各种评估方法更准确、更客观地展示企业的整体运行状态，并对可能出现的财政危机做出预判。这便产生了两项管理工作挑战：首先，总部如何跟下属单位有效协同工作；其次，如何让各部门间的沟通变得更加顺畅。而公司借助平衡计分卡这个业绩评测工具就能协助决策人应对上述两项挑战。该方法不仅能让公司的策略被细化成一系列明确的目标值，进而传递给所有相关人员，并推动其实施；而且从根本上解决了因缺乏有效的渠道造成企业内部分工失调等问题。同时，平衡计分卡的设计者也在研究如何把贷款的风险因素融入绩效管理的框架中，这有助于提升商业银行对风险的管理能力。最终，平衡计分卡成功地实现了识别、防范及管控商业银行运营风险的目标。

1.2.2 有助于商业银行将战略转化为实际行动

作为一种特殊的金融实体,商业银行需要同时满足多个利益方的需求,包括债务持有人、监管部门、消费者及雇员等。由于这些需求差异巨大,因此其运营目标也变得多元化。这就决定了商业银行采用平衡计分卡评估其实际表现是最合适的。该方法的核心是以策略为导向,全面考量各个利益方的诉求,并将其层层拆解成具体的业绩衡量标准和传递路径,从而确保组织、业务线条和个人的工作重点能够与整个银行业务发展的总体目标保持一致且协调。

1.2.3 有助于商业银行构建以客户为核心的企业文化

作为城市的金融机构,商业银行需要关注其主要职责:从顾客的需求出发,满足他们的期望并保护他们的权益;积极寻找新的潜在客户,并与现有客户保持良好的联系。因此,商业银行构建基于顾客视角的策略绩效评估系统至关重要。商业银行通过使用平衡计分卡这个工具,可以对其服务质量做出实时的评测与分析,从而确保其始终坚持以顾客为中心的原则,把顾客的利益放在第一位。此外,这种方法还能让商业银行在保证顾客满意度的同时提高自身的市场份额及收益水平。

1.2.4 有助于商业银行优化内部流程

为了在严峻的市场竞争环境下存活并持续成长,商业银行必须充分发挥其流动资产周转速度快、运营弹性大的优势。然而,能否成功则取决于该机构是否有高效率的工作流程。所以,合理且有效的内部流程管理可以提升商业银行为客户提供优质商品和服务的能力,促进其业绩增长。

1.2.5 有助于提升商业银行的学习和创新能力

商业银行若想在激烈的市场竞争中稳居领先地位,就应高度重视自我提升，吸收优秀的运营策略及管理方法；不仅要关注产品和服务的研发，还要努力提高员工的能力，进而增强公司的整体实力，确保商业银行业务的健康运行。相较于国内和国外的银行，商业银行往往在创新方面表现不足。然而，如果把学习与成长这一指标引入商业银行的业绩评估系统，领导层会更加看重这种能力，进而推动商业银行培育具备这一素质的人才。

2 以 J 银行为例，设计平衡计分卡评价指标

2.1 J 银行简介

J 银行成立于 2000 年 11 月 18 日，刚起步时网点不足 10 个，员工仅有百余人，并且背负着巨大的财务负担。2022 年底，该银行成功实现重大飞跃：从小型门店扩展至超过 280 家分支机构，资产规模也达到了惊人的 4700 亿元人民币。此外，该银行已经连续四次缴纳了超过 15 亿元的税款，而且这个数字每年都在增加。值得一提的是，2022 年 J 商业银行的税务收入首次破 22 亿元，这使得其在本市所有本地公司中排在首位。同时，J 银行在 2023 年位列全球银行业 1000 强的第 287 名，这是其连续第七年进入全球金融 500 强名单。

截至 2022 年 12 月底，J 银行的在岗人数为 4967 人（包括村镇银行），平均年龄为 29.79 岁；总行下辖营业部、13 家分行和 267 家支行，在全省实现了机构的全覆盖。经过多次增资和扩股，J 银行的股权结构不断优化，股东对战略的支持明显增强，董事、监事履职更加勤勉和专业，股东大会、董事会、监事会和经营层之间既有效制衡又有效运行。当前的治理结构如下：股东大会是公司的最高权力机构，董事会和监事会对其负责。现有董事会成员共 11 人，包括 3 名执行董事和 8 名非执行董事（其中 4 名为独立董事）；监事会由 6 名监事组成。J 银行组织结构如图 8-1 所示。

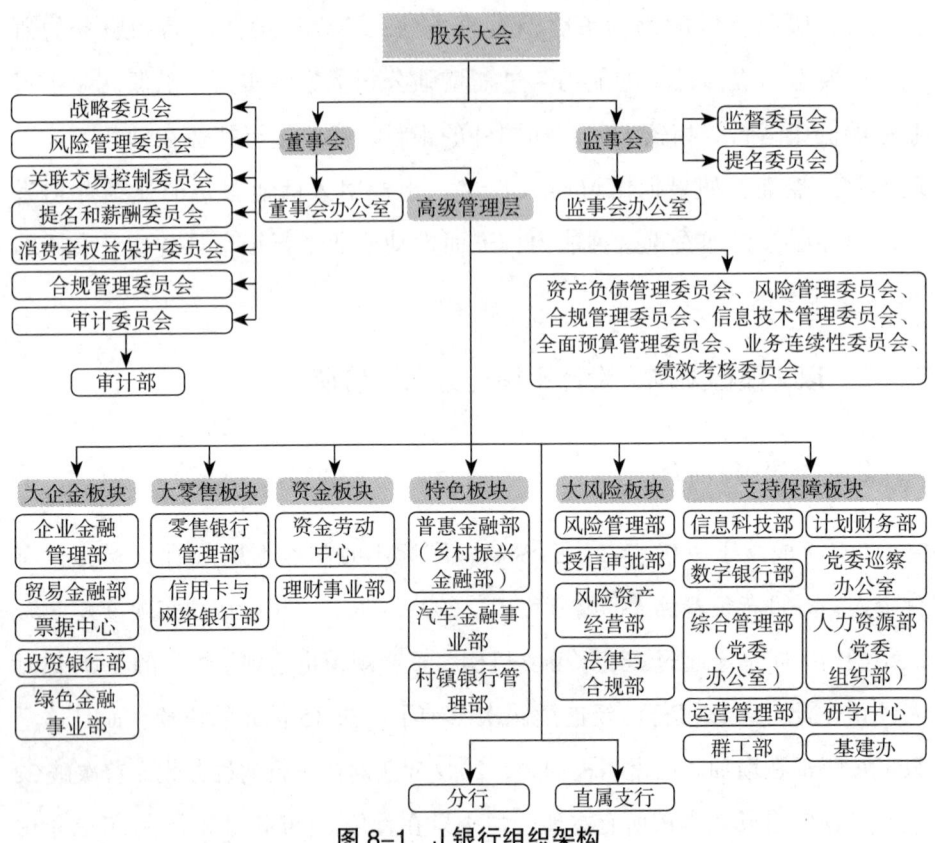

图 8-1　J 银行组织架构

2.2　J 银行绩效管理现状

　　为了提高银行整体业绩管理的效率，推动价值生成、评价与支付之间的协调一致，J 银行设立了绩效考评小组，并归属到总经理工作会议中，同时受其委托审查绩效评分制度及其关键事务。该绩效考评小组包括主管成员、副主管成员和普通成员。其中，主管成员由行长担任，副主管成员由主要负责财务工作的行级领导担任，其他成员则是人资部门和人财规划部的负责人。此外，J 银行还设置了一个专门的绩效考核管理办公室，由主要负责财务条线的行领导主持，并且包含了总行人力资源部、研究规划部的人员，以协助处理相关事宜。绩效考核管理办公室下设经营绩效考核专门委员会、管理绩效考核专门委员会、总行条线考核专门委员会、村镇银行绩效考核专门委员会、分行绩效考核专门委员会。总行经营绩效考核专门委员会的组长是分管财务工作的行领导，其成员包括总行计划财务部、人力资源部、研究规划部、授信审批部、风险管理部、合规部、企业金融管理部、零售银行管理部、普惠金融部的负责人，总行计划财务部负责组织和推动绩效考核工作。

2.3 平衡计分卡指标维度的设计与运用

2.3.1 强化全面战略管理

为科学分解战略目标，强化全面战略管理，J银行自2020年开始，引入"战略地图+平衡计分卡"工具，编制全行、各条线部门及分支机构的全面预算。主体思路是：明确战略目标、选定评价指标、设定目标值、制订行动方案、实施资源配置、形成全面预算。通过一图（战略地图）、一卡（平衡计分卡）、一表（行动方案、预算关系及协同信息表），明确全行及各预算编制单位下年度经营目标、执行方案，以及资源配置。J银行通过有效的策略管理，保障了战略的执行和经营目标的达成，也提高了各部门间的协作效率。

2.3.2 平衡计分卡四维度层层支撑

（1）财务维度将"风险调整后的净利润最大化"作为最终目标，确定了财务层面的三个核心要素——增收、节支、控风险，主要体现在强调净息差、增加有效规模、合理控制成本、提高投入产出效率、主动管理风险、降低信用风险成本等方面。

（2）客户维度主要围绕客户价值主张，提升品牌形象、提高客户满意度、增强客户黏性，为更多的客户提供产品服务，进而支撑J银行增加营收、实现盈利。

（3）内部流程维度主要通过内部流程的优化提升，实现股东价值目标和满足客户价值主张的目标，一般包含运营管理、客户管理、创新管理和合规内控。运营管理：优化内部流程，提高运营管理水平，合理降低运营成本，优化客户体验，提高客户满意度。客户管理：为客户提供精准的产品服务，改善与客户之间的关系，增强客户黏性，达到吸引更多客户的目的。创新管理：提供更多新产品、新服务，为吸引更多的客户提供支撑。合规内控：主动管理风险、遵纪守法，降低风险和合规成本，实现向管理要效益。

（4）学习与成长维度就像企业的无形资产，是软实力的驱动力，能够推动公司在前三个维度取得优秀的成绩。这一维度主要包括人力能力建设、提升信息化能力、提升组织和协调能力。人力能力建设：提高员工工作效率和员工岗位胜任能力，精准提供营销服务，提升管理水平，降低运营成本，最终提高人力资本投资回报率。提升信息化能力：具备系统建设、运维和应用推广的能力。提升组织和协调能力：坚持以客户为中心，降低沟通成本，团结协作共赢。

2.3.3　平衡计分卡指标运用

自 2012 年起，国家金融监督管理总局（原中国银监会）发布了《银行业金融机构绩效考评监管指引》。该指引要求商业银行、城市信用合作社、农村信用合作社等银行业金融机构，以及国家金融监督管理总局批准设立的其他金融机构，如金融资产管理公司、信托公司、财务公司、金融租赁公司等，要通过建立考评指标、制定考评标准和组织考评实施的方式，对某个特定期间内的经营成果、风险状况以及内控管理进行综合评价。这样做的目的是落实监管要求，根据考评结果改进经营管理，实现自身的发展战略。

金融机构的业绩评估指标分为五大类：第一，合规运营类指标用于评估金融机构是否遵守相关法律法规和规章制度，以及内部控制的建设和执行情况，包括合规执行、内控评估和违规处罚等方面。第二，风险管理类指标用于评估金融机构的风险状况及变化趋势，包括信用风险指标、操作风险指标、流动性风险指标、市场风险指标和声誉风险指标等。在计算风险管理类指标时，应充分考虑评估对象的风险分类、识别和计量的准确性。第三，经营效益类指标用于评估金融机构的经营成果、经营效率和价值创造能力，包括利润指标、成本控制指标和风险调整后收益指标等。金融机构在考虑资产期限和风险延期暴露等因素时，应减少中长期资产收益对经营效益类指标的贡献度。第四，发展转型类指标用于评估金融机构根据宏观经济政策、结构调整和内部需求，推动业务发展和战略转型的情况，包括业务和客户发展指标、资产负债结构调整指标和收入结构调整指标等。对于不规范经营的评估对象，如贷款转存、贷款收费和成本转嫁等，应降低其在发展转型类指标评估中的得分。第五，银行业金融机构的金融服务质量、节能减排和环境保护支持、社会公众金融意识的提高等，可以通过社会责任类指标来评价，其中包括对消费者的公平待遇和服务质量、绿色信贷，以及公众金融教育等方面的考量。

自2021年起，J银行大幅提升全行综合考评体系中党建考核的权重，不断强化党建在全行经营管理工作中的引领作用。全行绩效考核依据《J银行年度党建工作考核办法》执行，由总行党委办公室牵头组织开展。分支机构绩效考评坚持党建引领、合规经营、战略导向、综合平衡、稳健发展、统一执行的总体原则，推进全行业务结构、客户结构、收入结构和整体效益的持续优化。分支机构绩效考核具体指标设置如表8-1所示。

表8-1 J银行2023年度分支机构绩效考核指标

维度		一级指标		战略地图
分类	权重	指标名称	权重	平衡计分卡
经营效益类	160	EVA	80	财务层面
		RAROC	40	财务层面
		存款付息率	40	财务层面
发展转型类	210	新增对公存款	20	财务层面
		新增储蓄存款	20	财务层面
		新增AUM资产	50	财务层面
		转型业务投向	80	客户层面
		授信集中度	40	客户层面

续表

维度		一级指标		战略地图
分类	权重	指标名称	权重	平衡计分卡
社会责任类	160	新增对公价值客户	80	客户层面
		新增财富客户	80	客户层面
		消保投诉管理	扣分项	客户层面
风险管理类	250	授信后管理	30	财务层面
		不良管控	120	财务层面
		关注类授信	40	财务层面
		风险资产处置	60	财务层面
		全面风险管理	扣分项	财务层面
合规经营类	220	内控合规	90	内部层面
		质效管理	50	学习成长
		战略执行力	80	内部层面
党建类	1000	两增两控	80	客户层面
		制造业	80	客户层面
		新增绿色信贷余额	80	客户层面
		跨境人民币结算	40	客户层面
		乡村振兴领域贷款	40	客户层面
		调结构	40	客户层面
		控不良	80	财务层面
		业务争先	50	客户层面
		党建共建	10	客户层面
		党建定性考核	500	内部层面

注：党建类指标分值占比20%，经营绩效考评指标（经营效益、发展转型、社会责任、风险管理、合规经营）占比80%，分值为各1000分。

由表8-1可以看出，该评价体系主要由党建和经营绩效考评两大指标体系组成，其中经营绩效考评指标体系又包括五个部分：经营效益类、发展转型类、社会责任类、风险管理类、合规经营类等指标。该评价体系符合平衡计分卡四维度原则，兼顾了全行经营效益发展与内部管理。

3 平衡计分卡绩效评价体系在 J 银行的运用与评价

3.1 J 银行平衡计分卡的运用

本文对 J 银行的三家分行进行了数据收集，根据各种指标的计算方法，对这三家分行的总分进行评估并排名，具体见表 8-2、表 8-3。

表 8-2　J 银行考核一览表

机构指标	总得分率（党建得分率×20%+经营得分率×80%）	党建考核得分	党建考核得分率	经营绩效得分	经营得分率	经营效益类	发展转型类	社会责任类	风险管理类	合规经营类
分值	100%	1000	100%	1000	100%	160	210	160	250	220
最低	-32.08%	0	0%	-405	-40.10%	-60	-120	-20	-205	0
最高	111.78%	1090	109%	1136	112.48%	176	220	192	278	270
机构	得分率	得分小计	得分率	得分小计	得分率	得分小计	得分小计	得分小计	得分小计	得分小计
A 分行	84.74%	899.30	89.93%	842.79	83.44%	158.83	139.24	94.09	216.18	234.45
B 分行	79.13%	873.19	87.32%	778.49	77.08%	160.99	109.02	77.31	183.89	247.28
C 分行	62.25%	755.05	75.51%	595.21	58.93%	103.40	102.08	65.76	107.34	216.63

表 8-3　J 银行分行的平衡计分卡得分情况

维度	A 分行	B 分行	C 分行
财务	378.91	348.41	219.51
客户	184.82	146.99	129.16
内部	255.73	268.20	246.39
学习	34.63	33.82	32.11
总计	854.09	797.42	627.17

资料来源：银行内部资料统计分析。

3.2 综合评估J银行使用平衡计分卡的情况

根据表8-2的数据分析可知：相对于其他分行，A分行的业绩表现更出色且稳定——其得分率超过80%。该分行在金融创新及企业履行职责等领域的表现尤为显著；注重提高自身的竞争力并保持良好的运营状况，以满足市场需求的变化趋势；不断优化自身结构，以便在更好地适应新的竞争环境变化要求的同时实现可持续发展目标。

B分行考核排名中间，各项指标得分比较均衡，从表8-2可以看出，B分行的经营效益类和合规经营类指标得分较好，结合表8-3，反映在内部层面指标得分较高。B分行一方面重视财务指标的稳健发展，另一方面积极开展普惠金融服务站的试点工作。

C分行的得分位列第三，与其他两家的得分差距较大，主要体现在经营效益类、社会责任类和风险管理类指标落后。结合表8-3，体现在财务层面的指标得分过低，具体反映在贷款收益率下行大趋势下未有效降低负债端成本，同时贷款风险暴露较大，在侵蚀利润的同时，较大的不良清收压力也影响了一线正常业务的拓展。

观察上述三个分行的评分状况可知，首先，J银行的进步有赖于其客户基础，两个分数最高的分行均在客户方面表现出色，这有助于推动财务方面的指标朝着更高的水平前进。其次，得分高的分行，其各个领域的指标普遍平衡发展。这也表明，为了应对内外挑战，J银行不仅需要关注财务数据，还需要注重其他非财务因素，使所有指标都能达到平衡状态，从而提升整体竞争能力。

3.3 J银行实施平衡计分卡的配套方案

3.3.1 完善全面预算管理制度

无论哪种类型的绩效评估方法，都需要对其中某个具体的工作成果或财务表现进行评分,这是通过比较实际执行结果与预设的目标预算得出的。这种方式有助于推动度量工作的进展。所以,精确且合理地设立绩效期内预期业绩目标及其评价准则非常关键。为了达到这一目的,J银行需要完善全面预算管理机制,基于其设定的策略目标、自身的资源状况以及面对的市场环境,对未来的经营行为做出详尽而全面的预测规划;同时实时监测,找出并解决存在的问题,确保战略目标的达成。因此,全面预算管理制度与平衡计分卡绩效评估体系互补共生、互相支持,完备的全面预算管理制度能够有力地促进平衡计分卡绩效评估体系的实践和应用。

总预算由两大部分组成:一是各分部预算,二是各部门预算。具体来说,各分部预算主要包含三个方面,即业务规划、财政规划及人力资源规划;而各部门预算仅涉及业务规划与财政规划这两方面。在预算方面,银行要做到全过程全业务管理,进一步强化行动方案预算,支撑平衡计分卡目标的实现。

3.3.2 调整考核奖惩制度

平衡计分卡绩效评估系统可以对评定标准进行实时的更新和调整,从而有助于推动城市银行业务的长远发展。为了使这个系统充分发挥效用,银行需要设立适当的奖励和处罚机制。这不仅能激励员工努力工作,还能让其了解自己的表现是如何影响自身收益的。

银行要从平衡计分卡指标设计到结果运用着手,科学合理地运用考核体系,有效推动企业中长期战略目标的实现。一是坚持长期绩效主义价值观,在指标设计方面长短兼顾,如将涉及长期战略推动的指标单独做一个模块嵌入考核,三年统算分数;在结果运用方面,分一年和三年进行长短期区分,短期结果运用偏重绩效激励,长期结果运用偏重人员评优评先。二是做好战略承接,解决局部与整体利益冲突问题,做好条块结合、公私联动。在指标设计方面,机构考核和条线考核统一协调,全行紧盯战略落地,将机构考核指标直接拆分为各自条线、部门指标,营造你中有我、我中有你,大家力往一处使的考核文化。

3.3.3 构建相关信息技术平台

平衡计分卡绩效评估系统的数据规模巨大,需要强有力的信息科技基础架构作为后盾。而信息科技基础架构可以通过适当的软件工具实现,把公司的运营系统及平台上的数据整合到此基础架构的数据库里,可以快速且实时地生成相关的资讯,以满足平衡计分卡的需求,确保银行管理人员能立即并有效率地获得各种指标及其相关分析。所以,为了成功执行平衡计分卡体系,商业银行不仅依赖于自身的数据资源,也需要与之匹配的系统管理软件提供支持。只有达成战略目标、平衡计分卡和绩效指标的三方融合,才能协助管理人员即时检视商业银行业绩的目标。尽管中国的商业银行已强化了信息系统建设,但其仍是中国商业银行尤其是商业银行的一项弱点。要想让平衡计分卡绩效评估体系在中国商业银行的企业管理中充分发挥效用,就需要制定一套长远且有效的信息系统成长策略,以保障绩效评估体系的施行。

3.3.4 重视建立及时反馈和有效的沟通渠道

建立和执行平衡计分卡的绩效管理系统要求所有部门及个人相互协作和配合。对于商业银行的高级主管来说,他们应有此认识,以指导各相关部门的管理人员积极参与,而这些管理人员也须具备全面视角,引领他们的团队共同协作。高级管理员在此过程中主要担任先锋者的角色,设定商业银行的长远策略,并且将其转化为具体的绩效指标,在整个流程中保持紧密监控,全力支持各项措施。中级管理员则须倾听员工的声音,激励其提出更多建议,并对员工的想法做出指引,化解其负面情绪,使其能从心理层面接纳新绩效评估模式,支持和配合平衡计分卡的实行,从而实现这一系统的成功运行。

4 结论与展望

4.1 研究结论

自 J 银行开展业务以来，其业绩评估经历了三个主要时期：目标驱动型业绩评价、规模驱动的业绩评估以及基于价值驱动的三维业绩评估期。每当面临新的挑战或内部组织的成长时，J 银行会采用相应的业绩评估策略，这也体现了其坚持"稳定中寻求转变"及"快速快乐"的管理原则。所谓的"稳定中寻求转变"意味着在挑选业绩评估系统方面，他们并不会盲目跟随潮流使用最新的管理方法，而是在考虑公司发展规律的基础上选取符合当前业务需求和未来发展方向的业绩评估模型；至于"快速快乐"，则指的是通过提高效率对抗规模增长，迅速灵活地对公司的运营方式做出调整，以适应不断变化的环境。

本文基于 J 银行的实际情况，通过采用平衡计分卡评估其经营状况及业绩表现；同时讨论了如何利用这种方法衡量商业银行的运营效率及其管理水平的重要性问题。通过将平衡计分卡绩效评价体系在 J 银行进行具体的应用，本文得出以下结论。

（1）一般来说，绩效考核得分较高的分行，其财务、客户服务、内部管理流程以及学习与成长四个维度都展现出了平衡发展的特性。

（2）绩效考核排名靠前的突出特征是客户类指标完成良好。由此可以看出，客户是利润的来源，银行的管理者要重点关注有效的客户拓展。

（3）学习与成长层面的指标有待完善。J 银行的学习培训不完善，导致其无法为客户提供满意的产品或服务，从银行资产质量控制方面反映出员工风险意识欠缺，财务结果性指标受影响，从而降低了 J 银行的竞争力。

本研究得出的主要观点是：通过实施平衡计分卡绩效评估系统，可以有效提升 J 银行的竞争实力；同时，应根据评估结果采取相应的优化措施，以进一步增强 J 银行的核心竞争力。

4.2 研究的创新点

现阶段,许多专家已经开始探讨如何运用平衡计分卡评估银行业的业绩表现;然而他们主要关注的是大型国营或私有化的金融机构,而非小型的商业银行。本文聚焦平衡计分卡这一方法,试图通过实际案例探究如何利用这种评分系统为一家特定的、小型的、以地方为主导的银行提供有效的管理支持与决策参考。

4.3 研究不足和展望

受客观环境及个人能力的制约,本文还存在一些不足,主要包括以下几个方面。

(1)本文虽然针对四项要素构筑商业银行的绩效评估系统,其中包括内部管理流程和学习与成长两个要素,但这两个要素占比相对较低;此外,并未把环境、社会及公司治理等相关因素纳入分析框架。伴随着社会的进步和科学的发展,我们可以进一步扩展平衡计分系统的要素。

(2)本文仅选择了一家特定的商业银行作为分析目标,构建的平衡计分卡绩效评估系统仅限用于该特定机构,研究领域相对狭小且不完整。未来可能需要扩大样本量,以进一步探讨和比较不同商业银行的表现。

(3)受客观原因的限制,本文没能将J银行绩效评价体系与其他银行进行对比分析。

(4)本文未深入探讨J银行的薪资结构。薪资结构作为推动绩效评估有效执行的核心部分,对于协调多方权益并激活激励与制约机制至关重要。未来将对此部分内容展开更深层次的研究。

参考文献

[1] ALLEN R,ATHANASSOPOULOS A,DYSON R G. Weights restrictions and value judgements in data envelopment analysisz:Evolution,development and

future directions [J]. Annals of Operations Research, 1997 (73): 13-34.

[2] WILLAM D, MILLER. Commercial Bank valuation [M]. New York: John Wiley & Sonsa, Inc, 1995: 142-162.

[3] 杨学锋. 中国商业银行经营绩效评价体系研究 [D]. 武汉: 华中科技大学, 2006.

[4] 陈丽. 浅析我国国有商业银行的绩效管理 [J]. 中国管理信息化, 2018 (9): 102-104.

[5] 李坤宇、郑若溦. 加强我国商业银行绩效管理的途径探析 [J]. 时代金融, 2016 (9): 88.

[6] 李利明. 试论平衡计分卡在银行绩效管理中的运用 [J]. 经贸实践, 2018 (11): 161.

[7] 刘田丰. "大资管"时代商业银行绩效管理探析 [J]. 金融经济, 2018 (6): 27-28.

[8] 王焱. 提升商业银行绩效管理效能的研究与建议 [J]. 商业会计, 2017 (17): 106-108.

[9] 张平淡, 吕海军. 战略管理 [M]. 北京: 中国人民大学出版社, 2013: 1-15.

[10] 蒋国平, 曲东梅. 运用平衡计分卡于业绩效管理系统 [J]. 商场现代化, 2009 (11): 78-79.

[11] 张国徽, 张嘉龄. 中国银行上海分行绩效考核研究——基于平衡计分卡的运用 [J]. 当代经济, 2012 (3): 58-59.

[12] 赵琛徽, 王妤扬. 国有商业银行员工考核中平衡计分卡的应用研究——基于湖北 MH 支行的分析 [J]. 中国人力资源开发, 2009 (10): 68-71.

[13] 严明燕, 张同健. 基于平衡计分卡构建国有商业银行核心能力 KPI 体系 [J]. 财会月刊, 2009 (33): 46-47.

[14] 李宋岚, 刘嫦娥. 基于平衡计分卡的商业银行绩效考核分析 [J]. 财经问题研究, 2010 (4): 76-79.

[15] 保罗·尼文. 平衡计分卡——战略经营时代的管理系统[M]. 胡玉明, 等译. 北京：中国财政经济出版社，2003（8）：59-153.

[16] 孙永玲. 平衡计分卡中国战略实施[M]. 北京：机械工业出版社，2009.

[17] 高涛. 基于平衡计分卡的商业银行分行机构绩效体系构建[J]. 经济研究导刊，2012（19）：53-54.

[18] 刘国玲，孙惠良. 主成分分析法在商业银行绩效评价中的应用[J]. 科技咨询导报，2007（16）：102-103.

[19] 孙德轩. 我国商业银行绩效评价体系的改善思路[J]. 集团经济研究，2006（195）：145.

09

中小商业银行监管统计与经营管理融合的研究

杨　曦　周子扬　章艳艳　等[①]

1　外部监管对银行经营发展关注重点内容分析

银行，是依法成立的经营货币信贷业务的金融机构，是商品货币经济发展到一定阶段的产物。银行作为金融机构，作为经济运行发展的重要组成部门，为保证其遵守各项规章、避免不谨慎的经营行为，必然受到外部机构的监督和管理。自1984年国务院决定由中国人民银行独立行使中央银行职能以来，中国人民银行就肩负着对银行业进行监督管理的职责。《中国人民银行法》明确规定，中国人民银行在国务院领导下，制定和实施货币政策，对金融业实施监督管理。随着金融改革与发展的进程不断加快，为提升货币政策和银行业监管的专业化水平，我国于2003年决定设立中国银行业监督管理委员会（银监会），将货币政策的制定和实施职能与银行业的监管职能分离，由银监

[①]　杨曦，九江银行（HK6190）计划财务部统计中心统计岗，东华理工大学汉语言文学专业，多次荣获江西省金融统计竞赛一等奖。

周子扬，九江银行（HK6190）计划财务部统计中心金融科技岗，南昌大学软件工程本科学历，软件设计师（软考中级）、CDGA 数据治理工程师。

章艳艳，九江银行（HK6190）计划财务部统计中心统计岗，中级会计师、中国法律职业资格证书（A类），拥有基层网点6年会计主管从业经验，目前从事"1104报表"统计工作，主要负责负债、资本、信用风险及流动性相关报表。

其他成员：陈光伟、顾美、徐明霞、吴凯、徐风云。

会行使银行业监管的职能。银监会与中国人民银行各司其职、互相促进，确保金融机构安全、稳健、高效运行。

不论是现场检查还是非现场监管，外部监管对银行的监管必须有数据进行支撑和依托，除银行业机构自有的资产负债表、利润表等，监管统计报表成为监管了解银行的主要手段和方式。监管部门从自身监管角度出发，结合国家政策和经济发展形势，通过制定和开发一系列指标并形成相应的报表，对银行的基本经营情况、业务发展情况、风险情况等进行监测，实时了解银行的动向。

1.1 人民银行统计报表

人民银行以制定和执行货币政策为基础，主要审视宏观层面经济运营情况，重点对货币供应情况进行把控。人民银行自2009年起建立金融统计大集中制度，报送的数据主要基于银行业资金来源与资金运用占用，以及专项业务统计制度，主要包括涉农贷款、小微贷款、房地产贷款等业务。2018年，国务院办公厅发布了《关于全面推进金融业综合统计工作的意见》（国办发〔2018〕18号），要求建立和打造国家金融基础数据库。人民银行于2020年起印发《中国人民银行关于建立金融基础数据统计制度的通知》（银发〔2020〕164号），正式建立金融基础数据统计制度，从机构维度、客户维度、交易维度、业务维度，完善大国金融数据治理，有效支持货币政策决策、宏观审慎管理和金融监管协调，守住不发生系统性金融风险的底线，不断提升金融服务实体经济的能力和水平。2021年4月，中国人民银行发布《利率报备监测分析系统数据报送标准》，建设新一代利率报备监测分析系统，为提高利率监测分析时效性、更好地服务宏观经济调控和金融风险调控、前瞻性防范和化解金融风险提供关键信息支持。

1.2 银保监会统计报表

银保监会秉承"管法人、管风险、管内控、提高透明度"四项监管理念，侧重对金融机构的微观审慎监管，目的是对银行业金融机构的风险进行有效识别、计量、分析和预警。以"1104 报表"[①]为主导的监管报送体系，通过信用风险、市场风险、操作风险和流动性风险相关指标的计量与分析，判断法人银行经营的稳健程度，并据此采取不同的监管措施。2022 年 4 月，银保监会发布 EAST 5.0 采集规范，并委托建信金科根据 EAST 5.0 采集数据建设监管大数据平台，开发智能化风险分析工具，完善风险早期预警模块，增强风险监测前瞻性、穿透性、全面性，大幅提升对银行业监管的质效。

1.3 监管统计发展趋势

2022 年 10 月 28 日，第十三届全国人民代表大会常务委员会第三十七次会议上，时任中国人民银行行长易纲作《国务院关于金融工作情况的报告》，在下一步工作考虑中提出要强化监管执法和监管效能，严格履行监管职责，依法监管、依法行政，保持行政处罚高压态势，严厉打击金融犯罪；加快监管数字化智能化建设，丰富执法手段；推动监管数据共享，推进金融数据治理，提高数据真实性和数据质量。

2022 年 11 月 2 日，时任中国银保监会主席郭树清在《党的二十大报告辅导读本》中发表《加强和完善现代金融监管》署名文章。文章中列举加强和完善现代金融监管的八大重点举措，加快金融监管数字化智能化转型是重点举措之一。具体内容为：积极推进监管大数据平台建设，开发智能化风险分析工具，完善风险早期预警模块，增强风险监测前瞻性、穿透性、全面性；逐步实现行政审批、非现场监管、现场检查、行政处罚等各项监管流程的标准化线上化，确保监管行为可审计、可追溯；完善监管数据治理，打通信息孤岛，有效保护数据安全，加强金融监管基础设施建设，优化网络架构和运行维护体系。

监管部门以监管统计报表为主，不断采用数字化智能化方式丰富监管手

---

① "1104 报表"为银保监会非现场监管报表的简称，囊括表内、表外全方面业务经营情况，对分支机构监管主要人财务结构、信用风险、支持实体经济方面进行监测。

段。而银行作为提供监管报表基础数据的源头,应以此为契机,转变"监管统计为监管"的思想,以外部监管手段为内部经营管理助力,提前为银行经营发展决策提供数据支持。近年来,J银行提出贯彻落实"调结构、节资本、控不良、稳增长"十二字战略方针,引导全行实现高质量可持续发展,推动全行业务结构优化。监管统计以统计指标为载体,稳定、持续、可比地记载该行的经营运行情况,并以其特有的数据报表形式始终贯穿该行机构和业务发展的全过程。监管统计既是监督也是管理。机构可以通过对相关指标进行有效的监督和管理,促使银行机构在良性轨道上不断向前发展。

2 监管统计与经营管理融合的主要内容研究

2023年10月21日,第十四届全国人民代表大会常务委员会第六次会议上,中国人民银行行长潘功胜作《国务院关于金融工作情况的报告》,在下一步工作考虑中提出:要进一步完善监管执法体制机制,深化跨部门监管执法协作,严厉打击金融犯罪;推动监管数据共享,加快发展监管科技,提高数字化监管能力;完善金融机构风险监测评估和预警,着力强化早期纠正硬约束;建立统计监测体系,加大政策落实力度。

在当今金融市场快速发展和不断变化的环境中,监管部门和银行业面临着巨大的挑战和机遇。为了确保金融体系的稳定和可持续发展,监管部门需要准确、全面的统计数据来监测银行的状况和风险,并及时采取相应的监管措施。与此同时,银行也需要依靠有效的统计指标进行经营决策和风险管理。

在这样的背景下,监管统计与经营管理的融合成为当前银行业的重要课题。通过将监管统计与经营管理相结合,可以提高监管效能,促进银行业的稳健发展。这种融合不仅可以帮助监管部门更好地了解银行的运行状况和风险状况及变动趋势,还可以为银行提供更准确、全面的数据支持,帮助银行进行业务决策和风险管理,及时发现和解决潜在问题,更好地规划和调整业务策略,保障银行的稳健经营。

本文对J银行总行以及鹰潭分行、南昌分行、新余分行、抚州分行、宜春分行、上饶分行、赣州分行、萍乡分行和景德镇分行九家分行进行调研，收集日常监管重点关注的统计指标内容，依照普通性、重要性原则对其进行筛选并开展研究。

本文对监管统计与经营管理融合的研究主要从以下三个方面展开：监测类指标、业务类指标、风险类指标。通过对这些指标的研究和分析，我们可以更好地理解监管统计与经营管理的融合意义，并为银行应对监管和稳健经营提供有益的见解和指导。

2.1 监测类指标

银行通过对监测类指标进行监测，可以及时关注总行及各机构指标是否超出监管要求，可以及早对逼近监管红线的机构进行提示，帮助机构及时进行业务结构调整。本次调研的监测类指标如表9-1所示。

表9-1 监测类指标

指标内容	监测要求
日均存贷款比	>70%，触警；>75%，中警；>90%，重警
保证金存款比重	承兑汇票保证金余额不得超过该承兑人吸收存款规模的10%
承兑余额占比	承兑汇票的最高承兑余额不得超过该承兑人总资产的15%
房地产集中度	房地产贷款占比上限25%，个人住房贷款占比上限20%

1. 日均存贷款比

流动性是指资产的变现能力，即能否通过出售或者抵质押方式，在无损失或者极小损失的情况下，在金融市场快速变现获得资金的能力。流动性风险是商业银行面临的最主要的风险之一，具有诱因复杂众多、突发性强、传染性高、低频高损以及冲击破坏力大等特点。流动性风险的爆发往往产生系统性的连锁反应，容易扩散波及整个金融业体系，产生经济危机和社会动荡，这是金融机构本身自带的杠杆性将传导放大所致。监管部门发布了多项流动性监管指标，如存贷比（DLR）、流动性比率（LDX）、流动性缺口率（LGR）、流动性覆盖率（LCR）、净稳定资金（NSFR）等，旨在多维度监测金融机构流动性变化情况，以便及时采取相应监管措施，加大对银行流动性风险的防范力度，提升商业银行的流动性管理水平。

为了防止破产，金融机构会在监管、监测指标的标准下合理配置资产和负债，比如存贷比不得高于75%，即贷款余额与存款余额的比例不能超过75%。存贷比指标反映了银行存款运用于贷款的比重以及贷款能力的大小。存贷比率越低，银行的安全性越高，但盈利能力可能下降。因为安全性和盈利性总是矛盾的，所以必须找一个平衡点，即75%的占比。

为防止银行在月末最后一天突击揽储和滥发理财产品的乱象，自2022年6月起，银保监会对银行的月度日均存贷比进行监测，月日均人民币存贷款比 >70% 触警，>75% 中警，>90% 重警。银行通过1104报表可以实现按月监测，将数据监测分析结果推广运用至分支机构，为各分支机构经营决策者提供数据支撑和风险预警。通过日均存贷比指标，银行还可以及时统计日常机构经营最关注的各项存款、贷款数据。

2. 保证金存款比重与承兑余额占比

为严格限制超比例签发银行承兑汇票，降低银票远期兑付风险，避免宝塔和包商银行事件的再次发生，严限签发没有真实贸易背景的融资性票据，2022年8月，中国人民银行通过和中国银行保险监督管理委员会审签，发布《商业汇票承兑、贴现与再贴现管理办法》，自2023年1月1日起施行。该办法明确提出，银行承兑汇票和财务公司承兑汇票的最高承兑余额不得超过该承兑人总资产的15%；银行承兑汇票和财务公司承兑汇票保证金余额不得超过该承兑人吸收存款规模的10%。

保证金存款占比过高是不容忽视的风险因子，一方面体现在保证金存款是拉动存款的重要途径，相较于其他的存款营销模式便捷、容易操作，而通常保证金的存款期限较短，不利于存款的稳定性；另一方面体现在金融机构对保证金来源的真实性与合规性审核不严谨，时常发生无真实贸易背景的票据授信资金入库保证金账户的情形。因此从经营分析的角度来看，银行应该加强对保证金存款的管控，通过对报表、数据的深入监测分析，全面展示全行各机构的保证金存款增减变化，为机构决策者优化负债机构、增强存款稳定性提供参考，为考核办法制定者提供考核政策调整的依据。而对承兑汇票总额进行限制，可以加强对票据规模的风险防控。承兑规模、保证金规模的受限可有效打击票据套利行为，保证承兑人的到期兑付能力，同时约束银行通过票据提高存款总量。

为便于对该类指标进行监测，银保监会1104报表[①]自2023年起在G01_Ⅲ存贷款明细报表（一）附注项中增加"银行承兑汇票保证金存款"指标。

3. 房地产集中度

2020年底，中国人民银行和银保监会发布《关于建立银行业金融机构房地产贷款集中度管理制度的通知》（银发〔2020〕322号），对房地产贷款余额占比上限以及个人住房贷款余额占比上限进行限制。J银行作为第三档金融机构，要求房地产贷款占比上限为22.5%，个人住房贷款占比上限为17.5%。2021年，中国人民银行南昌中支、江西银保监局下发《关于建立银行业金融机构房地产贷款集中度管理制度的通知》（南银发〔2021〕8号），J银行房地产贷款集中度可增加2.5个百分点，即房地产贷款占比上限为25%，个人住房贷款占比上限为20%，并执行四年过渡期的设置。

人民银行与银保监会虽对房地产贷款集中度进行统一要求，但在统计口径上略有不同。人民银行房地产贷款统计范围仅包括房地产开发贷款以及购房贷款，通过对人行大集中报表A1460房地产贷款存量统计月报表进行监测。银保监会房地产贷款除了房地产开发贷款以及购房贷款外，将保障性租赁住房经营贷款、投资或非自用的标准化厂房、房地产中介、房地产租赁经营、房地产并购贷款等均纳入房地产统计范围，主要通过银保监会1104报表S67房地产融资风险监测表进行监测。

---

① 2023年3月，中共中央、国务院决定在银保监会基础上组建国家金融监督管理总局，不再保留银保监会。本文使用的1104报表由此前的银保监会发布。

2.2 业务类指标

业务类指标主要是对银行活动有关数据进行收集、整理、分析,以掌握银行信贷资金在支持国家宏观经济发展中的作用。本文研究的业务指标主要有普惠小微贷款、涉农贷款以及制造业贷款。

1. 普惠小微贷款

长久以来,普惠金融和小微贷款问题都是全球性的难题,究其原因,一方面是由于市场经济发展过程中小微型主体生存竞争不占优势;另一方面小微主体的经营风险相对较高,风控成本和信用成本存在两难,因此金融机构信贷支持更倾向大中型主体,导致小微企业融资渠道少、成本高。然而,在当今社会,小微主体是经济活力的重要来源,因此对小微企业融资进行鼓励一直是国内外金融政策的重点。

为了引导金融机构从授信资源上向小微主体倾斜,监管部门陆续出台相关政策进行指导,并将服务口径具体化、指标化。2011年银监会发布《关于支持商业银行进一步改进小企业金融服务的通知》(银监发〔2011〕59号),首次对金融机构服务小微企业指标化。自2017年起,人民银行下发《关于普惠金融实施定向降准的通知》(银发〔2017〕222号),对普惠小微实施定向降准。2018年人民银行建立普惠金融领域贷款专项统计表,银保监会建立S71银行业普惠金融重点领域贷款情况表,对普惠金融领域贷款实行持续、动态的监测。普惠金融不仅体现银行对小微企业、农民、城镇低收入人群等弱势群体的支持力度,也反映机构对流动性的释放能力,合理利用降准资金增加对特殊实体的投入。近年来,监管政策逐渐从支持全口径小微贷款发展到如今重点支持普惠小微贷款,普惠小微贷款已成为支撑我国经济发展的一项重要政策举措。

人民银行、银保监会虽对普惠小微相关指标均进行考核,但数据口径与指标来源略有不同。银保监会以"1104报表"S71_Ⅰ普惠型小微企业与其他组织贷款为基础,以单户授信1000万元(含)以下不含票据融资的小微企业法人贷款、个体工商户和小微企业主贷款合计数作为普惠小微贷款合计数，小微企业法人贷款、个体工商户和小微企业主贷款均需满足单户授信1000万元（含）以下要求。人民银行则以大集中A3302大中小企业贷款统计表为基础，取单户授信1000万元（含）以内的境内小微型企业贷款与个体工商户、小微企业主经营性贷款之和为普惠小微贷款数据。普惠小微贷款口径区分见表9-2。

表9-2 普惠小微贷款口径区分

	银保监会		人民银行
普惠小微贷款	其中：单户授信1000万元（含）以下不含票据融资合计	普惠型小微企业法人贷款	3367C 单户授信小于100万元（含）的境内小微型企业贷款
			3367J 单户授信100万~500万元（含）的境内小微型企业贷款
			3367S 单户授信500万~1000万元（含）的境内小微型企业贷款
		普惠型个体工商户和小微企业主贷款	33669 个体工商户经营性贷款
			33670 小微企业主经营性贷款

2023年，江西银保监局、人民银行南昌中心支行，省地方金融监管局共同印发《江西省银行业2023年普惠金融行动方案》，要求各银行业金融机构确保实现年初制度或总行下达的普惠型小微企业信贷计划。统计数据以监管统计报表S71和A3302为依据，按月实行对全行普惠小微贷款的监测工作。

2. 涉农贷款

2007年，为全面、完整、系统地反映金融机构涉农贷款发放情况，为国家制定政策及推进社会主义新农村建设提供信息支持，依照《金融统计管理规定》，人民银行和银监会建立了《涉农贷款专项统计制度》（银发〔2007〕246号）。该制度对两项定义进行了明确：一个是农户，另一个是农村区域。

农户是指长期（一年以上）居住在乡镇（不包括城关镇）行政管理区域内的住户，还包括长期居住在城关镇所辖行政村范围内的住户和户口不在本地而在本地居住一年以上的住户，国有农场的职工和农村个体工商户。位于乡镇（不包括城关镇）行政管理区域内和在城关镇所辖行政村范围内的国有经济的机关、团体、学校、企事业单位的集体户；有本地户口，但举家外出谋生一年以上的住户，无论是否保留承包耕地，均不属于农户。农户以户为统计单位，既可以从事农业生产经营，也可以从事非农业生产经营。由定义可知，农户以客户常住地址进行判断，与客户户籍性质、从事行业无关。

农村区域，也就是城市区域之外的区域。该制度将城市区域定义为"地级及以上区域的城市行政区与市辖建制镇"。此处"城市行政区"是指按照国家统计局最新公布的全国行政区划代码中列示的地级以上城市的市辖区；对各类经济开发区、工业园区等行政管理区，按照批准其设立的单位属于农村还是城市区域来确定；对于县改区后纳入"城市行政区"范围的区域，应界定为城市区域，不应主观判断其经济发达程度将其归属为农村区域。农村企业及各类组织以其所属区域是否在农村区域进行判定。制度中明确以注册地作为区分贷款所属区域的标准。对于企业贷款，注册地是指企业营业执照中登记的住所；对于各类组织贷款，应以各类组织所在地作为区域划分的标志。

除农户和农村区域判断标识外，还可以依据贷款投向判断是否为涉农贷款。非农户但贷款用于国民经济行业分类 A 门类（农、林、牧、渔业）所属活动的所有贷款可纳入涉农贷款统计。而城市企业农、林、牧、渔业贷款以及支农贷款亦可纳入涉农贷款进行统计。支农贷款是指客户用于支持农业产前、产中、产后的各环节和支持农村基础设施建设的各类特定用途的贷款。主要包括农田基本建设贷款、农产品加工贷款、农业生产资料制造贷款、农用物资和农副产品流通贷款、农业科技贷款、农村基础设施建设贷款。综上所述，涉农贷款主要内容如表 9-3 所示。

《江西省银行业 2023 年普惠金融行动方案》对涉农贷款提出考核要求：各银行业金融机构要单列涉农贷款和普惠型涉农贷款（均不含票据融资）信贷计划，同口径涉农贷款和普惠型涉农贷款余额保持持续增长，地方性法人银行要努力实现普惠型涉农贷款增速高于各项贷款增速。涉农贷款以人行大集中 A1433/A2433 涉农贷款月报简报中 12P01/22P01 涉农贷款合计数为参考依据。普惠型涉农贷款包括单户授信总额 500 万元（含）以下普惠型农户经营性贷款和单户授信总额 1000 万元（含）以下的普惠型涉农小微企业法人贷款，主要参考 1104 非现场监管 S71_Ⅱ报表。

表 9-3　涉农贷款主要内容

指标项目	具体内容
涉农贷款	非农户农、林、牧、渔业贷款
	农户贷款
	农村企业及各类组织贷款
	城市企业及各类组织贷款（农、林、牧、渔业贷款，支农贷款）

3. 制造业贷款

制造业贷款是中国人民银行和银保监会的关注重点之一。2020 年 2 月 21 日，人民银行召开 2020 年金融市场工作电视电话会议，要求 2020 年金融市场业务条线要加大对制造业、科技创新、乡村振兴、区域协调发展等重点领域和薄弱环节的金融支持，防范化解地方政府债务风险。2022 年 7 月 4 日，银保监会印发《关于进一步推动金融服务制造业高质量发展的通知》，要求银行机构扩大制造业中长期贷款、信用贷款规模，重点支持高技术制造业、战略性新兴产业，推进先进制造业集群发展。围绕高新技术企业、"专精特新"中小企业、科技型中小企业等市场主体，加大信用贷、首贷投放力度。为优化金融政策与产业政策协同机制、更好地推动金融支持制造业高质量发展，国家发展改革委会同有关部门，于 2022 年 9 月起专项开展扩大制造业中长期贷款投放工作，引导银行加大制造业重点领域中长期贷款投放力度，为重点项目建设和设备更新改造提供资金支持。

近年来，中国人民银行南昌中心支行印发《金融支持江西经济高质量发展指导目标》，将制造业贷款增量占比及制造业中长期贷款余额增速纳入金融机构考核的重要目标值，以人民银行大集中贷款分行业统计月报表以及中长期贷款按实际投向统计月报表数据为考核依据。银保监会要求全行制造业中长期贷款增速不低于各项贷款增速。外部监管虽对制造业贷款及制造业中长期贷款进行按月监测，但在口径上略有不同（见表9-4）。

表9-4 制造业贷款及制造业中长期贷款口径差异

指标内容	制造业贷款余额	制造业中长期贷款余额	口径差异
人民银行大集中报表	A1460 房地产贷款存量统计月报表：12A09 房地产开发贷款 +12A18 购房贷款	A1464/A2464 中长期贷款按实际投向统计月报表：1M016 制造业 /2M016 制造业	仅统计对公贷款部分，不含贴现。制造业贷款余额以客户所属行业为依据进行判断，制造业中长期贷款余额以客户贷款投向行业为依据进行判断
银保监会1104报表	G01_ Ⅶ贷款分行业情况表	G01_ Ⅶ贷款分行业情况表	统计除个人消费贷款及同业业务之外的所有贷款，以客户贷款投向行业为依据进行判断

2.3 风险类指标

贷款风险分类是指根据贷款的风险程度对贷款质量作出对应的评价。历年来监管沿用的贷款风险分类主要有两个维度：一种是按贷款的逾期时间进行分类，即通常所说的逾期天数；另一种是根据贷款风险程度的表现形式划分出五个级别，即通常所说的五级分类。两种分类既可以单独展现也可以交叉进行，本文主要以五级分类进行分析。

贷款五级分类为正常类、关注类、次级类、可疑类、损失类。前两类称为正常贷款，后三类称为不良贷款。贷款五级分类是国际通行的对贷款质量的认定标准，其核心是判断贷款的真实风险状况。这种认定方法建立在对贷款持续动态监测的基础上，相比于依据贷款逾期天数判断贷款质量的方法更为动态也更为精准。贷款五级分类的情况可以如实反映经营机构的整体贷款质量，也方便监管机构对经营机构的经营作出相应的监测和指导。

在监管数据层面，五级分类既可以以单独分类统计数据的形式展现，也可以结合其他统计维度进行展现。

1. 五级分类单独展现

五级分类单独展现通常是直观展现五个分类对应的余额数据。数据主要来源于银保监会1104报表G01资产负债项目统计表附注第Ⅱ部分：贷款质量五级分类情况简表。通过表中五个分类余额与贷款总额的关系，可以得出正常类贷款率、关注类贷款率、不良贷款率、次级类贷款率、可疑类贷款率、损失类贷款率等指标。目前从监管视角来看，更多的是关注不良贷款率和关注类贷款率，前者反映经营机构贷款业务质量的总体风险程度，后者反映经营机构关注类贷款可能劣变的体量。

2. 五级分类与客户企业规模结合展现

五级分类与客户企业规模结合展现，体现了不同企业规模客户的风险状况。数据主要来源于银保监会1104报表S63_Ⅰ大中小微型企业贷款情况表，主要反映大型企业、中型企业、小型企业、微型企业、个人经营性贷款、个体工商户、小微企业主的风险状况。通过五级分类与上述七种经营主体的结合，反映出经营机构在不同经营主体贷款中的风险状况，体现不同经营主体风险状况的差异，从而方便经营机构对不同经营主体进行调控，实施差异化的信贷投放或压降措施。

3. 五级分类与客户行业结合展现

五级分类既可以和客户所属行业结合展现，也可以和贷款投向行业结合展现。数据分别来源于银保监会1104报表S64大中小微型企业贷款分行业情况表和G11资产质量五级分类情况表第Ⅰ部分：按行业分类的贷款（按贷款投向）。所属行业和投向行业为统计的两个维度，行业分类规则来源于《国民经济行业分类》，分别反映了经营机构客户的主营行业分布和所有经营类贷款资金投向行业的分布。通过五级分类与所属行业和投向行业的结合，从两个侧面反映出经营机构资金支持行业分布的风险状况。从理论上来说，两种行业的数据差异并不是特别大，毕竟银行支持客户从事其经营活动，主要区别在于客户是否存在多种经营活动，这样所属行业和投向行业就会不一致，影响最终行业结果的分布。从所属行业和投向行业五级分类的结果可以反映出行业客户的特征以及某些行业客户的风险状况,从而方便经营机构监测行业风险状况,及时调整行业投放政策,或者根据行业风险状况实施差异化的信贷策略。

3 监管统计与经营管理融合方法与应用

如何将监管统计指标与日常经营管理结合起来,是本文研究的重点内容。按照以前的思路,监管统计只为监管,业务部门既不知道数据结果,也不了解数据情况,等到监管通报再寻求数据来源,管理上较为被动。近年来,统计中心和科技部门协同共进,通过不断提高自动取数率,已经能够实现大部分监管统计指标的自动出数。针对上述日常监管关注的重要指标,本文的研究主要通过两种形式实现与J银行的经营管理融合,既能够让管理部门先于监管获取数据,提早进行数据分析和结构判断,又能够让管理部门了解业务发展的趋势,便于对整体发展进行预判及分析。

3.1 经营数据展示模板形式

针对上述监管指标,J银行UPS统一监管报送平台已实现每月1日对应报表及指标的自动跑数及数据生成。在UPS监管统计指标数据生成之后,运用Python编程语言中的爬虫和自动化相关技术,对监管关注数据进行抓取、处理和加工,最终生成具体指标,并通过图表形式呈现给总分行使用。通过自动化的方式获取数据,可以提高工作效率,减少人工操作的错误,并为决策提供可视化的数据支持。

基于总行管理部门需要,对全行相关指标及构成进行数据展示,有助于管理部门了解全行业务发展现状,并了解不同机构之间的数据差距,有利于业务管理部门及时指导和帮助相关机构进行业务分析与改进。

3.2 监管统计指标库展示形式

当前全球经济下行压力持续加大,我国经济发展面临的外部环境复杂严峻,外部监管对银行的要求越来越严。业务管理部门经常需要向监管汇报各类数据，而这些数据以监管统计报送为基准，因此在日常工作中，经常有不同的部门、人员重复且高频地向统计部门要数据。这些数据已经对外部监管进行报送，不能只掌握在统计人员手中，而应该在全行范围内进行共享，方便各层级人员使用监管统计数据。为此，2023年三季度J银行在全行共同使用的自助取数平台上线了监管指标库。

该指标库主要结合行内经营管理要求进行梳理，提炼日常经营管理常用的监管指标共221个，并对指标名称、频度与定义进行明确。指标情况如表9-5所示。

表9-5　J银行监管指标库

口径	频度	银保监会指标	人民银行指标	合计
总行口径	月	103	17	120
	季	13	2	15
江西口径	月	25	17	42
	季	0	1	1
J银行口径	月	25	17	42
	季	0	1	1
合计		166	55	221

在确认指标明细后，笔者对近五年的监管数据进行整理，并与科技部门及时进行沟通，于9月完成了自助取数平台中监管指标库的上线工作。目前该指标库已能够进行关键指标历史数据查询工作，可实现相关部门日常用数需求。下一步，J银行将对需要使用数据的相关人员进行培训，帮助其更加自主、方便地使用监管统计数据，高效、便捷地实现"监管统计为管理"的目的。

4　研究结论与对策建议

4.1　研究结论

本文主要将监管统计与经营管理有效结合在一起，使监管统计不再是冷冰冰的数据，让其不仅是监管监测J银行经营发展情况的工具，更是J银行了解业务发展情况、风险情况的行之利器。

1. 强化监管指标对业务的指导作用，以统计助力经营发展

本文在总结监管历年关注的重要监管指标与调研各分行监管日常关注的指标的基础上，提炼出监测类指标、业务类指标、风险类指标三大项。

监测类指标主要研究日均存贷比、保证金存款比重与承兑余额占比以及房地产集中度，并对监管要求的监测值进行明确。凡是超出监管要求的监测值的机构，在经营数据展示模板中均会进行提示，提请相关部门、机构进行关注；同时提供各分行与当地对标行存贷款对比情况，辅助机构了解定位、拓展业务，在竞争与合作中更好地经营发展。

业务类指标主要研究普惠小微贷款、涉农贷款以及制造业贷款，对指标的重要性及关系银行发展的考核情况进行说明，在经营数据展示模板中列出监管要求的任务值，助力总行管理部门及时了解分行业务开展情况以及任务完成情况，对业务开展情况不佳的机构及时给予建议、帮助，及时了解机构经营发展中的问题和困难，确保全行各项监管任务的有序完成。

风险类指标主要对总体风险情况、不同企业规模客户的风险状况、不同客户行业风险状况进行分析，帮助银行了解全行各机构不同企业规模客户、不同行业风险情况，对于风险程度较高的行业，提醒有关机构关注行业风险，谨慎进入。

针对三大项指标均明确其在监管统计报表中所处的字段及口径内容，运用Python编程语言中的爬虫和自动化相关技术，对监管关注数据进行抓取、处理和加工，最终生成具体指标，并通过图表形式，以经营数据展示模板形式呈现。这样既能够在不影响日常监管统计报送的情况下向管理人员提供数据支持，又能促使使用者先于监管了解数据、掌握数据，化被动为主动，积极作为。通过经营数据展示模板，有关部门可以及时了解总行监管指标完成情况以及分行机构完成情况，针对问题较为突出的机构可以及时给予帮助，也可以了解发展较好的机构情况，总结经验、分享经验，带动全行一致良好发展。

2. 提高监管统计数据使用效率，为指标的运用以及未来经营预测提供数据支持

本次监管统计与经营管理融合的另一种模式即采用监管统计指标库形式。监管统计指标库展示形式是将历史监管报送数据以指标库的形式在平台进行展现，以平台为依托，以共享为目的，以使用为结果，让监管统计数据走进各部门。主要梳理近五年以来人民银行、银保监会主要监测指标，结合日常行内使用情况进行分析，对经常性、重要性指标进行口径明确，同时帮助使用人员在使用数据的同时了解数据口径。

（1）解决各业务部门频频要数的需求。后期通过指标库使用培训，业务需求人员可以不限时间，随取随用，不再局限于只能向监管统计报送人员要数据，满足自身日常监管数据使用需求，实现监管统计与经营管理高效融合。

（2）提高监管统计数据使用效率。结合历史数据对J银行历年发展情况进行分析，合理规划全行发展布局。随着时间的不断推移，银行将会逐渐完善监管统计指标库，并结合各部门日常使用需求进行调整，逐步面向全行，让监管统计数据为全行所用。

（3）加强全行人员对监管统计口径的认识，更好地开展业务、发展业务。监管统计指标库对每一项指标均给出了详细的业务含义及指标出处来源。通过业务含义说明，使用人员可以更好地了解监管指标的口径、定义和范围，为后期指导全行业务开展、契合监管要求奠定了理论基础。

4.2 对监管统计工作的建议

监管统计指标是由监管机构或政府部门制定的用于评估和监控金融机构、市场和经济的一系列指标。这些指标包括金融机构的资本充足率、贷款损失准备金充足率、不良贷款率等，以及市场的流动性、风险敞口、市场份额等。这些指标不是一成不变的，而会随着宏观政策的调整不断更新。运用监管统计指标可以评估金融机构和市场的健康状况，发现潜在的风险和问题，并采取相应的监管措施。而宏观政策分析则是对经济政策的评估和预测，以帮助

制定和调整政策，促进经济的稳定和可持续发展。监管统计指标在宏观政策分析中扮演着重要的角色，发挥着重要的数据价值，帮助评估政策的效果和影响，从而指导政策的制定和调整。为促进监管统计与经营管理融合，本文对监管统计工作提出以下几点建议。

1. 加强对指标定义和数据运用的培训，促进业财融合

加强对监管统计数据的运用，统计人员及数据使用决策人员需要学习和了解统计制度和指标定义，强化对统计口径的理解。监管指标反映的不仅是指标的含义，更重要的是包含了监管指标背后的监管意义和政策导向。为加强对监管统计指标的运用，需要在行内宣贯监管统计的重要性，通过内部培训、会议等方式在全行范围内增强对监管统计的意识。监管统计人员还要了解监管动态，及时对监管关注重点进行调整，定期更新培训内容，以使全行及时有效地掌握监管最新动态。监管统计人员还需要加强对业务的熟悉与了解，将监管统计与业务紧密结合起来，将监管意图及时传达至相关业务部门，实现业财融合，通过监管统计指标帮助行内使用者了解情况、掌握情况，更好地开展业务营销和风险管理工作，确保机构业务稳定可持续。

2. 推进监管统计的数字化转型

统计现代化改革需要数字化。《"十四五"时期统计现代化改革规划》提出，要完善统计体制机制，改革统计制度方法，变革统计生产方式。数据是统计机构最重要的生产要素。在数据要素市场化竞争不断深化的新形势下，必须进行模式创新，实现对数据资源的有效掌控，通过数字化转型提高数据要素流通效率，实现统计生产全流程"上云、用数、赋智"。这是改革统计生产方式、实现统计现代化的重要途径。推进监管统计数字化转型，需要建立完善的数据采集、整合、标准化和质量管理机制，建立统一的数据采集平台，将监管与经营所需的数据收集后整合成统一的数据标准和格式；同时利用数据分析和挖掘技术进行分析，实现监管数据的高效利用和决策支持；通过监管指标早知道、早了解，及时部署和调整业务结构，只有掌握数据才能把握先机。

3. 完善监管统计的动态反馈机制

一方面，金融机构对最新政策变化发布的宏观监测指标需进行动态的更新，及时反馈最新的数据指标给属地监管，监管机构根据最新统计数据的分析结果，向金融机构提供反馈和指导意见，帮助金融机构提升监管合规水平。另一方面，金融机构对内要及时反馈监管指标动态监测结果，通过建立实时数据监控系统，对金融机构的各项监管指标进行实时监测和分析，指标超过预设阈值时，对业务相关部门及风险管理部门提出预警。

4. 建立跨部门协同管理机制

跨部门协同对于组织或机构来说非常重要，可以促进各个部门之间的合作与协调，极大地提高工作效率，实现更好的效益。监管统计指标不仅是统计部门工作的重点，也是各管理部门、业务部门关注的重点。从信息共享、资源共享出发，统计部门发挥数据采集整合的优势，业务管理部门发挥管理特性，风险管理部门发挥数据分析与风险管理专长，根据历史数据和风险模型，通过设定阈值监测金融机构的异常行为和风险暴露，部门间协同配合，构建一个完备的风险数据监测体系，避免数据孤岛。

4.3 对机构运用的建议

监管统计与经营管理的融合，既需要监管统计数据的及时给予，又离不开各机构的有效承载。同时监管统计数据来源于各机构，"取之于汝，用之于汝"，监管统计指标的准确性、可靠性取决于机构，机构在监管统计与经营管理的融合过程中起到不可取代的作用。

1. 提高对监管统计的重视，强化日常培训

银行的日常经营发展受监管的监督。监管统计正不断加快构建系统完整、协同高效、约束有力的统计监督体系。各机构与业务管理部门加强对监管统计的重视，是合规、稳健经营的基础。各机构欲利用监管统计指标为自身经营管理开展分析，必须知其然，且知其所以然。通过制订详细的培训计划，对监管统计基本知识、数据收集和分析方法、数据质量管理等方面开展学习。

在充分学习和了解不同监管口径和数据来源的基础上，对数据进行分析和挖掘。机构可以建立反馈机制，根据经营管理需要及时向监管统计部门反馈培训需求和意见，以不断改进培训质量和效果；同时配置合格、优秀的统计人员，为监管统计意图的传达以及监管统计需求的反馈搭建沟通桥梁。

2. 提高数据分析与挖掘能力，提前监测风险

各业务管理部门和机构应充分利用监管统计展示的指标要素及指标发展趋势进行深入分析和挖掘，通过数据现象了解数据本质，及时发现潜在风险和问题，并提出相应的建议和措施。监管正通过大数据分析监测银行的经营发展状况，机构更应该了解监管的目的，利用监管指标提前进行数据分析与梳理，提前监测业务发展情况及各类风险，使银行在经营发展中获得主动权；同时能够促进全行业务人员明确目标、精准营销，在完成监管任务的同时推动银行稳健前行。

3. 关注源头数据的准确性，确保数据的真实可靠

监管统计数据来源于一线人员的系统录入。只有提高源头数据的准确性，才能更真实、有效地反映机构的经营状况。加强监管统计与机构经营管理的融合，能够让监管统计进一步走进基层，让一线人员更好地了解监管的意图、定义，清晰地了解指标的定义、采集方法等，以便更加精准地按照监管的要求开展业务，也为提高数据质量和准确性奠定基础。一线人员可以根据监管指标情况定期检核自身的业务情况，及时发现和纠正问题，对于发现的数据异常情况及时开展问题排查，确保提供的基础数据满足监管与行内发展双重要求。监管数据统计部门也应该为一线人员提供相应的培训，帮忙其理解数据采集标准和要求，提高数据采集的准确性和一致性。

4. 加强人才队伍建设，提升统计人员能力

人才是工作的根基，是保障数据质量的核心要素。各机构要把统计人才管理纳入重要议程，为统计人员搭建干事创业平台。为更好地满足统计改革和发展的需要，各机构要优化人才结构，配置优秀的统计人员，舍得把优秀的人才放在统计岗位。通过监管统计与经营管理的融合，统计人员兼顾监管

政策要求与机构经营发展情况两个方面，对业务开展和业务发展具有良好的指导作用，在确保准确完成监管统计指标的同时推动 J 银行稳健前行。

参考文献

[1]黄毅.银行经营管理中大数据之运用[J].中国市场，2021（6）：183-184.

[2]张佳雨、邓涵霖、龙晶.金融科技在商业银行经营管理的应用研究[J].商业观察，2022（36）：57-60.

[3]谢泰峰.商业银行构建数字化经营管理体系的实践与思考[J].金融纵横，2022（11）：3-7.

后 记

为更好地推动全行战略规划落地，进一步总结经营管理实践经验和成果，培养员工的创新精神及科研能力，九江银行2023年度科研课题研究工作以计财条线为试点，鼓励全行员工跨条线、跨部门参与本次课题研究工作，试点结束后逐步向全行其他机构、条线推广。

总行党委、高级管理层高度重视本次课题研究工作，党委书记周时辛在课题研究过程中多次专题调研课题开展情况，课题结项后持续关注课题成果运用和转化进度。在总行党委、高级管理层的高度重视下，总行研究规划部和计划财务部共同推动并完成了本次课题研究工作。

2023年度计财条线科研课题立项21个，共计120人次参与，其中跨条线、跨部门课题14个。申报人员来自计划财务部、信息科技部、风险管理部、数字银行部、理财事业部、审计部、各分行和支行人员。分管领导有总行高管、分行计财分管行长、部门业务专家等。为了保证本次课题工作的顺利进行，九江银行主要部署了以下工作。

一是安排专家为课题申报人员授课。邀请九江学院管理学院院长对如何做好课题研究、结项成果展示及要求进行指导讲解，让课题负责人更清晰地了解如何开展好课题、如何顺利提交成果。

二是安排专业顾问进行选题辅导。外部顾问来源于由江西财经大学会计学院、江西财经大学金融学院、九江学院管理学院、毕马威企业咨询（中国）有限公司合伙人组成的导师顾问队伍，内部顾问来源于各课题研究方向的实务专业高端人才。相关导师顾问均为金融、会计及经济相关领域的专家、学者，他们以专业的视角对课题的方向进行把关、指导。

三是安排专家对各课题组进行开题辅导。为更好地推动九江银行计财条线科研课题工作的开展，总行邀请专家组对各课题组进行开题辅导。课题负责人主要就研究意义、研究思路、研究大纲，以及人员分工情况及胜任能力进行说明，提出遇到的主要困难及解决方案。课题专家组与课题组成员进行交流，并提出相关意见。

四是安排专家组开展课题中期指导。在课题开展过程中，专家组要求课题组负责人召开多次课题会议，讨论工作思路并审核课题写作是否符合要求。同时，总行组织专家组开展中期检查，要求课题组针对专家组中期反馈的检查意见进行修改。课题组完成修改后，提交结题登记表、课题摘要报告、结题研究报告及相关附件材料。

五是本次课题评审工作邀请了外部高校专家组、行内专业专家组共同参与评审。外部高校专家组包括江西财经大学会计学院、金融学院和九江学院管理学院的专家教授，主要针对课题研究的规范性和科学性进行评审；行内专业专家组包括研究规划部、计划财务部的管理岗和财务分管行领导，主要针对课题研究的专业性和实用性进行评审。

六是持续做好课题研究成果转化。根据安排，课题组在2024年围绕课题研究如何转化，再次对课题进行修改讨论；指导各课题研究团队持续推进业财融合工作，做好课题研究成果的落地与运用；将研究成果结集成册，出版《业财融合：中小商业银行财务管理理论与实务》（第一辑），为中小商业银行业财融合的推进提供借鉴和参考。

本次课题研究紧密围绕九江银行实际，对九江银行的资产负债管理、财务管理、考核管理、预算管理及财会人才培养等方面具有较大的实践指导价值与借鉴意义。同时，课题研究获得监管部门的高度认可，并向九江银行致表扬信。信中指出，九江银行员工在课题研究过程中，充分发挥了团队协作与勇于拼搏的精神，紧密围绕研究目标，深入探讨，敢于创新；在面对困难和挑战时，课题组毫不气馁，反复分析，以严谨的科学态度，确保了课题研究的质量和效果。此外，本次课题研究成果有 10 余篇论文在《财讯》《新理财》《九江财会》等期刊公开发表，凸显出本次课题研究成果具有较高的理论价值。

  在此，对参与本次课题指导的专家学者周冬华、许松涛、彭玉镏、吉伟莉、王清生、廖汗成、闵晓平、李静、舒海棠、王秋红、任高飞、罗贤慧、曾皓、赵天宇、周闯、宋凯等表示衷心的感谢！

2024 年 6 月 21 日

附录　课题指导专家介绍

《中小商业银行财会监督理论与实务研究——基于财务管理视角》指导专家：

周冬华，男，1982年8月生，博士，教授，注册会计师，博士生导师。目前担任江西财经大学会计学院院长、中国会计学会财务成本分会第九届副会长、中国审计学会审计教育分会第二届理事。目前研究方向为会计理论以及资本市场效率，在《会计研究》《审计研究》、Journal of Business Finance and Accounting 等国内外期刊发表论文50多篇。担任《会计研究》、China Journal of Accounting Studies、China Finance Review International、Emerging Markets Finance and Trade 等国内外重要期刊审稿专家；国家自然科学基金通讯评审专家，国家社科基金项目通讯评审专家。主持财政部部省共建课题《财会监督实践研究》项目。

《中小商业银行全面预算管理提升对策——以J银行为例》《新金融工具准则在我国商业银行的应用研究》指导专家：

彭玉镏，男，1973年3月生，江西财经大学金融学院教授、博士生导师，江西省骨干教师。研究方向：货币银行理论与政策、国际金融理论与实务。主要成就：开设宏观审慎监管理论与政策（博士课程）、金融监管（硕士课程）、国际金融、金融机构风险管理、金融企业会计、金融市场学、国际结算等课程。获得奖励：2018年度江西财经大学先进工作者等。社会任职：江西省金融发展研究院高级研究员。

《资本新规下 J 银行 RWA 计量实施与资本管理应用研究》指导专家：

周闯，男，金融学博士，江西财经大学金融学院硕士研究生导师，博士研究生助理导师。研究方向：宏观经济周期、金融摩擦、货币理论与政策。在《国际金融研究》《经济问题探索》《世界经济研究》等期刊上发表多篇论文。

《中小银行绩效考核数字化建设及应用》指导专家：

赵天宇，男，中南大学管理学博士，江西财经大学会计学院教师，智能会计教育中心副主任。主要研究方向：财务数字化转型、RPA 财务机器人、大数据管理会计、数字化审计、ChatGPT 在财务分析中的应用。主持省部级课题 2 项，参与国家级、省级、市级课题 10 余项。在 *Finance Research Letters*、《管理工程学报》、*SAGE Open* 等权威学术期刊发表论文 10 余篇。

《关于新时期下中小商业银行会计人才队伍建设及能力提升的思考》指导专家：

王秋红，女，会计学博士，副教授，硕士生导师，现任九江学院管理学院副院长。主要研究方向：无形资产与企业行为、企业技术创新与资本市场行为。在《会计研究》《当代财经》《南方经济》等核心期刊发表论文 20 多篇，主持及参与完成省部级以上课题 9 项，出版专著 2 部。积极参与服务地方经济，完成横向课题 7 项。

《基于平衡计分卡的绩效评价体系构建与应用研究——以 J 银行为例》指导专家：

王红建，男，武汉大学博士、上海财经大学博士后，现为江西财经大学金融学科领军人才、校聘教授，入选江西省双千计划人才（青年），先后以第一作者身份在国际著名权威期刊 *Journal of Banking and Finance*、国内权威期刊《金融研究》《管理世界》《会计研究》《财贸经济》《中国工业经济》《管理科学学报》《南开管理评论》等发表论文约30篇。主持国家自科基金面上项目、青年项目、地区项目各1项。先后担任《管理世界》《金融研究》《南开管理评论》《管理科学学报》《管理评论》《会计研究》等期刊匿名审稿人。研究方向为公司财务理论与实践。

《中小商业银行监管统计与经营管理融合的研究》指导专家：

许松涛，男，1973年12月生，中南大学管理学博士，斯坦福大学访问学者。现任九江学院管理学院院长、教授，兼任江西省管理学会副秘书长、九江市会计学会副会长。先后主持国家自然科学基金2项，发表学术论文40余篇，出版学术专著2部；获财政部、中国会计学会年度优秀论文奖三等奖（2014）、中国会计学会环境资源会计学术年会优秀论文奖（2017）。